受　浙江大學文科高水平學術著作出版基金　資助
　　中央高校基本科研業務費專項資金

蔣禮鴻 全集

# 懷任齋文集

蔣禮鴻　著

浙江大學出版社
ZHEJIANG UNIVERSITY PRESS

圖書在版編目(CIP)數據

懷任齋文集 / 蔣禮鴻著. —杭州：浙江大學出版
社，2019.7
（蔣禮鴻全集）
ISBN 978-7-308-17520-3

Ⅰ. ①懷… Ⅱ. ①蔣… Ⅲ. ①漢語—訓詁—文集
Ⅳ. ①H131.7-53

中國版本圖書館CIP數據核字（2017）第256604號

## 懷任齋文集

蔣禮鴻 著

| | |
|---|---|
| 策劃主持 | 黃寶忠　宋旭華 |
| 責任編輯 | 蔡　帆　宋旭華 |
| 責任校對 | 王榮鑫 |
| 封面設計 | 項夢怡 |
| 出版發行 | 浙江大學出版社 |
| | （杭州市天目山路148號　郵政編碼310007） |
| | （網址：http：//www.zjupress.com） |
| 排　　版 | 杭州朝曦圖文設計有限公司 |
| 印　　刷 | 浙江印刷集團有限公司 |
| 開　　本 | 880mm×1230mm　1/32 |
| 印　　張 | 11.625 |
| 字　　數 | 263千 |
| 版 印 次 | 2019年7月第1版　2019年7月第1次印刷 |
| 書　　號 | ISBN 978-7-308-17520-3 |
| 定　　價 | 65.00圓 |

浙江大學出版社市場運營中心聯繫方式　（0571）88925591；http：//zjdxcbs.tmall.com

# 前　言

　　蔣禮鴻教授(1916—1995),字雲從,室名懷任齋、雙菰室。當代著名語言學家、敦煌學家,浙江嘉興人。早年就讀本縣秀州中學。畢業後考入之江文理學院(後改名之江大學)國文系,受業於夏承燾、鍾泰、徐昂諸先生,深得治學三昧。沈潛文史,兼長詩詞,尤精於文字訓詁與古書校釋。21歲時,撰成《說克》一文,已具卓見特識,從此開始了學術生涯。

　　1937年12月之江畢業,留任助教半年。旋至湖南安化藍田國立師範學院國文系任助教三年,與錢鍾書、吳中匡同事。繼而入川,在重慶中央大學師範學院國文系、文學院中文系任講師四年,與吳組緗、魏建猷、王仲犖、管雄等同事。抗戰勝利後,隨中大復員南京。一年後,又回杭州任之江大學文理學院講師。1951年院系調整後,調浙江師範學院(後改名杭州大學),任中文系語言教研室主任。1978年9月晉升爲教授,1986年評爲博士生導師。兼職有中國語言學會、中國訓詁學會、中國音韻學會理事,中國敦煌吐魯番學會語言文學分會副會長(後任顧問),浙江省語言學會副會長(後任名譽會長),浙江省敦煌學會副會長,《漢語大詞典》副主編,《辭海》編委兼語詞分册主編。1995年5月9日因病逝世,享年79歲。

　　蔣禮鴻教授精通訓詁、音韻、目録、校勘,其俗語詞研究馳名中外,生平著述,凡有下列幾類:

# 一、訓詁之屬

## 《敦煌變文字義通釋》

敦煌石室發現的變文，保存了大量當時的口語材料。變文語詞，或字面普通，字義有別；或其字其詞，生僻難解。雖經不少名家校釋，但多趨易避難，尤其缺乏對俗語詞特性的瞭解，很少作規律性的探求。本書特取此類難以辨識而易於誤解的詞語，疏通詮釋，按義類分爲釋稱謂、釋容體、釋名物、釋事爲、釋情貌、釋虛字六篇，並多次修訂，益臻精審。第六版《敦煌變文字義通釋》收詞條達四百十四條，全書四十餘萬字。作者將變文材料歸納比勘，以唐五代人詩詞、筆記、小說等語言材料相互證發，並從漢魏六朝及宋元明清語言材料上下取證，論述通借，探索語源，使敦煌變文字義中的積久滯礙，一朝貫通，確詁精解，絡繹紛披，開闢了 20 世紀俗語詞研究的一個新階段。不僅解決了變文研究中長期誤讀和歷來困惑的難點，而且有力地啓動了上自漢魏下及明清而以唐宋爲重點的方俗語詞研究的進程，對漢語詞彙史研究有着不可磨滅的貢獻。呂叔湘認爲需有類似《敦煌變文字義通釋》這樣作品幾十部，方能編成漢語大詞典。徐復認爲此書"鑿破混沌，爲曠代之作"，"久爲治漢語詞義學與語源學之枕中鴻寶"。日本學者波多野太郎稱之爲"研究中國通俗小說的指路明燈"。英國漢學家魏禮、蘇聯漢學家孟西科夫、法國漢學家戴密微等，皆深感從中受益，認爲是步入敦煌寶庫的必讀之書。本書曾獲全國首屆古籍整理圖書二等獎，第二屆吳玉章獎金一等獎，1995 年榮獲國家教委首屆人文科學優秀成果一等獎。

## 《義府續貂》、《義府續貂補》

作者繼清初黄生（扶孟）《義府》二卷之緒，以“聲近義通”爲綱，從語言角度探索詞義詞源，考究淹通，窮極研幾。全書收詞條三百餘，其中考釋俗語語源，超越前賢，尤爲精到。

## 《類篇考索》

宋司馬光等編撰的《類篇》四十五卷，探討字原、古音、古訓，闡明古今字形演變，爲《説文》和《玉篇》作了增補。作者以影刊汲古閣影宋鈔本和姚刊三韻影印本，“訂正錯誤，比較同異，溯厥根源，補所未及”。由於作者以聲音繫聯，以義訓貫穿，突破字形的障惑，爲文字學、訓詁學增添了新篇章。

## 《讀〈同源字論〉後記》

作者認爲同源詞比同源字的定名，在理論上更圓融合理；對王力“同源字研究是一門新訓詁學”之説，提出質疑。認爲同源詞研究在訓詁學史上源遠流長，同源詞的兩大分域爲變易（音變、緩急、贏縮）和孳乳（通别、遞轉、對待）。分析同源詞應以聲韻爲經，詞義爲緯。因爲同源詞的存在、孳乳，是從音同、音變（其條例爲旁轉和對轉）表現出來的。本文對漢語同源詞理論有較好的歸納和拓展。

　　這方面的重要著述，還有論述訓詁學任務、方法、拓展和要籍的《訓詁學基本知識》，“期於聲義會通之旨粗有推衍”的《〈廣雅疏證〉補義》，對《説文》進行匡補的《懷任齋讀〈説文〉記》，考訂嘉興方言的《嘉興方言徵故》，詮釋語言文字的《懷任齋隨筆》，以及未及匯集成書的一系列考釋敦煌或唐五代口語詞的文章,如《〈敦煌資料〉第一輯詞釋》、《唐語詞叢記》、《杜詩釋詞》、《〈吐魯番出土文書〉第一册詞釋》等。

## 二、古書校釋之屬

### 《商君書錐指》

今本《商君書》多有訛脱。故錢子厚謂讀《商君書》如斷港絶航,難可通達。1944年作者撰成此稿,曾獲國民政府教育部學術審議會三等獎。專家評審結論謂:本著作參採訂正今昔諸家之説,並下己意整理古籍,頗稱該備;議論也每有獨到之處;而樸實允當,一洗穿鑿之病,尤爲難能可貴,《商君書》殆當推此爲善本矣。當時作者年僅28歲。1982年重加讎校,編入中華書局所輯《新編諸子集成》。本書博採前賢之説,甄别遴選,匯集衆長;又斟訂《藝文類聚》、《群書治要》、《意林》諸書所引,以微舊文之迹。作者旨在校重胝紕繆,釋晦澀難通,既有校勘上的删衍補脱、改錯字、明句讀、定是非,又有注釋上的破通假、解字義、疏文義。凡所揭櫫,類皆精覈。

### 《校勘略説》

本文對校勘與校讎定名進行辨正:前者一般指文字的校正,後者則指以尋求、考辨、評介、分類爲手段,以辨章學術、考鏡源流爲目的的治書工作。校勘的作用在袪疑、顯真、明微、欣賞、知人,其方式爲存真、校異、正訛,其内容則是所校書誤、脱、衍、倒或錯、羼等。作者歸納校勘之法爲:比較版本,引用他書,求諸訓詁,審察文勢,求之義理。作者結合校勘理論,提供了諸多校例。

## 《誤校七例》

本文認爲不通訓詁，不體文情，不察文脉，不諳文例，不審韻叶，輕信他書，强書就己，爲誤校七源。鄭文焯不解宋人軟脚、暖壽、煖女常語，不知軟、暖、煖實爲餪之借字，遂妄改周邦彦《漁家傲》"賴有蛾眉煖客，長歌屢勸金杯側"爲"緩客"，就是不通訓詁、不察文脉、輕信他書之弊。

作者認爲整理古籍重在還其本貌，不能僅僅滿足於文從字順。校訂、解釋，應立論有據，而忌隨意立説。要做到這一點，就必須博覽群書。數十年來，作者身體力行，樂此不疲，校釋之作甚夥，尤以子部集部爲最。如《〈淮南子〉校記》、《讀〈論衡集解〉》、《讀〈論衡校釋〉》、《〈墨子閒詁〉述略》、《經微室〈商子〉校本跋》、《讀〈韓非子集解〉》、《〈淮南鴻烈·原道〉補疏》、《讀〈山海經校注〉偶記》、《讀〈劉知遠諸宫調〉》、《〈補全唐詩〉校記》、《〈敦煌變文集〉校記録略》、《〈敦煌曲子詞集〉校議》、《大鶴山人校本〈清真詞〉箋記》、《〈梨園按試樂府新聲〉校記》等。

1994 年 12 月，浙江古籍出版社將上述二類論文，編成《蔣禮鴻語言文字學論叢》。《論叢》中關於文字訓詁學的，還有《讀〈説文解字注〉》、《讀〈説文句讀〉》、《讀〈説文通訓定聲〉》、《中國俗文字學研究導言》、《詞義釋林》、《湘西讀字記》。關於古籍校理的，還有《讀〈吕氏春秋〉》、《讀〈漢書補注〉》、《讀〈文選〉筆記》、《柳集箋校》等。

## 三、辭書編纂之屬

### 《辭書三議》

本文是作者結合《辭海》修訂得失，爲《漢語大詞典》發軔而作。

"三議"爲會通、逸義、辨證。會通,即綜合語詞與語詞間内容(意義)和形式(用字)上的本質特點,進而揭示語義之内部聯繫。逸義指辭書漏略的語詞義項。舊辭書漏義現象屢見不鮮。大型辭書必求詞義完備,尤應以搜求逸義爲要事。辨證指爲避免與糾正辭書編寫中訓義、引據、注音之誤,就必須對古書中的紕繆加以辨證。吕叔湘對此文極爲贊同,認爲"此文所提三點,實大詞典成敗所繫"。

### 《論辭書的書證及體現詞彙源流的問題》

本文認爲書證的主要作用在於證明詞語的意義或用法,對不少辭書編寫者以爲羅列不同時代文獻中同一詞語的書證便能體現詞彙源流的觀點提出質疑。詞彙源流錯綜複雜,或衆源匯爲一流,或一源派生衆流,決非一成不變。辭書體現詞彙源流目前應做到:以本義、引申義、比喻借代義次序分列義項;説明外來語由來;舉出成語、典故的根源或其變體;説明語詞通借。作者還提出了辭書進一步反映詞彙源流的新構想:説明因時有古今而造成的詞語同實異名嬗變或同詞異字遞變;推溯語源,歸納詞族;方言證古和古義證方言。

在辭書編纂理論方面的重要論述,尚有《辭書涉議二題》、《説"通"》等。他的辭書編纂理論,在《漢語大詞典》、《辭海〈語詞分册〉》、《敦煌文獻語言詞典》(杭州大學出版社1994年出版)的編纂中均有所體現。

上述三類論文結集爲《懷任齋文集》。此外,作者還有《古漢語通論》(與任銘善合著)、《目録學與工具書》兩種教材行世。前者内容充實而自具剪裁,後者則以概述和應用實例並舉見長。

在長期的治學生涯中,蔣禮鴻教授逐步形成了自己的學術思想和鮮明的學術風格及特色。

　　他秉承清代乾嘉學派謹嚴、踏實、實事求是、鍥而不捨的學風，以學術爲天下之公器。但問耕耘，不問收獲。言必有據，無徵不信，既博且要，精益求精。他十分重視第一手材料，博覽群集，嫻熟於胸。爲撰《敦煌變文字義通釋》，遍讀幾百種文獻，舉凡詩詞曲賦、小説筆記、語録、民謡、佛經、道書、詔令、奏狀、碑文、音義、字書、韻書、史書、文集，都在他的取材範圍，左抽右取，駕輕就熟。平生篤於深求，耻於浮誇，以求臻於學術上完美之境界。他的著述必經反覆磨勘後，纔予發表。重要論著，都經多次修訂。如《敦煌變文字義通釋》一書，已增訂四次，還認爲訂補工作遠未結束，假我餘年，必將續有增補。同時，蔣先生虛懷若谷，不耻下問，在他的著述中，稱引後學言論，必署其名，決不掠美，獎掖之情溢於言表。

　　在理論上，蔣禮鴻教授對乾嘉段、王之學，把握至深，深得“訓詁之旨本於聲音”之奥秘精義。根據語音推尋故言，每每能引申觸類，不限形體，一洗緣詞生訓之弊。同時借鑒現代語言理論，融古今理論爲一體，指導學術實踐。而且，他從詞彙整體結構性着眼，將語詞放入共時與歷時框架中探索詞義詞源，這樣就跳出了傳統語義學的窠臼，把語詞考釋納入漢語史的研究軌道。

　　在方法上，蔣禮鴻教授嫻熟運用本證、旁證、參互校核、因聲求義、探求語源、方言佐證之法。具體而言，即從體會聲韻、辨認通假及字形、審視文例、玩繹章法文意入手，然後歸納比勘，在縱橫繫聯中使詞義交相發明、結論堅確不拔。在古籍箋訂或語詞考釋中，蔣先生還善於把校勘和訓詁結合起來，以校勘爲訓詁第一步功夫，用訓詁解決校勘問題。如《秋胡變文》：“今蒙孃教，聽從遊學，未季娘子賜許已不？”“未季”不可通。蔣先生審視上下文例，以本校之法證明“未季”是“未委”之誤，並以翔實例證説明"委"有知義,"未委"就是"未知"。從而使變文錯字得到糾正,文義大明。

蔣禮鴻教授的研究特色,集中體現在語詞研究的五大要旨——解疑、通文、探源、證俗、博引之中。解疑是因語詞難以索解而提出,這是點的研究。通文是讓語詞的解釋施及其他文獻,而冀具互證互補、相得益彰之效。這是將點的突破引向面的研究。探源包括兩個層次,一是最早書證的探求;二是從語言角度探索詞義語源,並勾勒出詞的產生、發展、詞義消長、用字異同、詞形訛變的軌迹。證俗是將所釋語詞與現今方言俗語中的詞語相印證。以方言證古和古義證方言,將古今漢語的研究貫通起來。博引是專就材料而言,語詞研究的基礎正在於材料的可靠性和廣泛性。上述五者體現了蔣先生語詞研究的基本思路:即以翔實可靠的資料作基礎,由解疑入手,以點及面旁通其他文獻;然後上溯源頭以討語源,下及方言以證古語,勾勒出語詞之產生發展、詞義消長、詞形變幻和用字異同,在共時和歷時的框架中把語詞研究納入漢語詞彙史的軌道。

蔣禮鴻教授一生以讀書爲樂,手不釋卷,著述不輟。同時,門下多士,誨人不倦,不知老之將至。作爲當代著名語言學家、敦煌學家,他在訓詁、敦煌語言研究、古籍整理和辭書編纂方面,作出了突出的貢獻。作爲一名教師,他爲培植後進,殫心竭力。從教五十七年,桃李滿天下,很多學生已成爲相關專業的著名專家和學術骨幹。晚年在身罹頑疾的情況下,還帶出十多名博士、碩士,傳承有序,後繼有人。他指導學生,最注重人品、學品,他曾對學生説:"治學要有好成績,首先有個態度問題,這個態度就是不欺——不騙人,首先不騙自己。""不存私心,老老實實的態度,是搞學問最基本的東西。"這在今天特別有教育意義。

蔣禮鴻教授具有中國優秀知識分子的高貴品質:治學嚴謹,

淡泊名利,嚴於律己,寬於待人,誨人不倦,忠厚謙和,篤於情義,畢生以宏揚中華民族優秀文化、以發展學術與獎掖後學爲己任。他的高尚人品與精湛學術,至今爲學界敬仰與傳誦。

《蔣禮鴻全集》編委會由原杭州大學蔣禮鴻先生的弟子組成,成員有顏洽茂、俞忠鑫、方一新、黃征、任平。

《蔣禮鴻全集》收録蔣禮鴻先生所撰各種專著、論文及詩詞。編排次序:先專著,次論文,次詩詞及附録。論文則以已發表,尚未發表,及未完成者爲先後。已出專著凡誤排字句均已改正。

蔣禮鴻先生在原著原稿親筆增補的文字,插入原文相應位置。未刊手稿無句讀者,均加以標點。文稿中的古今字、異體字等,或因所引資料原文如此,或因作者的行文風格和書寫習慣使然,不强作規範;殘稿一般不予整理,以示原貌。

各卷整理者列名如下:《敦煌變文字義通釋》,顏洽茂整理。《義府續貂》、《類篇考索》、《商君書錐指》,俞忠鑫整理。《蔣禮鴻語言文字學論叢》、《懷任齋文集》,方一新整理。《古漢語通論》,爲蔣禮鴻與任銘善合著,任平整理。《蔣禮鴻語言文字學論叢續編》,收録未及編集的論文及部分殘稿;《懷任齋詩詞　頻伽室語業》,收録蔣禮鴻與其夫人盛静霞所撰寫的詩詞,黃征整理。《咬文嚼字　目録學與工具書》將單行兩本合爲一册,任平整理。

由於浙江大學出版社和袁亞春總編、黃寶忠副社長對學術事業的長期關注與熱心倡導,在學術著作出版步履艱難的今天,《蔣禮鴻全集》得以順利出版,誠爲幸事,謹致以衷心的感謝。

《蔣禮鴻全集》編委會

2015 年 8 月 12 日

# 目　次

# 《廣雅疏證》補義

高郵王氏《廣雅疏證》,以聲音通訓詁,爲訓詁之津梁,蓋無待揚榷。德清俞氏以爲猶有未備,爲補七十餘事,刻入《俞樓雜纂》中,命曰《廣雅釋詁疏證拾遺》。予以弇陋,肄習之次,偶有所記;輯而録之,期於聲義會通之旨粗有推衍。若云增美飾違,則予豈敢。己未春日。

## 釋詁一上

沈、裯、䗱䗱,大也。

【疏證】"沈"讀若"覃",引《方言》、《漢書·陳勝傳》、張衡《西京賦》、《玉篇》云云。

【拾遺】裯者,《玉篇》多部云:"裯,大也。"字亦從大作"裔"。

【補】"沈沈"又作"戡戡"、"潭潭",見《辭通》十三覃韻。韓愈《符讀書城南》詩:"潭潭府中居。"何焯《義門讀書記》曰:"《漢書·陳勝傳》'沈沈者',沈音長含反,與潭潭義同,宮室深邃貌也。"

裯者,《周禮·春官·甸祝》:"禂牲禂馬。"鄭玄注:"玄謂禂讀如伏誅之誅,今侏大字也。爲牲祭求肥充,爲馬祭求肥健。"案:古從朱從周字多相通,如"周饒"即"侏儒","銖""鈍"字義同"裯"之類是也。鄭解"禂"義取肥充肥健,即大義;"禂"與"裯"聲近而義通。䗱䗱者,《疏證》二字分釋。今案:"䗱䗱"殆連文。《莊子·天下》:"圖傲乎救世之士哉!"郭象注:"揮斥高大之

1

貌。"本師鍾先生《莊子發微》曰："此莊子稱美宋鈃、尹文之辭。以其救民之鬥，救世之戰，故號之救世之士，圖傲皆大義。《尚書‧大誥》：'不可不成乃寧考圖功。'王引之《經傳釋詞》曰：'圖功，大功也。'是圖爲大。本書《德充符》篇：'謷乎大哉，獨成其天！'傲與謷同，亦大也。圖傲乎救世之士即大哉救世之士。章太炎讀圖爲啚，以圖傲爲鄙夷，失《莊子》之恉矣。""圖傲"與"軥輈"同。聲轉又爲"陶遨"。王逸《九思‧守志》："攄羽翮以超俗，游陶遨以養神。"舊注："陶遨，心無所繫。"夫唯游乎曠蕩，乃能心無所繫，斯陶遨亦爲大義也。《廣雅》中有二字一讀者，如"浩溔，大也"，李善猶知其讀，是也；見"大也"條《疏證》之末。

**嬲，善也。**

【補】本書《釋訓》："洞洞、屬屬，敬也。""敬"與"善"義近，"屬"與"嬲"通。《疏證》亦引《説文》嬲，又引《禮記》之《禮器》、《祭義》二篇文。今案：《淮南子‧氾論》："〔周公〕有奉持於文王，洞洞屬屬，而（如）將不能勝之。"高誘注："洞洞屬屬，婉順貌也。"義與《祭義》同。又《禮記‧儒行》："其難進而易退也，粥粥若無能也。"《釋文》："章六反，卑謙貌。一音羊六反。""粥粥""屬屬"，字異而義同。

**鑈，正也。**

【疏證】《方言》："鑈，正也。"郭璞注云："謂堅正也。"

【補】"正"當作"止"，傳寫之誤，張揖、郭璞並未悟耳。《易‧姤》初六："繫於金柅。"《釋文》："柅，徐乃履反，又女紀反。《廣雅》云：'止也。'《説文》作檷，云：'絡絲趺也。讀若昵（禮鴻案：今本《説文》作柅）。'《字林》音乃米反。王肅作抳，从手。子夏作鑈，蜀才作尼，止也。"王弼注："柅者，制動之主。"是"鑈"與"柅"、"尼"字異義同，當訓"止"不訓"正"無疑。

拌，棄也。

【疏證】"拌"之言播棄也。《吴語》云："播弃黎老。"是也。

【補】《説文》："𥝡，棄除也。""𥝡""播"同从釆聲（官溥説："似米而非米者，矢。"非），"𥝡""拌"同爲脣音，聲近而義同。《玉篇》："攪，方問切，埽除也。亦作抍。《禮記》曰：'埽席前曰抍。'"《禮記·曲禮上》："凡爲長者糞之禮。"陳澔《集説》："糞，除穢也。《少儀》云：'埽席前曰抍。'義與糞同。""攪"即"𥝡"，"抍"《説文》訓"拊手"，亦與"拌""𥝡"音近義同。

乘，弍也。

【補】"乘"隸變作"乘"。"乘"有訓爲"四"者，有訓爲"二"者，有訓爲"一"者，辨見《讀書雜志·漢書第十三》"乘雁，雙鳧"條。《拾遺》謂"乘"爲"桀"誤，"桀"義爲特，非是。

穦，積也。

【補】《説文》："藚，草多貌。"段玉裁注："《離騷》曰：'藚菉葹以盈室。'王注：'藚，蒺藜也。菉，王芻也。葹，枲耳也。《詩》："楚楚者藚。"三者皆惡草也。'據許君説，正謂多積菉葹盈室，藚非草名。禾部曰：'穦，積禾也。'音義同。"案：段説是也。積禾謂之"穦"，積草謂之"藚"，其義一也。"藚菉葹以盈室"猶"蘇糞壤以充幃"，蘇者，取也。《説文》曰："穌，杷取禾若也。""蘇"即"穌"也。

賴、有，取也。

【疏證】賴者，《方言》："賴，取也。"《莊子·讓王》篇云："若伯夷、叔齊者，其於富貴也，苟可得已，則必不賴。"又引《周南·芣苢》"采采芣苢，薄言采之。采采芣苢，薄言有之"云云。

【補】《國語·晉語二》："今殺君而賴其富，貪且反義。"韋昭注："賴，利也。"《漢書·高祖紀》："始大人常以臣無賴。"晉灼注引許慎曰："賴，利也。"又《敍傳》："朝爲榮華，夕而焦瘁。福不盈眥，戝益於世。凶人且以自悔，況吉士而是賴虖?"顏師古注："賴，利也。"《莊子》"不賴"謂不以爲利，利與取義相成。有者，《詩·周南·芣苢》："薄言有之。"馬瑞辰《毛詩傳箋通釋》曰："案：《廣雅·釋詁》：'有，取也。'孔子弟子冉求字有，正取名字相因，求與有皆取也。"

## 憨、俋、欥、惄，極也。

【疏證】《爾雅·釋詁》釋文引《廣雅》："憨，勮也。""勮"亦與"俋"同。《史記·平準書》云："作業劇而財匱。"是也。

【補】極者，即"憨"之假借。《説文》："憨，惄也。惄，憨也。"玄應《一切經音義》卷七《正法華經》第四卷音義："羸憊，《通俗文》：'疲極曰憊。'""疲極"即"疲憨"也。"憊"即"惄"。"疲"、"憨"、"憊"三字同義，而古書用"極"不用"憨"。《戰國策·齊策三》："兔極於前，犬廢於後。犬兔俱罷（通疲），各死其處。""兔極"即"兔憨"也。《史記·屈原列傳》："故勞苦倦極，未嘗不呼天也；疾痛慘怛，未嘗不呼父母也。"《抱朴子·仙藥》："身體轉輕，氣力百倍。登危越險，終日不極。"及《世説新語》言"小極"，其義皆同。俋者，《説文》："谷，口上阿也，臄，谷或从虔肉。""勮"之與"俋"同，猶"臄"之與"谷"同也。欥者，字書無訓"極"者。《集韻》平聲九麻韻："欥，於加切，氣逆。"非《廣雅》義。《集韻》每用《廣雅》輒出其名，而其書"欥"字凡三見：上聲三十五馬韻："倚下切，鼓欥，驤鳴也。"去聲四十禡韻："衣駕切，欧欥（此下蓋脱"驤鳴"二字，見《玉篇》及《廣韻》四十禡韻。上聲"鼓欥，驤鳴也"亦當作欧欥驤鳴也）。"疑此條内本無"欥"字，"欥"乃"愍"字之誤。上文云："愍、殰，病也。""愍"爲極，"殰"

亦爲極，猶“殛”爲病，“瘖”亦爲病也；且“病”“極”義亦相近。曹憲“歕”音烏嫁反，疑字形既誤而校者改其音切也。

桓，憂也。

【補】朱駿聲《説文通訓定聲》曰：“桓，叚借爲咺。《方言》一：‘桓，憂也。’”又曰：“爰，叚借爲咺。《方言》十二：‘爰，哀也。’《廣雅·釋詁》二：‘爰，愁也。’《楚辭·九章》‘曾傷爰哀’注訓於，失之。”禮鴻案：《廣韻》上平二十二元韻：“嗳，況袁切，恐懼。”《集韻》平聲二十二元韻：“咺，許元切，懼也。”“桓”、“咺”、“爰”、“嗳”字皆通，從“亘”從“爰”之字例得通借，如“趄”爲易田，字又借作“爰”，是也。

徹，壞也。

【補】《説文》：“劈，發也。徹，通也。”“徹”訓“毁壞”，乃“劈”字之假借。《商君書·兵守》：“發梁撤屋。”“撤”又“劈”之後起字。

祝，斷也。

【補】章炳麟《小斅答問》以爲“祝”訓“斷”者，乃“殊”之借字。

齊，疾也。

【疏證】《説苑·敬慎》篇：“資給疾速。”“資”與“齊”通。

【補】《離騷》：“反信讒而齋怒。”王逸注：“齋，疾也。”《説文》：“齋，餔炊疾也。”“齊”訓爲“疾”，與“齋”通也。又《玉篇》云：“懠，怒也，疾也。”此蓋《離騷》舊義，“齊”、“懠”義亦相通。《易·巽》上上九：“喪其資斧。”《漢書·王莽傳下》：“司徒尋初發長安，宿霸昌厩，亡其黄鉞。尋士房揚素狂直，哭曰：‘此經所謂喪其齊斧者也。’”應劭注：“齊，利也。亡其利斧，言無以復斷斬也。”據《説苑》“資”與“齊”通，訓爲“疾”；據《漢書》“資”亦與“齊”

通,訓爲"利";"利"與"疾"義相成。

# 釋詁一下

**媱、娧、媚、祖、嬿,好也。**

【疏證】《齊風·還》首章:"揖我謂我儇兮。"《釋文》:"儇,《韓詩》作媱,好貌。"《神女賦》:"娧薄裝。"李善注:"娧與娧同。"祖者,《説文》:"祖,事好也。""祖"與"珇"聲近義同。

【補】媱,嬿者,《説文》:"嬿,好也。"段玉裁注:"《上林賦》:'柔嬈嬿嬿。'郭璞曰:'皆骨體奂弱長艷貌也。'今《文選》譌作嫚嫚,《漢書》不誤;《史記》作嬛嬛,則是別本。案:今人所用娟字當即此。"禮鴻案:"嬿""嬛"與"媱"音近義通,據《齊風》"儇"韓詩作"媱"可知。徐鍇於"嬿"篆亦云:"此今人所書娟字也。"娧者,沈約《麗人賦》:"來脱薄妝,去留餘膩。"語與《神女賦》同,"脱"亦與"娧"同。《法言·君子》:"孫卿非數家之書,娧也;至於子思、孟軻,詭哉!"李軌注:"彈駁數家,娧合於教。"章炳麟《新方言》一,謂:"若以今語通之,娧即是對。"其説固善,抑"娧"也未嘗不可云善也,善與好同義。媚者,《國語·鄭語》:"毒之酋腊者,其殺也滋速。"韋昭注:"精熟爲酋。腊,極也。""精熟"亦好也。酋與"媚"聲近而義通。祖者,段玉裁注《説文》曰:"黹部引《詩》'衣裳黼黼';《方言》曰:'珇,好也。珇,美也。'然則"祖"與"黼"、"珇"音義略同。"

**悖、怏,强也。**

【疏證】《方言》:"鞅、悖,强也。"注云:"謂强戾也。"

【補】《史記·絳侯周勃世家》:"此怏怏者,非少主臣也。"

《漢書》作"此軼軼,非少主臣也",《史》、《漢》舊皆無注,當以《方言》、《廣雅》補之。

瀟,清也。

【疏證】《説文》:"瀟,清深也。"案:《水經·湘水》注云:"瀟者,水清深也。《湘中記》曰:'湘川清照五六丈。'是納瀟湘之名矣。"是"瀟湘"之"瀟"亦取清深之義,後人以"瀟湘"爲二水者非也。

【補】《詩·豳風·七月》:"九月肅霜,十月滌場。"王國維作《肅霜滌場説》,以爲"肅霜"猶言肅爽,"滌場"猶言滌蕩;其略曰:"馬有肅爽,鳥有鷫鷞,裘有鷫鷞,水有瀟湘,皆以清白得稱;則《詩》之肅霜亦即《大招》'天白顥顥',《九辨》'天高氣清'之意。"

憤,盈也。

【補】《淮南子·俶真》:"繁憤未發萌兆牙蘖。"高誘注:"憤,衆積之貌。"又《齊俗》:"哭之發於口,涕之出於目,此皆憤於中而形於外者也。"又《繆稱》:"含而弗吐,在情而不萌者,未之有也。""在"乃"吐"之誤而衍者,"情"當作"憤",字之誤也。《淮南子》三"憤"字皆爲衆積盈滿之義。《尚書大傳·洛誥傳》:"及執俎抗鼎執刀執匕者負廥而歌,憤於其情,發於中而樂節文。"(陳壽祺輯本)"憤"字義亦同。

哉、瞁,視也。

【拾遺】《書·堯典》篇:"在璿璣玉衡。"枚傳:"在,察也。"此"哉"字疑即"在璿璣玉衡"之"在",云云。

【補】俞説是也。"哉"從戈聲,"戈"從才聲,"在"亦從才聲,故"在"、"哉"得相通借。"哉",曹憲:"子才切。"《玉篇》:"睇,千才子來二切,睽也。戠,同上。"又云:"瞁,戚細切,視也。又音察。"
"戠"即《玉篇》之"瞁","戠""瞁"爲《書·堯典》"在璿璣玉衡"、
"平在朔易""在"之後出專字。《玉篇》:"瞁訓睽也。""睽"乃"瞁"
字形近之誤。

**怣愉,喜也。**

【補】漢樂府《隴西行》:"好婦出迎客,顏色正敷愉。""怣
愉"、"敷愉",字異而義同。

**臣,堅也。**

【補】《荀子·議兵》:"凡受命於主而行三軍,三軍既定,百官
得序,羣物皆正,則主不能喜,敵不能怒:夫是之謂至臣。""至
臣",至堅也。

# 釋詁二上

**捭,裂也。**

【疏證】《鬼谷子·捭闔》篇云云。

【補】《禮記·禮運》"燔黍捭豚"鄭玄注:"中古未有釜甑,釋
米捭肉,加於燒石之上而食之耳。"《釋文》:"捭,卜麥反。或作
擗,又作擘,皆同。"孔疏:"或捭析豚肉加於燒石之上而熟之。"

**喘、喙、呬、齀,息也。**

【疏證】《漢書·匈奴傳》:"跂行喙息蝡動之類。"喙者,息貌
也。謂跂跂而行,喙喙而息,蝡蝡而動也。《廣雅》"喘"、"喙"俱訓
爲"息","喙息"猶"喘息"也。《逸周書·周祝解》云:"跂動噈

息。”《淮南子·俶真》云：“跂行喙息。”“跂”、“蚑”古通用，“喙”、“噭”、“嚖”古通用。“咶”與“喙”古亦同聲。云云。

【補】咶者，字亦與“嚖”通。《詩·王風·君子于役》：“曷其有佸。”陳奐《詩毛氏傳疏》云：“佸、會叠韻聲通，如話或作譮、檜亦作栝之例。《説文》：‘佸，會也。’《玉篇》同，本《毛詩》。《釋文》引《韓詩》：‘佸，至也。’‘會’與‘至’義相近。《釋名·釋兵》：“〔矢〕其末曰栝。栝，會也，與弦會也。”是“咶”與“嚖”聲義相通之證也。齸者，《詩·唐風·鴇羽》：“王事靡齸，不能蓺黍稷。”《經義述聞》曰：“齸者，息也。王事靡齸者，王事靡有止息也。王事靡息，故不能蓺黍稷也。……《爾雅》曰：‘棲遲、憩、休、苦，息也。’‘苦’讀與‘靡齸’之‘齸’同。”齸與齸同。又《邶風·日月》：“乃如之人兮，逝不古處。”馬瑞辰據朱熹《集傳》，以“逝”爲發語之詞，是也。“古處”，毛傳釋爲故處。愚謂“古”亦與“齸”、“齸”通，當訓爲“息”。“古”訓爲“息”，“處”亦息也，二字同義連文。“逝不古處”，言其人之不恒其德耳。


**退，緩也。**

【補】《論語·先進》：“求也退，故進之。”退者，懦緩不果敢之謂。《集解》引鄭玄注：“冉有性謙退。”失其旨矣。張敬夫（栻）解此云：“冉有之資稟失之弱，不患其不稟命也，患於所當爲者逡巡畏縮而爲之不勇耳。”斯言是也。


**挈、耑，小也。**

【疏證】引《鄉飲酒義》鄭玄注、《漢書·律曆志》、《説文》、《方言》，謂物斂則小，故《方言》云：“斂物而細謂之挈。”“挈”、“麯”、“糏”，並聲近義同。又云：《説文》：“啾，小兒聲也。”字亦作噍，云云。又云：《小雅·小宛》篇云：“惴惴小心。”《齊策》云：“安平君以惴惴之即墨，三里之城，五里之郭，敝卒七千，禽其司馬，而反千里之齊。"《潛夫論・救邊》篇云："昔樂毅以愽愽之小燕破滅强齊。"並與"崙"聲近義同。

【補】載籍細小收縮義之字多從秋聲焦聲，又見《釋詁》三下"瘱、癄，縮也"條〔疏證〕。又《説文》："醮，面枯小也。"亦減縮義，與"摯斂"字聲近。崙者，《説文》："叀，專小謹也。"段注謂"專"乃複舉字未删，又誤加"寸"也。今據《十駕齋養新録》，《説文》連上篆字爲句例，"專"當去"寸"作"叀"，而與篆文連讀，云："叀叀，小謹也。""惴惴"、"愽愽"并與"叀叀"義通。又《説文》："頵，頭頵頵謹貌。""頵頵"猶"叀叀"，"謹"與"小"義相成也。

# 釋詁二下

**蔓，覆也。**

【疏證】案：各本"蔓"字音内有"此寑去"三字，文義不可曉。《玉篇》、《廣韻》"蔓"並音寑，則"寑"字乃"蔓"字之音。其此字當是"庇"字之誤。《考工記・輪人》："弓長六尺，謂之庇軹。"《表記》："雖有庇民之大德。"鄭注並云："庇，覆也。""去"字當是"葢"字之誤，"葢"俗書作"蓋"，又訛脱而爲"去"。《説文》云："覆，葢也。""庇"、"葢"皆係正文，今本誤入音内，又誤爲"此去"二字耳。

【補】王筠《説文釋例》卷九"展轉相從"例曰："凵下云：'凵盧，飯器。'加大爲厺，'相違也'。再加竹爲笯，則凵之或體。竊意三字固一字也。凵象形，厺加大，大者葢也。《昏禮》鄭注之笯籩，《方言》作去簇，皆即凵盧也。《漢書・蘇武傳》：'去中實而食之。'顏注：'去，謂藏之也。'《五行志》：'乃匵去之。'顏注：

‘去，藏也。’《史記·周本紀》亦云‘櫝而去之’。雖訓厺爲藏與凵爲器名小異，然以静字作動字用，古人往往有之。……字又加卝，卝，《説文》之𠬞字也。緣是器械，故收执之；若‘厺’第以相違爲義，則何以從收乎？”王説是也。“厺”隷變作“去”，其上作“大”者。“壷”，《説文》作“𣺂”，云：“昆吾，圜器也。象形。从大，象其蓋也。”“盍”，《説文》作“𥁄”，云：“覆也。从血大。”徐鉉等曰：“大象蓋覆之形。”皆“大”爲“蓋”之證。“厺”有藏義，其上有蓋，藏者必掩覆之。《禮記·月令》：“孟冬之月……命百官謹蓋藏。”又《昏義》：“以審委積蓋藏。”“蓋”“藏”同義連文。“去”既訓“藏”，亦有蓋義，蓋即覆也。不煩改“去”爲“蓋”。

**頦，醜也。**

【補】《説文》：“侅，奇侅，非常也。”段注：“《漢書·藝文志》五行家有《五音奇胲用兵》二十三卷、《五音奇胲刑德》二十一卷。如淳曰：‘胲音該。’《史記·扁鵲倉公列傳》：‘臣意即避席再拜，受其脉書上下經五色診奇咳。’《集解》曰：‘奇音羈，咳音該。’據張守節《正義》，則《史記》奇咳本亦作奇胲。肉部訓胲爲足指毛皮，然則侅正字，胲其假借字耳。《淮南子·兵略》：‘明於星辰日月之運，刑德奇賫之數，背向左右之便，此戰之助也。’注云：‘奇賫之數，奇秘之數，非常術。’其字又作賫，亦假借也。葢‘奇侅’與今云‘奇駭’音義皆同，是以《左氏春秋》‘無駭’《穀梁春秋》作‘無侅’。”“頦”與“侅”、“咳”、“胲”、“賫”聲近義通。凡醜者必奇形駭人，故“頦”有醜義。

**湑、釃，盝也。**

【疏證】《小雅·伐木》篇：“有酒湑我。”毛傳云：“湑，茜之也。”《釋文》云：“茜與《左傳》‘縮酒’同義，謂以茅沛之而去其糟也。"……《詩·伐木》篇:"釃酒有藇。"毛傳云:"以筐曰釃,以藪曰湑。"《正義》云:"筐,竹器也。藪,草也。"《後漢書·馬援傳》:"擊牛釃酒。"李賢注云:"釃,猶濾也。""濾""漉"一聲之轉,"釃"與"麗"同。《說文》:"籭,竹器也,可以取粗去細。"義與"麗"亦相近。

【補】《論衡·辨祟》:"齋精解禍。"黃輝曰:"精當爲糈,形之誤也。《莊子·人間世》云:'鼓筴播精。'精亦糈之誤。《文選·夏侯孝若〈東方朔贊〉》注引《莊子》作'播糈'。《釋文》云:'播精,如字。一音所,字則當作籔。''籔'爲'糈'之誤。《文選》李善注、《史記·日者傳》徐廣注并云:'糈音所。'《山海經》云:'糈用稌米。'郭注:'糈,祀神之米。'《離騷》:'懷椒糈而要之。'注:'糈,精米,所以享神也。'"黃說《莊子》、《論衡》"精"字爲"糈"之誤,"糈"爲精米,是也。《論衡》"齋精解禍"當作"齋糈解禍",與上文"握錢問祟"相對。《莊子釋文》"籔"字與《詩·伐木》傳"以藪曰湑"之"藪"字通,乃"糈"之異文,黃氏謂亦"糈"之誤,則失之。茜酒謂之"湑",籔米謂之"糈",皆以去粗取精,其茜之籔之之具謂之"藪",皆聲同而義通也。"筐"與"藪",對文則別,散文則通,所以籔米亦可曰"藪",以其用之相類也。


**侏儒,短也。**

【補】"侏儒"亦作"焦僥"、"周饒"。《國語·魯語下》:"僬僥氏長三尺,短之至也。"《荀子·富國》:"是猶烏獲與焦僥搏也。"又《正論》:"是猶以塼(謝墉校本云:荀書當本作搏)塗塞江海也,以焦僥而戴太山也。"《山海經·海外南經》:"周饒國在其東,其爲人短小冠帶。一曰:焦僥國在三首東。""僬僥"、"焦僥"、"周饒",皆"侏儒"一聲之轉。又《爾雅·釋宮》:"宋廇謂之梁,其上楹謂之棳。"邢昺涵曰:"梁上短柱名棳。《釋名》云:'棳儒,梁上短柱也。棳儒猶侏儒,短,故以名之也。'""棳儒"、"侏儒"亦一聲之轉；長言之則曰"侏儒"、"棳儒"，短言之則云"棳"。

**陠，衺也。**

【補】王氏《漢隸拾遺·李翕析里橋郙閣頌》云："第三行'郙閣尤甚'，案：《廣雅》：'陠，衺也。'曹憲音布乎反，其字從𨸏，甫聲。碑文作'郙'者，移𨸏於右耳，非從邑也。下文説'郙閣'之狀云：'緣崖鑿石，處隱定柱，臨深長淵，三百餘丈。'蓋棧閣傾衺不平，因謂之郙閣矣。"《拾遺》之説，可以證《廣雅》也。王氏爲疏證補正，即引《郙閣頌》；然《拾遺》辨"郙"右旁非從邑，彼所不及，故仍録《拾遺》説於此。

**訋，欺也。**

【補】《説文》："訇，駭（今本作駿，此從段玉裁、王筠改）言聲。從言，匀省聲。漢中西城有訇鄉。又讀若玄。訇，籀文不省。"《説文》籀文從言，匀聲，與《廣雅》同，而義不相當。《玉篇》："訋，居俊切，欺也。"即本《廣雅》。今案：從匀從旬從玄之字古音同真部，故《説文》訇，又讀若玄，段注《説文》旬篆曰："古旬、匀二篆相假爲用。"而"昫"或借爲"眩"。《文選·揚子云〈劇秦美新〉》："臣常有顛眴病。"李善注："賈逵《國語》注曰：'眩，惑也。'昫與眩古字通。"又段注《説文》泫篆曰："《檀弓》曰：'孔子泫然流涕。'《魯語》：'無洵涕。'韋曰：'無聲涕出爲洵涕。'案：洵者，泫之假借字也。"是則"訋"亦與"眩"通。"眩"訓爲惑，惑即欺也。《玉篇》："詃，古犬切，誘也。"《廣韻》上聲二十七銑韻訓同，《集韻》上聲二十七銑韻訓誘也，詐也。"詃"亦與"訋"聲近義通。

**敆，勇也。**

【補】《論衡·率性》："齊舒緩，秦慢易，楚急促，燕戇投。"吳承仕《校録》云："投借爲敆，敆從攴豆聲，攴、豆同屬侯部，聲紐亦同，舊多通假。《文選·長笛賦》：'察變於句投。'李善注云：'投與逗古字通。'戀投即戀敠。《廣雅》敠、悍、敢同訓勇，戀投亦猶愚悍矣。王念孫《廣雅疏證》敠字無説，正宜以《論衡》此文補之。"

**塌、疊，墮也。**

【補】"疊"之言墊也，亦跕也。《廣韻》入聲三十怗韻小韻"徒協切"下云："疊，重也，墮也，明也，累也，積也。""墊，地名，在巴中。"又"丁愜切"下云："跕，墮落。"又去聲五十六桥韻"都念切"下云："墊，下也。又墊江，在巴陵，又徒協切。"《廣韻》云"疊，墮也"，即本《廣雅》。《廣韻》"墊"一字異讀，"墊下"之"墊"去聲，"墊江"之"墊"入聲與"疊"同，乃一聲之轉；"疊"與"跕"同韻，聲紐皆屬舌頭，音亦相近。《後漢書·郭太傳》："遇雨，巾一角墊；時人乃故折巾一角，以爲'林宗巾'。""墊"義爲下，引申爲下墮，即今言塌塌耳。此"疊"之言墊而爲墮也。《後漢書·馬援傳》："仰視飛鳶跕跕墮水中。"李賢注："跕跕，墮貌也。"此"疊"之言跕跕而爲墮也。

# 釋詁三上

**仉，輕也。**

【補】《楚辭·卜居》："寧昂昂若千里之駒乎，將氾氾若水中之鳧乎？與波上下，偷以全吾軀乎？""昂昂"，王逸注："志行高也。"則"氾氾"謂不自重，故下云偷以全軀。王注"氾氾"，乃爲"普愛衆也"，失之。"氾"與"仉"亦聲近義通。本書《釋訓》："氾氾，浮也。""輕"與"浮"義亦近。

**剔，罵也。**

【補】"剔"與"詆"通。敦煌變文《燕子賦》："雀兒剔秃，強奪鷰屋。"《廣韻》入聲一屋韻："詆詆，狡猾。""剔秃"即"詆詆"，

"剐"即"詆"矣。"詆"有罵義。又案:"剐"之言"傷"也,侮傷之言則與罵近。

**絓、特,獨也。**

【補】《小爾雅·廣度》:"跬,一舉足也。倍跬謂之步。"本篇上文:"蜀,戎也。""蜀"與"獨"通。"跬"與"絓"聲近而義通。又《説文》:"閨,特立之户。""特"亦獨也。"閨"與"絓"亦聲近而義通。

**謦,告也。**

【疏證】謦者,謁之告也。字從"曰",殸聲。亦通作"寧"。《漢書·高帝紀》:"嘗告歸之田。"李斐注云:"告者,休謁之名。吉曰告,凶曰寧。"《哀帝紀》云:"博士弟子父母死,子寧三年。"《後漢書·陳中傳》云:"絶告寧之典。"

【補】《詩·邶風·泉水序》:"衛女思歸也。嫁於諸侯,父母終,思歸寧而不得。"毛傳:"國君夫人,父母在,則歸寧;没,則使大夫寧於兄弟。"《左傳·莊公二十七年》:"杞伯姬來,歸寧也。"解經者或以諸侯夫人父母在得歸寧,或以爲非禮,然歸寧之説自昔有之。歸寧者,亦謁告之詞;蓋托言寧問父母,是亦告也。李斐注"告"與"寧"有吉凶之别,據《詩序》、《左傳》,則散文亦通耳。

**頑,鈍也。**

【疏證】頑者,如淳注《漢書·陳平傳》云:"頑頓,謂無廉隅也。"

【補】"頑"之謂無廉隅,乃"刓"之借。《史記·淮陰侯列傳》:"印刓弊,忍不能予。"《漢書》作"刻印刓,忍不能予"。蘇林注:"刓音刓角之刓。刓與摶同,手弄角訛,不忍授也。"是剗去棱角爲"刓",故爲無廉隅也。單言爲"刓",複言爲"刓摶",又作"刓剶"、"輐斷"、"刓斷"。《莊子·天下》:"椎拍輐斷,與物宛轉。"又云：“而不免於䏰斷。”郭象注：“雖立法，而䏰斷無圭角也。”與物宛轉、無圭角，皆無廉隅之義。章炳麟《莊子解故》云：“輐斷借爲刓劂。《説文》：‘刓，劂也。’下言䏰斷，亦同此讀。”《釋名·釋言語》：“緩，浣也，斷也。持之不急，則動搖浣斷，自放縱也。”“刓摶”、“刓劂”、“輐斷”、“䏰斷”、“浣斷”，與“頑頓”皆一聲之轉。

**唴㓤，悲也。**

【補】朱起鳳《辭通》曰：“《文選·班彪〈北征賦〉》：‘游子悲其故鄉兮，心愴悢以傷懷。’又曹大家《東征賦》：‘遂去故而就新兮，志愴悢而懷悲。’《廣雅·釋詁》：‘歔欷、唴㓤、惻愴，悲也。’案：愴悢作唴㓤，同音通借。”《文選·丘希範〈與陳伯之書〉》：“見故國之旗鼓，感平生於疇昔；撫弦登陴，豈不愴悢！”

# 釋詁三下

**扼，止也。**

【疏證】扼者，《姤》初六：“繫於金柅。”……《正義》引馬融注云：“柅者，在車之下，所以止輪令不動者也。”

【補】止輪令不動則爲“發軔”之“軔”。从尼从刃之字乃一聲之轉。《考工記·弓人》：“凡昵之類不能方。”故書“昵”作“樴”。杜子春云：“樴讀爲不義不昵之昵。或爲䵑，䵑，黏也。”“昵”之與“䵑”，猶“柅”之與“軔”也。

**奯，多也。**

【補】“奯”又作“趯”。《文選·何平叔〈景福殿賦〉》：“脩梁彩制，下塞上奇。桁梧複疊，勢合形離。艴如宛虹，赫如奔螭。南距

16

陽榮,北極幽崖。任重道遠,厥庸孔多。"李善注:"言橡栱交結,南自陽榮而北至幽崖,故云任重道遠,其功甚多。多當爲趍,《廣雅》曰:'趍,多也。'紙移切。"案:"趍"與"多"既同訓,而必改"多"爲"趍"者,李意其字當與"奇"、"離"、"螭"、"崖"(此四字《廣雅》在上平聲五支韻,多字《廣韻》在下平聲七歌韻)相叶也。然"趍"字本無"紙移切"之音,據《廣韻》上平聲五支韻:"趍,《説文》:'趍趙,攵也。'直離切。"又十虞韻:"趍,走也。七逾切。赵,俗。本音池。"乃知李注本是"趍",直離切,音池,與"紙移切"音相近,故"趍"與"攴"通用,李注所引,即《廣雅》"攴"之異文也。讀李注者,不探李善作"趍"之旨,以"趍"俗亦作"赵",誤改"趍"爲"趨",不知"趍"音直離切,"趨"音七逾切,皎然二字也。又案:胡克家《文選考異》於李善《景福殿賦》此注云:"二趨字皆當作攴,今《廣雅·釋詁》三作攴。《西京賦》:'清酤攴。'注亦引《廣雅》:'攴,多也。'攴與攴同字耳。"若如胡説,則李注本作"攴",誤作"趍",又誤作"趨"也。二説皆可通,今並存之,以俟抉擇。


**旬,治也。**

【補】《小爾雅·廣詁》:"旬、營,治也。"王煦疏云:"古旬通作營,又通作均。《詩·大雅·江漢》云:'來旬來宣。'鄭箋:'旬當作營。'《史記·天官書》:'旬始出於北斗旁。'徐廣曰:'旬一作營。'是旬與營通也。"案:"旬"與"營"通。猶"惸惸"與"煢煢"通也。汾源"旬"通作"均"之説與石臞同,不録。


**陶、寫、篏,除也。**

【補】"陶"讀爲"洮"。《集韻》平聲六豪韻"陶、洮並徒刀切":"洮,盥也。一曰浙也。""浙"當爲"淅"。《書·顧命》:"王乃洮頮水。"僞孔傳:"洮盥頮面。"《釋文》引馬融:"洮,洮髮也。頮,頮面也。"玄應《一切經音義》卷七《正法華經》第五卷音義:"洮汰,《通俗文》:'淅米謂之洮汰。'《廣雅》:'汰,洗也。'"《後漢書·陳元傳》:"淘汰學者之累惑。"李賢注:"洮汰,猶洗濯也。"《世說新語·言語》:"謝太傅語王右軍曰:'中年傷於哀樂,與親友別,輒作數日惡。'王曰:'年在桑榆,自然至此,正賴絲竹陶寫。'""陶"爲洗濯,"寫"爲輸寫,皆除義也。筬者,《漢書·揚雄傳上·校獵賦》:"方椎夜光之流離,剖明月之珠胎,鞭洛水之虙妃,餉屈原與彭胥。"朱一新曰:"即《甘泉賦》'屏玉女而虙妃'之意。餉屈云云,言當求賢以自輔也。"朱説是也。椎流離,剖珠胎,即《莊子》"擿玉毀珠"之意,謂却去玩好;鞭虙妃則屏退美色也。《漢書·王莽傳中》:"后常翳云母屏面。"顏師古注:"屏面即便面,蓋扇之類也。解在《張敞傳》。"《張敞傳》:"自以便面拊馬。"師古注:"便面,所以障面,蓋扇之類也。""屏面"、"便面","屏""便"一聲之轉;"屏玉女"、"鞭虙妃","屏""鞭"亦一聲之轉。"屏"之轉爲"便",猶"屏"之轉爲"鞭"矣。"鞭"與"筬"聲同義通。

**蔓、扣,持也。**

【疏證】蔓者,《説文》:"蔓,規蔓,商也。从又持萑。"《衆經音義》卷十二、十三、十六引《廣雅》并作"擭"。《説文》:"擭,握也。一曰:搨也。"扣者,牽持之也。《説文》:"扣,牽馬也。"……《史記·伯夷傳》:"叩馬而諫。""叩"與"扣"通。

【補】《説文》以"規蔓"訓"蔓",即《離騷》"求榘蠖之所同"之"蠖"字,非"蔓"之本義。"蔓"从又持萑,直謂獲取之耳。又从手訓"握",乃其後起字。"扣"與"叩"爲牽持,其字與"拘"通。《説文》:"拘,止也。""扣"、"叩"與"拘"通,猶《論語》"以杖叩其脛""叩"之本字爲"敂"也。

枰,平也。

【疏證】《初學記》引《通俗文》云:"牀,三尺五曰榻板,獨坐曰枰。"《釋名》云:"枰,平也,以板作之,其體平正也。"

【補】所引《初學記》見卷二十五,器用部,牀五。《説文》:"蒻,蒲子,可以爲平席。"段注:"鄭注《間傳》曰:'芐,今之蒲苹也。'《釋名》曰:'蒲苹,以蒲作之,其體平也。'"以板作之,其體平正,謂之"枰";以蒲作之,其體平,謂之"苹";其義同也。


磔,開也。

【補】《莊子·養生主》:"動刀甚微,謋然已解。"成玄英疏:"謋然,骨肉離之聲也。"磔、謋皆從桀聲,《廣韻》入聲二十陌韻:"磔,陟格切;謋,虎伯切。"韻部相同,義亦相通。曰"解"曰"離",皆即開也。


踈,迹也。

【疏證】踈從足束聲,當音桑谷反;曹憲音匹迹反。所未詳也。

【補】《説文》:"迹,步處也。蹟,或从足責。速,籀文迹从束。"段注:"《釋獸》:'鹿,其迹速。'《釋文》:'本又作麤,素卜反。'引《字林》:'鹿迹也。'案:速正速字之誤,周時古本云'其迹速',速之名不嫌專係鹿也。《廣雅》:'躔、踈、解、亢,迹也。'即《爾雅》'麋迹躔,鹿迹速,麕迹解,兔迹迒'也。曹憲:'踈音匹迹反。'《集韻》云:'迹,或作踈。'然則《字林》'從鹿速聲,素卜反'之字紕繆實甚,或以竄入《爾雅》,又或以竄入《説文》鹿部麤、麖二字之間,其誤可不辯自明矣。"《廣雅》"踈"當作"踈",曹憲音匹迹反,疑當作屮亦反。《集韻》入聲上二十二昔韻:"迹、踈、速,資昔切;亦,夷益切。"入聲下十七薛韻:"屮,子列切。""屮"、"踈"

同精紐字，"疎"、"亦"同韻，音切正合。

# 釋詁四上

**凝、戾，定也。**

【疏證】凝者，《皋陶謨》："庶績其凝。"馬融注云："凝，定也。"戾者，《爾雅》："戾、定，止也。"云云。

【補】《詩·秦風·蒹葭》："白露爲霜。"毛傳："白露凝戾爲霜，然後歲事成。"是"凝""戾"二字亦可連文也，亦作"凝屬"。《藝文類聚》卷八十一引郭緣生《述征記》曰："洛水至歲凝屬，則款冬花茂悦層冰之中。"義與《蒹葭》傳同。

**經，絞也。**

【補】阮元《釋磬》云："《國語》'申生雉經'，經與磬同聲同義，特殸、至二字異形耳。"又云："《爾雅·釋蟲》：'蜆，縊女。'縊女所以名蜆者，蜆與殸聲相轉相假。"其説具在《揅經室一集》卷一，不詳録。又下文云："罄，荊也。""罄"即"雉經""經"字之叚，亦即《周禮》"磬於甸人""磬"字之叚。

# 釋詁四下

**擂，依也。**

【補】《説文》："塙，保也。"段注："保，《集韻》、《類篇》作堡，俗字也。《檀弓》：'公叔禺人遇負杖入保者息。'《月令》：'四鄙入保。'注皆云：'都邑小城曰保。'塙隸變爲墻，墻爲保，人所依止

也。"墻與攜音同義通。《荀子·正論》:"至賢疇四海。"俞樾曰:
"疇者,保也。《國語·楚語》:'臣能自壽也。'韋注:'壽,保也。'
《晏子·雜》篇:'賴君之賜,得以壽三族。'壽三族即保三族也。
《管子·霸言》篇:'國在危亡而能壽者,明聖也。'能壽即能保
也。此文作疇者,古字通耳。《説文》土部:'塓,保也。'凡作疇作
壽,皆塓之叚字。"俞説甚是。是"疇""壽"亦與"墻"義通。蓋保護
人者曰"保",就人保者曰"依",此義之轉展相成者也。


　　心,容也。

　　【補】《書·洪範》:"思曰睿,……睿作聖。"《今文尚書》"睿"
作"容"。《尚書大傳·洪範五行傳》:"次五事,曰思心。思心之
不容,是爲不聖。"《春秋繁露·五行五事》:"思曰容,容者,言無
不容。……容作聖,聖者,設也。王者心寬大無不容則聖,能施設
事,各得其宜也。"《廣雅》訓"心"爲"容",本《書》今文説也。又
案:《荀子·解蔽》:"心何以知道?曰:虛、壹而静。心未嘗不
臧也。然而有所謂虛。……人生而有知,知而有志。志也者,臧
也;然而有所謂虛。不以所以臧害所將受,謂之虛。""臧"也,
"受"也,義皆與"容"同。


　　姚,長也。

　　【補】《荀子·榮辱》:"其功盛姚遠矣。""姚"與"姚"通,亦長
也。吴語謂人身長者曰"長姚子",徒聊切。《儒林外史》第四十三
回:"内中有一個高挑子。"字則作"挑"。


　　盈、滿、繹,充也。

　　【補】《詩·周南·葛覃》:"服之無斁。"毛傳:"斁,厭也。"
《漢書·王莽傳中》:"欲以承塞天命,克厭上帝之心。"顏師古

注："厭，滿也。""斁"與"繹"聲同義通。

# 釋詁五上

**曼，無也。**

【疏證】任氏幼植《釋繒》云："《説文》：'縵，繒無文也。'《管子·霸形》篇：'君何不發虎豹之皮、文錦以使諸侯，令諸侯以縵帛、鹿皮報？'《左氏成五年傳》：'乘縵。'注：'車無文。'"是凡物之無文者謂之"縵"，義與"曼"同也。

【補】《莊子·説劍》："吾王所見劍士，皆蓬頭突鬢，垂冠，曼胡之纓。"《釋文》："司馬云：'曼胡之纓，謂麤纓無文理也。'"《周禮·天官·鱉人》："鱉人掌取互物。"鄭衆注："互物謂有甲萉胡，龜鱉之屬。"朱起鳳以爲"萉胡"猶俗言模糊無棱角之義。"曼胡"、"萉胡"一聲之轉，亦無文之義也。

**廩，治也。**

【疏證】廩，曹憲讀爲"禀"。"廩禀"二字諸書皆無訓爲"治"者，"治"蓋"給"字之譌。云云。

【補】以字形勘之，"治"當作"洽"，"洽"與"給"通。《爾雅·釋天》："太歲在未曰協洽。"《童子逢盛碑》作"協給"。

**蟝，帥也。**

【疏證】"蟝"古通作"渠"。《史記·田叔傳》："取其渠"率"二十人。""率"與"帥"通。

【補】孫詒讓《墨子後語上·墨家鉅子》："《莊子·天下》篇説墨云：'以巨子爲聖人，皆願爲之尸，冀得爲其後世。'郭象注云：

‘巨子最能辨其所是，以成其行。’《釋文》：‘巨，向（秀）、崔（譔）本作鉅。向云：墨家號其道理成者爲鉅子，若儒家之碩儒。’《吕氏春秋·上德》篇云：‘墨者以爲不聽鉅子，不察。’又有墨者鉅子孟勝、田襄子、腹䵍三人。高誘以鉅子爲人姓名，非也。以莊、吕二子所言推之，墨家鉅子，蓋若後世儒家大師，開門授徒，遠有端緒，非學行純卓者，固不足以當之矣。”案：《吕氏春秋》録墨者鉅子三，其孟勝、田襄子見《上德》，腹䵍見《去私》。核其所爲，蓋前鉅子死，則由其人付屬一人爲繼，而鉅子職行墨子之法，至得殺其子，此蓋如後世幫會之渠魁，與儒之傳學授業者亦有別矣。鉅子云者，若後世云首領、老大是已。然則巨子、鉅子之“巨”與“鉅”亦與“䟊”通。


**腒，央也。**

【疏證】“腒”字或作“渠”，又作“巨”，又作“遽”。……通作“腒”。諸書或言“未央”，或言“未遽”，或言“未遽央”。其義一也。卷三云：“腒，久也。”《説文》：“央，久也。”久謂之“腒”，亦謂之“央”。

【補】《文選·宋玉〈神女賦〉》：“願假須臾，神女稱遽。”李善注：“遽，急也。言去不住也。”案：稱“遽”者，遽，央也。言時已久當去也。李注非。


# 釋 言


**款，叩也。**

【疏證】《吕氏春秋·愛士》篇：“夜款門而謁。”高誘注云：“款，叩也。”“款”與“敤”同。

【補】款爲款門，亦爲款誠；叩亦爲誠，見《釋訓》"叩叩，誠也"。《疏證》引《楚辭·九歎》："行叩誠而不阿兮。"《三國志·蜀書·鄧芝傳》："君之誠款乃當爾邪？"

**適，悟也。**

【疏證】《方言》："適，悟也。"郭璞注云："相觸迕也。""悟"與"悟"通。云云。

【補】"適"可訓"悟"者，"適"讀爲"敵"。《荀子·君子》："天子無妻，告人無匹也。四海之内無客禮，告無適也。"楊倞注："適讀爲敵。""敵"有匹敵義，亦有抵敵義，"適"之訓"悟"，乃抵敵義也。

**囮，圝也。**

【疏證】"囮"、"圝"二字曹憲並音由。……案："囮"與"圝"義同而音異。"囮"從化聲，讀若"譌"；"圝"從繇聲，讀若"由"。云云。

【補】吕温《由鹿賦序》："貞元己卯歲，予南出穰、樊之間，遇野人繫鹿而至者。問之，答曰：'此爲由鹿，由此鹿以誘至羣鹿也。'"是"圝"亦"由"字爲之。

**狄，辟也。**

【補】《説文》："狄之爲言淫辟也。"

**尥，劵也。**

【補】曹憲音去偽反。《顔氏家訓·書證》："有人訪吾曰：'《魏志》蔣濟上書云，弊尥之民。是何字也？'余應之曰：'意爲尥即是儉倦之儉耳。'（元注："《要用字苑》云：'儉音九偽反。字亦見《廣雅》及《陳思王集》也。'"）張揖、吕忱並云：'支傍作刀劍之刀，亦是剏字。'不知蔣氏自造支傍作筋力之力，或借剏字？終當音九偽反。"盧文弨校《家訓》云："俹，《集韻》作攲。……宋本注内亦作攲。"案：《家訓》正文及注並當作"攲"。"攲"與"虓"同，"倦"與"券"同。顏氏所見《廣雅》，字蓋與今本有異，要之即《釋言》此條也。《釋詁》一上："虓，病也。"《拾遺》謂"虓"與"虓"同，訓"券"故從"九"，訓"病"故從"歺"。愚竊疑"攲"爲"虓"字形近之誤，"虓"與"攲"同"券"、"病"義同。《孟子·公孫丑上》："今日病矣，予助苗長矣。"趙岐注："病，罷也。""罷"即"疲券"之"疲"。


**識，謂也。**

【疏證】曹憲云："有本作'只，詞也'。"《集韻》、《類篇》引此作"識，調也"，皆未知其審。

【補】作"詞也"是也。《説文》："只，語已詞也。"若《詩》"母也天只，不諒人只"、"樂只君子"之類皆是也。識者，"只"之後出字。"謂"、"調"皆"詞"字形近之誤。


**脌，錯也。**

【補】本書上文："脌，饌也。"案：兩"脌"字皆"飣"之異文。《廣韻》去聲四十六徑韻："飣，貯食。奠，上同。肝亦同。"又五十候韻："餖，飣餖。"《集韻》去聲四十六徑韻："飣，置食也。或作肝。"又五十候韻："餖，飣也。或從殳。"以"飣"之或作"丁"，知"脌"即"飣"之異文矣。"飣"、"餖"同義，皆爲貯食，故曰"饌"也。連文則曰"飣餖"。韓愈《南山》詩："或如臨食案，肴核紛飣餖。"又《喜侯喜王贈張籍張徹》詩："呼奴具盤飧，飣餖魚菜膽。"肴核紛雜，故謂爲"錯"，錯者雜也。

辯，變也。

【補】《莊子·逍遙遊》：“若夫乘天地之正，而御六氣之辯，以遊無窮者，彼且惡乎待哉！”郭慶藩曰：“辯與正對文，辯讀爲變。《廣雅》：‘辯，變也。’《易·坤文言》：‘猶辯之不早辯也。’荀本作變。辯、變古通用。”

## 釋　訓

姃姃，容也。

【補】本書下文：“孎孎，好也。”《疏證》“孎孎”猶言“苕苕”。張衡《西京賦》云：“狀亭亭以苕苕。”是也。禮鴻案：“苕苕”與“孎孎”通，“亭亭”亦與“姃姃”通。後世用“亭亭”，如周敦頤《愛蓮説》。用“姃姃”者蓋未見。

## 釋　親

妻謂之嬬。

【疏證】《説文》：“嬬，下妻也。”

【補】《韓非子·外儲説右上》：“薛公相齊。齊威王夫人死，有十孺子皆貴於王。薛公欲知王所欲立，而請置一人以爲夫人。”“孺”與“嬬”通。

朕，胎也。

【疏證】朕之言媒也。《説文》：“朕，婦始孕朕兆也。”

【補】《詩·商頌·玄鳥》：“天命玄鳥，降而生商。”毛傳：“玄鳥,鳦也。春分玄鳥降。湯之先祖,有娀氏女簡狄配高辛氏帝,帝率與之祈於郊禖而生契;故本其爲天所命,以玄鳥至而生焉。"據此,郊禖之祈所以祈子,脵爲胎者,脵之言亦禖也。又案:"脵脵"即"膴膴"。《詩·大雅·緜》:"周原膴膴,菫荼如飴。"《文選·左思〈魏都賦〉》"脵脵坰野"李善注引此詩作"周原脵脵,菫荼如飴"。《淮南子·俶真》:"所謂有始者,繁憤未發萌兆牙蘗,未有形埒垠堮,無無蠕蠕,將欲生興而未成物類。"是"無無"爲將欲生興而未形著之貌,其狀蓋與婦始孕脵兆同,"脵無"亦聲之轉也。


**骷、餔,尀也。**

【補】骷,曹憲音括。《玉篇》:"骷,光末切,骨端也。"《集韻》平聲十一模韻:"骷,空胡切。《廣雅》:'骷、餔,尀也。'"《集韻》之"餺"即《廣雅》之"餔",則當從"專"不從"專"。又"骷"、"骷"有異,皆未詳。


# 釋　器


**不借、薄平,履也。**

【補】"薄平"當作"薄乍","平"、"乍"形近之誤。《釋名·釋衣服》:"齊人謂草履曰扉。……或曰不借。……齊人云搏腊。搏腊猶把作,鱺皃也。"孫楷曰:"《周禮·弁師》'玉璂',鄭讀如薄借綦之綦。綦古文作綼。《説文》:'綼,不借綼。'許所言不借綼猶鄭所云薄借綦,文異實同。薄借即搏腊之轉音。"畢沅曰:"搏腊猶言不借,聲少異爾。……〔把作〕一本作把鮓,當亦音之轉。""不借"、"搏腊"、"薄借"、"把作"、"把鮓"、"薄乍"皆音之轉,從"昔"從"乍"得聲之字古音同在魚部。

�頭，車也。

【補】�頭即烏啄。《釋名·釋車》：“楅，扼也，所以扼牛頸也。馬曰烏啄，下向叉馬頸，似烏開口向下啄物時也。”蘇輿曰：“烏啄亦謂烏喙，古啄、喙通用。《詩·韓奕》‘金厄’毛傳：‘金厄，烏喙也。’即此。”“頭”與“啄”“喙”古音同舌頭侯部，例得通用。以馬駕車，謂之“�頭”。

寑、醓、鬱、廦，幽也。

【補】《楚辭·離騷》：“扈江離與辟芷兮，紉幽蘭以爲佩。”聞一多《楚辭校補》曰：“……《荀子·大略》篇：‘蘭茞稾本，漸於密醴，一佩易之。’……是古人佩服芳草，必先以酒漸之。《廣雅·釋器》：‘寑、醓、鬱、廦，幽也。’王念孫曰：‘此通謂藏食物也。’案寑醓即浸湛，并與漸通。《廣雅》寑醓與廦同訓幽，而王注本篇‘扈江離與辟芷’曰：‘辟，幽也，芷幽而〔乃〕香。’正讀辟爲廦，是此文辟芷及下文幽蘭并與諸書漸蘭茞者同，謂以酒浸湛而幽藏之也。原本《玉篇》广部引此作廦，廦廦同，可與王注相發。”

拔，箭也。

【疏證】《秦風·駟驖》篇：“舍拔則獲。”毛傳云：“拔，矢末也。”正義云：“以鏃爲首，故拔爲末。”此當云箭末謂之“拔”，不當訓“拔”爲“箭”也。

【補】《小爾雅·廣言》：“跋，本也。”王煦疏：“案：毛氏以鏃爲首，故以拔爲末。若以矢之上下論之，則鏃當爲末，拔當爲本。”王說是也。下文：“芨，根也。”《疏證》云：“《説文》：‘芨，草根也。……’案：“芨”之言本也，“本”、“芨”聲義相近，故藥本謂之“藁芨”。《中山經》云：‘青要之山有草焉，其狀如藁本。’《西山經》

云：‘皋塗之山有草焉，其狀如蒿茇。’郭璞注《上林賦》云：‘藁本，藁茇也。’草本之謂茇，猶燭本之爲跋。《曲禮》：‘燭不見跋。’鄭注云：‘跋，本也。’”矢本謂之“拔”，猶草本謂之“茇”，燭本謂之“跋”矣。草本謂之“茇”，木本謂之“本”，石臞所以謂聲義相近也。

# 釋　邱

**湄，厓也。**

【疏證】《爾雅》：“水草交爲湄。”《釋名》云：“湄，眉也，臨水如眉臨目也。”……《小雅·巧言》篇：“居河之麋。”僖二十八年《左傳》：“余賜女孟諸之麋。”并與“湄”同。

【補】《漢書·游俠·陳遵傳》：“揚雄《酒箴》：‘觀瓶之居，居井之眉。’”顏師古注：“眉，井邊地，若人目上之有眉。”井邊謂之“眉”，水邊謂之“湄”，即湄義受之於“眉”也。“湄”又作“麋”，而“須眉”之“眉”亦作“麋”。《荀子·非相》：“伊尹之狀，面無須麋。”是“須麋”字與“孟諸之麋”字義亦通也。

# 釋　草

**游冬，苦菜也。**

【疏證】《顏氏家訓》云：“……江南別有苦菜，葉似酸漿，其花或紫或白，子大如珠，熟時或赤或黑。此菜可以釋勞。案郭璞注《爾雅》，此乃‘蘵，黄蒢也’。”

【補】郝懿行《顏氏家訓斠記》云：“案顏君所説此物，即是《爾雅注》所謂苦蘵，今京師所稱紅姑孃者也；與‘蘵、黄蒢’稍異焉。”

納蘭性德《飲水詞》有《眼兒媚·咏紅姑娘》詞。

**燕薁,蘡舌也。**

【疏證】即蘡薁也。"蘡"、"燕"聲之轉。《豳風·七月》篇:"六月食鬱及薁。"傳云:"薁,蘡薁也。"

【補】《齊民要術》卷十引《廣雅》作"燕薁,櫻薁也"。

**白蒺,茨,蕡也。**

【疏證】《爾雅》:"茨,蒺藜。"郭注云:"子有三角刺人。"《離騷》"茨"作"薋",亦與此同義也。

【補】《説文》:"薋,艸多皃。"段注云:"《離騷》曰:'薋菉葹以盈室。'王注:'薋,蒺藜也。菉,王芻也。葹,菓耳也。'《詩》:'楚楚者茨。'三者皆惡艸也。據許君説,正謂多積菉、葹盈室,薋非草名。禾部曰:'穧,積禾也。'音義同。"王逸誤以"薋"爲草名,後人罕有能發正者。石臞亦沿其誤,當以段説正之。

# 釋　木

**柚,楱也。**

【疏證】《漢書·司馬相如傳》:"黃甘橙楱。"張氏注云:"楱,小橘也。出武陵。"……"楱"各本譌作"棒",今訂正。

【補】《小學匯函》本作"棒","棒"曹憲音七候反,據曹音,字當作"楱",從奏聲。奏篆文作"𡘺",今作"棒"、"楱"者,其右旁皆由奏之篆文誤也。《漢書·司馬相如傳》"黃甘橙楱",正文及張揖注字皆作"楱",足明作"棒"之誤。

# 釋　蟲

**炙鼠、津姑、螻蛄、蠑蛉、蛞蝼，螻姑也。**

【疏證】或又謂之"蠾蛄"。《埤雅》引《廣志·小學》篇云："螻蛄，會稽謂之蠾蛄。"《孟子·滕文公》篇："蠅蚋姑嘬之。"《釋文》云："蚋，諸本或作蠾。一説云：蠾蛄即螻蛄也。""蠾"與"螻"聲正相近矣。

【補】案："螻蛄"或名"蠾蛄"，而引《孟子》或説者非也。孫奭《孟子音義》云："張云：'諸本或作蠾，誤也。'"此所引唐張鎰之言也。張已云誤而復舉之，蓋石臞之謬也。《孟子》"姑嘬"，姑當讀如《左傳·僖公二十八年》"楚子伏而鹽其腦"之"鹽"；杜預注："鹽，嗜也。"焦循《孟子正義》已著其説。段玉裁注《説文》蛄篆，亦引《孟子》"蚋"一作"蠾"，或云"蠾蛄"即"螻蛄"之説，謬同。

**尺蠖，蠑蚭也。**

【疏證】《衆經音義》卷十八云："尺蠖，一名尋桑。"引《纂文》云："吳人以步屈名桑蠋。"是其異名也。

【補】此所引乃節取卷十八《成實論》第十四卷音義也。同卷《雜阿毗曇心論》第五卷音義云："析樓蟲，一名尋桑，亦名蚭蠖，或云桑蠋，或云步屈。"是尺蠖異名又有一析樓蟲，而石臞遺之。

**鳥洟、冒焦，螵蛸也。**

【補】《本草綱目》卷三十九："〔螵蛸〕《酉陽雜俎》謂之野狐鼻涕，象形也。"又曰："螵蛸亦名夷冒。"案："野狐鼻涕"見《酉陽雜俎》前集卷十七《蟲》篇，李氏以爲象形，"鳥洟"取義蓋與之

同。"夷冒"之名，李氏不言所出，恐是誤截《廣雅》"烏渍"與"冒
焦"二名中間之字爲之，而又脱去水旁也。"夷冒"見上條疏證。

# 釋　魚

**有角曰蝀龍。**

【補】《集韻》平聲三十幽韻："虬，渠幽切。《説文》：'龍子有
角者。'或作蝀。""蝀"字《玉篇》、《廣韻》皆不載，乃見於宋人之
書，其字於六書無以言之，竊疑此爲"蝀"之殘字。《説文》"蝀"從
夫聲，七宿切；或從"酉"作"醜"，《玉篇》"醜"音七由切。"蝀"、
"虬"古韻同在幽部，故得借"蝀"爲"虬"。《集韻》有"蝀"，蓋據《廣
雅》爛脱之本。

唐蘭説：《萬象名義》廿五龜部有"蘊"字，"奇樛反。虬也。
龍無角也"。原本《玉篇》九龠部有"龣"字(本誤作"龣"，依《萬象名義》
正)，"思條反。《蒼頡》篇：'龣韶九成也。'……《字書》：'或簫字
也。'"甲骨卜辭有"龜"、"蘊"、"襲"，漢隸"秋"從禾從襲，《萬象名
義》"秋"亦作"穮"，是則本有"蘊"、"襲"字而《説文》失收。"襲"似
爲龜屬有角者。卜辭"今蘊"、"今襲"借爲"秋"；《萬象名義》"蘊"
借爲"虬"。即出《廣雅》，而今本《廣雅》譌作"蝀"。説見《古文字
學導論》下編214頁(齊魯書社1981年版)。今並存其説以待質。

**蝀、蟈，長股也。**

【疏證】《説文》："蝀，蝦蟇也。"……《夏小正》："四月鳴
蟈。"傳云："蟈也者，或曰：屈造之屬也。"……蟈與蟈同。……
《名醫别録》……："蝦蟇一名蟾蜍。"

【補】《淮南子·説林》："鼓造辟兵，壽盡五月之望。"《文

子·上德》作"蟾蜍辟兵,壽在五月之望"。"鼓造"即蟾蜍,"鼓造"亦即屈造也。據《疏證》:蠛長股,蟾蜍短脚,故《夏小正傳》以蠛爲屈造之屬;屬也者,同類而有別也。

# 釋 鳥

**鶌鶋,鳩也。**

【疏證】鳩之總名曰"鶌鶋",其大而有班者謂之"鵻鳩",小而無班者謂之"鶌鳩"。……《方言》又云:"其鵒鳩謂之鸓鳩,自關而西秦漢之間謂之鶌鳩,其大者謂之鵻鳩,其小者謂之鵒鳩。……"郭璞注云:"鵻音班。鵻鳩,今荊鳩也。"是"鵻鳩"即"班鳩",字或作"鸓",鳩之大者也。

【補】"鵻鳩"之"鵻"有大義,其義存乎其聲。《説文》:"帗,楚謂大巾曰帗。""頒,大頭也。""坋,一曰:大防也。"是從分聲之字有大義也。又:"衯,長衣皃。"長大義亦相成。

**鷇,雛也。**

【補】《説文》:"縠,小豚也。"《爾雅·釋獸》:"貔,白狐,其子縠。""鷇"爲雛,"縠"爲小豚,又爲貔子,皆初生之名,其字皆從殼聲,此又聲義之相通者也。又《説文》云:"㲻,未燒瓦器也。""㲻"、"縠"爲初成形之稱;"㲻"即今所謂坯,器之初成形之稱;其聲與義又相應也。

# 釋　獸

**於䖝，虎也。**

【補】《漢書・敘傳》：“楚人謂乳谷，謂虎於檡。”顏師古注：“於音烏，檡字或作菟，並音塗。”“於檡”與“於䖝”同。

**鼳鼠，鼢鼠。**

【疏證】《説文》：“鼢，地中行鼠。伯勞所化也。一曰偃鼠。或從虫作蚡。”“偃”與“鼳”通。“偃”之轉聲則爲“隱”。《名醫別録》：“鼳鼠在土中行。”陶注云：“俗中一名隱鼠，一名鼢鼠。”……案：此鼠所在田中多有之，……行於地中，起土上出，若螾之有封。

【補】鼳鼠、偃鼠，“鼳”、“偃”之言“匽”也。《説文》：“匽，匿也。”“匽”、“隱”聲轉義同。“鼢”之言“墳”也。言其行地中，土墳起也。

**鼣鼠。**

【疏證】《玉篇》以爲即鼮鼠。

【補】據《玉篇》，則此當連下“鼮鼠”爲一條。

**韓獹。宋猇。**

【疏證】“獹”通作“盧”。……桓譚《新論》云：“……故犬道韓獹、宋猇。”又魏文帝説諸方物亦云：“狗，於古則韓盧、宋鵲。”則“猇”、“鵲”音同字異耳。《孔叢子・執節》篇：“申叔問曰：‘犬、馬之名，皆因其形色而名焉。唯韓盧、宋鵲獨否，何也？’子順答曰：‘盧，黑色；鵲，白黑色。’”

【補】鵲之言“遙”也。《説文》：“遙，迭遙也。”字通作“錯”。《書・禹貢》：“厥賦唯上上錯。”傳：“錯，雜。”孔疏：“交錯爲間雜之義，故錯爲雜也。”白黑二色間雜爲“鵲”，鳥與犬同之也。

# 説"弗吊、不吊、不淑"

古書裏有許多"弗吊、不吊、不淑",除了吊問與否的意義以外,"弗吊、不吊"就是"不淑",早有定論,無需再議。這裏要説的是"吊、淑"的意義,特別是這兩個字和"弗"或"不"連用時的意義。

古人有把"吊"解作至和善的,如:

> 《書·大誥》:"弗吊,天降割於我家。"偽孔傳:"言周道不至,故天下凶害於我家。"

> 《書·多士》:"弗吊,旻天大降喪於殷。"偽孔傳:"殷道不至,故天下喪亡於殷。"

(作者注:以上兩條《書》正文是照傳義斷句的。)

> 《詩·小雅·節南山》:"不吊昊天,亂靡有定。"鄭箋:"吊,至也;至,猶善也。……不善乎昊天,天下之亂,無肯止之者。"

王引之《經義述聞》卷三十一"通説"中專立"吊"一條,説:"'吊'有祥善之義,而學者皆弗之察。"又説:"'吊、淑'古字通。哀十六年《左傳》'旻天不吊',鄭仲師注《周官·大祝》引作'旻天不淑。'"(符定一案:《書·多士》"旻天"、《左傳》哀十六年"旻天",王氏均譌作"閔天"。)他引用了大量材料來證明"吊"是祥或善。實際上,王氏的説法,就是上引鄭箋和偽孔傳的舊義。但是要問:"吊、淑"的詞性如何?王氏所説的"祥、善"的意義又是什麼?照王氏的説法,"吊、淑"是形容詞,"祥"就是"妖、凶"之反,"善"就是"惡"之反。拿這個見解來解釋古書中所有的"弔、淑"字，就不難發見，這樣說是籠統的，也是不能切合每一處古書的意義的。後來王國維《觀堂集林》卷二《與友人論〈詩〉〈書〉中成語書》，比之王引之，則有了比較深入的看法。試全錄其語：

> 如"不淑"一語，其本意爲不善也。不善，或以性行言，或以遭際言；而"不淑"，古多用爲遭際不善之專名。《雜記》記諸侯相弔辭："相者請事。客曰：'寡人使某：如何不淑！'致命曰：'寡君聞君之喪，寡君使某：如何不淑！'"《曲禮》注云："相傳有弔辭云：'皇天降災，子遭罹之，如何不淑！'""如何不淑"者，謂遭此不幸將如之何也。《左•莊十年傳》："宋大水，公使弔焉，曰：'天作淫雨，害於粢盛，若之何不弔！'"又襄十四年《傳》："公使厚成叔弔於衛，曰：'寡君使瘠：聞君不撫社稷而越在他竟，若之何不弔！'"古"弔"、"淑"同字，"若之何不弔"亦即"如何不淑"也。是"如何不淑"者，古之成語，於弔死唁生皆用之。《詩•鄘風》"子之不淑，云如之何"正用此語，意謂宣姜本宜與君子偕老，而宣公先卒，則子之不淑云如之何矣。不斥宣姜之失德，而但言其遭際之不幸，詩人之厚也。《王風》"遇人之不淑"，亦猶言遇人之艱難。不責其夫之見棄，而但言其遭際之不幸，亦詩人之厚也。詩人所用，皆當時成語，有相沿之意義，毛、鄭胥以"不善"釋之，失其旨矣。

應該指出，王國維的說法並非獨特的創見，元代陳澔《禮記集說》解釋《雜記》弔辭已經說出這個意思，王氏或是得其啓發，或是與之暗合而已。不過他把不善分成性行之不善和遭際之不善，而說"不淑"、"不善"古多用爲遭際不善之專名，却比王引之籠統地釋之以不善進了一大步。即便如此，這兩位學者仍然存在一個共同之點，即他們都沒有更進一步明晰地剖明"吊"、"淑"、"善"之詞性，因而在釋義上未能追本溯源，窮究古代辭言之實。我認爲需要再加辨析之處正在於此。請申其説。

王氏的説法中也有可取之處。如他所舉的《書・柴誓》"善敕乃甲胄，敬乃干，無敢不吊"，《左・成十七年傳》"中國不振旅，蠻夷入伐而莫之或恤，無吊者也夫"，又昭二十六年《傳》"帥羣不吊之人"，《逸周書・祭公》篇"時惟不吊哉"。這裏的"吊者"就是善者，"不吊"就是不善，也即王國維所説的性行之不善（《柴誓》的"不吊"是物性之不善），"吊"是形容詞。他又糾正僞孔傳把《書・大誥》和《多士》的"弗吊天"、"弗吊昊天"這兩句誤於"吊"字斷句而以"弗吊"屬之於周家與殷：這兩者都是正確的。但他在解釋"弗吊天"、"弗吊昊天"和"如何不淑"、"若之何不吊"這類句子時却大可商榷了。這裏再指出，"吊"、"淑"已是和"弗"、"不"連在一起成爲成語的。王氏説：

> 作《書傳》者以"弗吊"絕句，解爲殷道不至，周道不至，固屬齟齬不安。顏師古注《漢書・翟義傳》"不吊，天降喪於趙、傅、丁、董"曰："不吊，不爲天所吊愍。"亦於文義不協。皆由古訓未通，故句讀亦舛矣。

（作者按：顏師古到底是在"吊"字還是"天"字斷句，未容輕易論定，王氏把他歸入"句讀亦舛"之列，未免武斷。）

前乎顏師古的《詩》毛氏傳，已經在《檜風》和《小雅》中把"吊"解爲"傷也"、"愍也"，而杜預的《春秋經傳集解》，尤其經常把"不吊"注爲"不爲天所愍吊"、"不見吊傷"、"不爲昊天所恤"、"吊，恤也"云云。王氏獨沒而不言，輕輕向顏氏身上一推，這只能説是王氏勇於立説，挾恐見破之私的表現。其實毛傳杜解是不容忽視的。若照這兩家的解釋，則"吊"分明是個動詞。"弗吊

天"、"不吊旻天"、"不吊昊天"與《左傳·哀公十六年》哀公誄孔
子所說的"昊天不吊"的意思是一樣的。那誄辭說:"昊天不吊
("吊",鄭眾注《周禮》引作"淑",《述聞》已舉出),不慭遺一老,俾屏余一人
以在位。"如果把這個"不吊(淑)"解釋作"不相愍吊,不見吊傷,
不恤〔魯之社稷、余一人〕",真是順理成章,有什麼"於文義不
協"呢?(杜獨於此處注作"吊,至也",這倒真是於文義不協的。)殷周兩代的人
敬天怕鬼,而特別是流行於見神見鬼的統治階級的辭令,竟敢說
"昊天不善"、"昊天不祥"、"不善天"、"不祥天",這豈非於事理
文義都不協嗎?(鄭玄箋《節南山》說"不善乎昊天,天下之亂",意爲因不善事昊
天,故天降下禍亂,把"善"作動詞看,與王氏異趨。但至多也只能在"不吊天、不吊昊
天"這個句式上孤立地講得過去,無法解釋"旻天不吊"這樣的句式。)假如依王國
維所說解爲遭際不善、艱辛、不幸,天又有什麼不幸呢?符定一
《聯綿詞典》"不淑"條,以王國維說爲非,說:"'閔天不淑',即
'昊天不吊',非天有所遭際也。"這是駁得很對的。但符氏仍以
"吊、淑"爲善義,則仍與王引之同一見解,是有待商榷的。據此
看來,只有從前面所說毛、杜、顏諸家說把"吊"看作動詞,而解
釋爲"憫吊、吊恤、保佑,幫忙"之類,才是文義允愜的。至於吊死
唁生的"如何不淑、若之何不吊"之類,解作不幸(遭際之不善),固
爲近之;然而古人見不幸之來而無以解釋它,而歸之於天的不憐
憫不幫忙,這正是民智未盡開通、迷信尚然存在時代的實際情
況,也不是不可理解的。這樣,"不吊旻天"解作不憐憫人們的
天,"旻天不吊"解作天不憐憫("不吊旻天"是否"旻天不吊"的倒文,這是
古代語法問題,這裏不擬糾纏);"如何不淑、若之何不吊"解作"不得到
天的憐憫,怎麼辦啊!""不淑、不吊"是被動式,這在古代是常用
的句式,如《論語》:"吾不試,故藝。"鄭玄注:"試,用也。言孔
子自云:'我不見用,故多技藝。'"誰能說是"於文義不協"呢?
拿王國維所引的《鄘風》、《王風》中的兩首詩來說,前一首不必再

論,"遇人之不淑"如若是"遇人——之不淑",那是指事而言,
"不淑"一般可以依王説解爲艱辛。究其根柢仍是説命運不好,
天不憐憫;如若退一步説,是"遇——人之不淑",那是指人而言,
也應該解爲那個人不善遇我,不顧恤我云云,而不是遇到壞人。
王氏説"詩人之厚"固然是封建説教,壞人也不是詩人的本意
——當然,不善待、不顧恤引申起來也可以是壞,但兩者終究是
不能等同的。

至此,本文的主要意思已經講明,尚有餘意須補充説明。

1. 王引之引襄十四年《左傳》説:

> 《傳》:"衛侯出奔齊。使厚成叔吊於衛,曰:'寡君使
> 瘠:聞君不撫社稷,而越在他竟,若之何不吊!以同盟之故,
> 使瘠致私於執事曰:有君不吊,有臣不敏;君不赦宥,臣亦
> 不帥職;增淫發泄,其若之何!'""有君不吊",謂不善也;
> "若之何不吊",即所謂"如何不淑",⋯⋯淑亦善也。

王氏解"若之何不吊"是不對的,已見上説。"有君不吊"是否
即不善呢? 否。"有君不吊"即下文所説"君不赦宥",是指衛獻
公猜忌孫文子作亂之事。杜注:"吊,恤也。"姚培謙《杜解補
輯》:"不恤其臣。"是很對的。

2. 王引之引襄十三年《左傳》説:

> 《傳》:"楚共王卒,吳侵楚。養由基奔命,子庚以師繼
> 之,戰於庸浦,大敗吳師。⋯⋯君子以吳爲不吊。《詩》曰:
> '不吊昊天,亂靡有定。'"

"不吊"亦不祥,言伐人之喪不祥,所以敗也。

杜注前一"不吊"爲"不用天道相吊恤",後一"不吊"爲"言不
爲昊天所恤,則致罪也"。前注意謂吳不恤楚之喪,是不對的,這

裏兩個"不吊"互相呼應，都應解作不爲天所恤，而是這樣的因果關係：伐有喪之國——不爲天所吊恤而致罪("亂靡有定")。王說"吳爲不吊"爲不祥，這是說得過去的，但他不知不祥即由於不爲天所吊恤，而"不吊昊天"又是不能拿不祥來解釋的，天又有什麼不祥呢？這一條傳，最足以說明"不吊"的確義，而王氏却忽略過去了。

3. 王引之雖然詳徵博引，用來證成己說，但是他終於不能不支離其說，無以自圓。他引昭二十六年《左傳》"天不吊周"說："言天不善於周也。"只因爲"吊"下有個賓語"周"，才不能不被逼出個"不善於周"來，這個"不善"，不像小孩們說的"不同你好"嗎？不就是不相吊恤嗎？在這裏，王氏顯然遇到了無法彌縫的破綻。王氏在前面引過《漢書·五行志》載哀十六年《左傳》"閔(《傳》作"昊")天不吊"應劭注："閔天不善於魯。"這和顏師古義又有什麼不能會通呢(毛公、杜預都與顏義相同)？然而王氏却是引應劭說來"破"顏義的，這真是自相矛盾了。

簡單地總括如下："吊"字在古書中有可以解釋作至和善的，就是現代的"好"，這是形容詞。而"不吊"、"弗吊"連同"不淑"，在古書中"多用爲遭際不善之專名"，其所以爲遭際之不善，由於不爲天所吊恤，因而這個"吊"或"淑"是動詞，這在《左傳》昭二十六年和哀十六年都表現得很清楚。至於"淑"字單獨使用時是善、美的意思，如"窈窕淑女"之類，那是不用說的。

# 【附】 洪自明先生來信

本文寫成後，對於殷周人是否都不敢罵天未能自信，因將原稿寄洪自明先生(誠)請質，蒙其復示，茲錄於後：

　　奉讀尊著，分析前人是非深入細微。結合句法辨虛詞，王氏知之；結合句法辨實詞，清人不及知之(個別事例在外)；楊樹達猶不甚了然。殷周人罵天見於《詩》、《書》者皆指桑罵槐，刺幽、厲，怨桀、紂，傷民則怨天，悲國之將亡，憫個人之遭際，此當屬於不爲天所吊恤之義。一概以敬天明鬼之世不敢謂天不善，如此立説，即有懈可擊。王氏以祥善之義否定吊恤之義，兄申《詩》傳、杜氏注以破之，是也。惟專據"不"、"弗"後之"吊"必爲動詞，亦難周延。何以故？"不"、"弗"能修飾動詞，亦能修飾形容詞；兄意對天而言之"不"、"弗"則必修飾動詞，不修飾形容詞，這樣説實質還是從語義分析，不是從語法分析。《柴誓》之"不吊"爲物性之不善，仍是語義範疇，從語法講仍是受副詞"不"、"弗"修飾；王國維以性行與遭際説"不淑"，我們何嘗不可以性行與遭際説"不吊"？《柴誓》之"不吊"爲物性之不善，凡人之不爲天所愍恤者亦其人之遭際不善也，非天之不善也。據人言之曰遭際不善，據天言之則爲不愍恤也(禮鴻案：此意我的文章裏已説過)。以愚見觀之，尊著提出"不吊"、"弗吊"之被動式爲愍恤義之標志，比單一"不"字表現更明確。此事請兄更進一步審定，我的腦力已不足，不能作深入比較研究。某君之謬誤淺(禮鴻案：來信前文曾對某君著述有所評議)，查查書即足以破之，故雖勝不武。王氏之謬誤深，故用力深乃能破之。既破之，如土委地，提刀四顧，躊躇滿志。尊著雖小有未盡自信處，形勢已定，可以滿志矣。七七年二月八日。

洪先生已於今年一月二十一日逝世，爲之憮然。一九八〇年春，禮鴻記。

# 《敦煌資料》(第一輯)詞釋

　　《敦煌資料》(第一輯),中國科學院歷史研究所資料室編,1961年中華書局出版。其中的第五部分爲契約、文書。這部分資料,粗有文義可以尋繹;而其中頗有一般文籍不載或意義不很明白的詞語。這裏試作匯釋,以備治漢語詞彙史和編撰辭書如《漢語大詞典》者的參考。所引《資料》原文,式樣一仍其舊(惟句讀間有改正),字體也不加改動或簡化,以免淆亂;引文後注明原書頁數,以備復檢。

　　本文以釋詞爲主,一般的校勘或通借字問題不是重點,但也有若干條目涉及這樣的問題,這是因爲涉及的詞語較爲難懂。

## 一　枏蘺、芘籬

　　卯年四月一日,悉董薩部落(悉字原屬上句,今按353頁寅年銉興逸等便麥契"寅年六月思董薩部落百姓銉興逸",思董薩和悉董薩應是一名歧誤,悉字不應屬上)百姓張和和爲無種子,今於永康寺常住處取枏蘺價麥壹番馱,斷造枏蘺貳拾扇,長玖尺,闊六尺。(卯年張和和便麥契。355頁)

　　原契第二個"枏蘺"旁邊小字側注"芘籬"二字,據此知枏蘺就是芘籬。案:《集韻》平聲十二齊韻:"莉,草名。一曰芘莉,織荆障。"就是這個東西。《三國志·魏書·裴潛傳》裴松之注引魚豢《魏略》:"妻子貧乏,織藜芘以自供。"藜芘也就是芘籬、芘莉。柉字《玉篇》説是果似枇杷子;《集韻》説是果名,似枇杷;《廣韻》説是小梜,木名。"芘籬"何以又作"柉薜",未詳。

## 二 不在、東西、東西不在、不在有東西、不平善、東西不善、東西不平善、道上不平善、路上般次不善、東西逃避。

如中間身不在,一仰保人代還。(未年張國清便麥契。356頁)

如身東西,一仰保人代還。(酉年曹茂晟便豆種契。357頁)

如身東西不在,□□(作者案:空格兩字應作"一仰")保人代還。(令狐善奴便麥契。382頁)

如身不在有東西,一仰保人□□□。(寅年鉼興逸等便麥契。354頁)

若鉢略身不平善者,仰者(作者案:此者字衍文)□承人兄定奴面上取於尺數(作者案:此下脱本字)絹。(壬寅年龍鉢略貸生絹契。373頁)

若身東西不善者,一仰口承人弟兵馬使羅恒恒只當。(辛丑年羅賢信貸生絹契。372頁)

若身東西不平善者,一仰口承弟定德丑子面上取本褐。(己丑年何顧德貸褐契。368頁)

若道上不平善者,并絹及利,壹仰口承人苐(作者案:當作弟字)□□□□取本絹。(丙辰年僧法寶貸生絹契。379頁)

若路上般次不善者,仰口承人弟彥祐於尺數還本綾(作者案:當作絹字)本綿綾便休。(辛丑年賈彥昌貸生絹契。371頁)

如取錢後,東西逃避,一仰保人等代□〔還〕□錢。(唐大曆十六年〔公元七八一〕舉錢殘契。460頁)

以上都是死的諱詞。新疆吐魯番唐墓所出麟德二年卜老師舉錢契（見《文化大革命期間出土文物》64頁）：“若身東西不在，一仰妻兒權後。”權後似謂代替本人處理善後。岳珂《桯史》卷八“朝士留刺”條：“凡人之死者，乃稱不在。”可知宋時也以“不在”作死的諱詞。

以“不在”、“不善”、“不平善”爲諱飾之詞，其義易見。說“東西”，應是說東西奔走於道路，猶言“不在”，其義與“道上”、“路上”般次相同。這些說“東西”或“道上”之類的契，借貸者常常是出使（如賈彥昌貸生絹契）或出外營商（如何願德貸褐契）的人，所以可以推知“東西”猶如說“道上”。但是也有說“東西”或“東西不在”而契中看不到出行的（如曹茂晟便豆種契、令狐善奴便麥契），那是因爲習慣已久，“東西”或“東西不在”之類已成爲死亡的通稱，不問是否出外了。

## 三　遷變

　　靈惠遷變之日，一仰潘娘葬送營辦。（唐咸通六年〔公元八六五〕尼靈惠唯書。403頁）

佛家管死叫“遷化”，“遷變”義與之同，也是死的諱詞。

## 四　大例、大俐、大禮

　　大例賊打輸身却者，無親表論説之分。（後梁龍德四年〔公元九二四〕張厶甲雇工契。334頁）

　　作兒賊打將去，壹看大俐。（甲戌年竇跛蹄雇工契。336頁）

　　或若路上賊打，看爲大禮。（癸未年張修造雇六歲父駝契。339頁）

這三條應以“大例”爲正，“禮”是“例”字的同音假借，“俐”是

“例”字的形近之誤。“大例”猶如説大命、天命，意思是説所雇的工或牲口如被賊掠騙而去，視同天命，雇主不負責任，受雇方面不許論説。

# 五　不喜、不意、不計喜

其地佃種限肆年内不喜地主收俗。(後周廣順三年〔公元九五三〕羅思朝典地契。324頁)

兩共對面平章爲定，更不計喜休悔。(同上)

兩共對面平章立□，不喜悔者。(乙未年龍弘子貸生絹契。370頁)

限至陸年。其限滿足，容許修贖。若不滿之時，不意修贖。(乙未年趙僧子典兒契。329頁)

《資料》編者在羅思朝典地契“不喜”下注道：“疑爲‘許’之訛。”案：以上各契中的“喜”字本來都是“許”字，因爲方音撮口音有時侈而爲齊齒音，所以“許”字讀作“喜”，從而字也寫作“喜”了。《敦煌變文集》852頁録S.3835卷《百鳥名》：“巧女子，何憐喜。”S.5752卷作“可憐許”，就是證據。龍弘子貸生絹契的“不喜”也是“不許”。羅思朝典地契的“不計喜”，細察《資料》卷首所列書影，計字旁邊有一表示應塗去的記號“卜”(趙彦衛《雲麓漫鈔》卷三：“古人書字有誤，即墨塗之。今人多不塗，旁注云卜；諺語謂之卜煞。”)，這個“計”字應删去。趙僧子典兒契的“不意”，“意”是“憙”字之誤，“憙”就是“喜”的俗字。《敦煌變文集》276頁《下女夫詞》：“使君今夜至門庭，意見姮娥秋月明。”“意”字也應作“憙”，誤與此同。

契中的“收俗”、“修贖”都應作“收贖”。

## 六　死生

其人立契，便任入作，不得拋功，(作者案：此下脫拋工二字)
一日，勒物一斗。忽有死生，寬容三日。(戊戌年令狐安定雇工契。
344頁)

"死生"，偏義複詞，謂死亡，"生"字無義。"忽"，通"或"，即假
若，謂假如有親屬死亡，容許停工三天。

## 七　着積

右庭秀等並頭下人戶，家無着積，種蒔當時，春無下子
之功。(作者案：原斷作"家無着積種蒔，當時春無下子之功"兩句，誤)
秋乃憑何依托。(李庭秀等請貸麥種牒。397頁)

"着"字本作"著"，乃"䘏"的假借字。"䘏"是"貯"的異體字，
見《廣韻》上聲八語韻。

## 八　行巷

今對姻親行巷，所有岁岁貧資，田水家業，各自別居，分
割如後。(後唐天復九年〔公元九〇九〕董加盈兄弟三人分家文書。405頁)
"行巷"就是鄰居。

## 九　蹭蹬

不得□抛撇工夫。忽忙時不就田畔，蹭蹬閑行。（作者案：原畔字不讀斷，今逗）（後梁龍德四年〔公元九二四〕張厶甲雇工契。333頁）

若有蹭蹬往□□□□空身逐出門外，不許橫說道理。（壬戌年胡再成養男契。411頁）

"蹭蹬"就是游蕩，猶如現在說溜達。

## 十　床

當寺僧義英無種子床，於僧海清邊兩番〔斗〕。（馬其鄰借契。393頁）

便床僧義〔英〕入便麥兩石。（同上）

前條在"邊"字旁邊小字側注"便"字，"邊"就是"便"，義爲借貸。案：《集韻》平聲五支韻有"穈"、"糜"、"床"字，都音"忙皮切"，說："穈、糜，《說文》：'穄也。'或从禾。""床，床穰，地名，在今秦州。"此契"床"應即"穈"字之省。劉進國等請貸麥種牒："已上戶各請便種子麥五馱。"（401頁）"種子床"、"種子麥"文例相同，就是"穈種"、"麥種"。

玄應《一切經音義》卷二《大般涅槃經》第三十三卷音義："粟床：字體作糜穈（當作糜穈）二形，同；忙皮反，禾穄也——關西謂之床，冀州謂之穄也。"孫星衍曰："床即穈省文。"據此知道，以"床"爲"穈"，唐時俗字如此。《十駕齋養新錄》卷四："《九域志》、《宋史·地理志》俱云秦州有床穰堡，徧檢字書皆無床字，莫詳其音。頃讀《一切經音義》，知《大般涅槃經》有粟床字，云：'……'乃知隋唐以前已有此字。秦州本關西地，方俗相承，由來舊矣。"

## 十一　漏併、偏併

恐後或有不亭爭論漏併，或有無智滿説異端。(分家遺囑樣
文。430頁)

所有□資地水活□(作者案：缺文應作業字)什物等，便共汜
三子息，並及阿朵，準亭願壽各取壹分(作者案：《資料》於子字下
加頓號，息字下注媳字，朵字、亭字下各加頓號，今改讀)不令偏併。(宋乾德
二年〔公元九六四〕史汜三立嗣文書。472頁)

用兩件參校，"漏併"是"偏併"之誤。"偏併"就是偏私、偏向；
"併"字通"比"，"比"就是"朋比"的"比"。分家書樣文有："更無
偏黨絲髮差殊。""偏黨"也就是"偏併"(比)。"併""比"二字通用，是
由於西北方音梗止二攝互混，説見拙撰《敦煌變文字義通釋》附錄
的《敦煌詞校議》。在《資料》裏，如以戊申年李員昌雇工契的"春
衣汗衫壹禮"(346頁)和癸未年樊再昇雇工契的"春衣壹對，衫汗壹
領"(337頁)相對勘，可知"禮"就是"領"字；以丙辰年僧法寶貸生絹
契的"押字爲苐"(379頁)和乙巳年徐留通還雜絹契的"押字爲定"
(375頁)相對勘，可知"苐"就是"定"字：可見梗止兩攝的互混。此
外，在唐宋詩文中，"鄰並"又作"鄰比"，"比鄰"又作"並鄰"。如釋
齊己《西湖逸人》詩："君能許鄰並，分藥廁春畦。"孫光憲《北夢瑣
言》卷四"溫李齊名"條："沈詢侍郎知舉，別施鋪席授庭云(作者案：
即溫庭筠)，不與諸公鄰比。"蘇軾《逸堂》詩："新第誰來作並鄰。"
《資料》中也有"並鄰"，如丙子年沈都和賣宅舍契："一仰丑撻竝
鄰覓上好舍充替一院。"(298頁)這更可説明"併"字與"比"字通用。

樣文中的"滿説"，就是謾説。

# 十二　剩仗

　　　右件分割已後，一一各自支配。更不許道東説西，□説剩仗。(分家書樣文。438頁)

　　案：分家遺囑樣文：“右件分配，並以周訖。已後更不許論偏説剩。”(430頁)跟此件文義相同，“剩”就是“剩”字的俗寫。“剩”的意義是多，見張相先生《詩詞曲語詞匯釋》卷二；“仗”是“長物”的“長”的同音假借字，義亦爲多，見拙撰《義府續貂》。“剩仗”二字是同義連文，即是一個由兩個意義相同的詞素構成的複詞。“□説剩仗”，缺文應是“論”字，是説分得資財者論説同分的人比自己多得家資，分得偏陂，不平均。

# 十三　月抽錢

　　　遂於藥方邑舉□□錢壹仟文，□〔每〕月納貳佰文，計六個月本利並□〔納〕。(唐大曆十六年〔公元七八一〕舉錢殘契。460頁)
　　　遂於藥方邑舉月抽錢壹……月納貳佰文，限六個月□……(作者案：原“文”字下不點斷，今加逗號。又原“壹”字下方框下爲空白，今加刪節號。)(唐大曆十六年〔公元七八一〕米十四舉錢殘契。463頁)

　　用兩契對勘，可知兩契的“舉”字下面都應該是“月抽錢壹仟文”。月抽錢是一種利貸剝削方式，即整筆貸出，分月按一定的數目償還，而於本錢還足之後的一個月再加上以前一個月的定數作利錢。如這兩個契所表明，貸出一千文，每月償還二百文，至五個月償足，第六個月再加付二百文作爲利錢，本利共一千二百文。

## 十四　伯師

楊將頭遺留與小妻富子伯師一口，又鏡架匳子，又舍一院。(楊將頭分配遺物憑據。422頁)

"伯師"應是"帛篩"的同音假借字。

## 十五　牸牛、自牛

償還叁歲牸牛壹頭。(丙辰年氾流□賣鐺契。302頁)

黑牸牛一頭三歲。(未年尼明相賣牛契。295頁)

遂雇同鄉百姓雷粉□黃自牛一頭。(壬辰年雇牛契。343頁)

黑自牛一半。(善濮兄弟分家文書。424頁)

"牸"字顯然是"牸"字之誤，"自牛"也就是"牸牛"。《廣韻》去聲六至韻："自，疾二切。"又七志韻："牸，牝牛。疾置切。""自"和"牸"字反切上字相同，所屬的至志兩韻同用，字音相近，所以能借"自"作"牸"。

## 十六　寒盜、寒道

如後牛若有人認識，稱是寒盜，一仰主保知當，不干賣人(作者案：賣人應作買人。這裏所説的主保，據下面的具名，主即賣牛的"牛主令狐寵寵"，保即保人宗廣、趂日、令狐小郎；然則這個"賣人"應作買人極爲明白。下面所列開元二十九年賣牛契也可作證)之事。(寅年令狐寵寵賣牛契。290頁)

如後牛有寒盜，並仰主保知當，不干買人之事。(唐開元二十九年〔公元七四一〕賣牛契。456頁)

　　如後有人稱是寒道〔盜〕，認識者，一仰本主買上好牛充替(作者案：據《資料》編者按語，"寒盜"以上是斯五八二○號卷的後半段，以下是斯五八二六號卷。今按此兩卷文勢相接，應連爲一契)。(未年尼明相賣牛契。295頁)

　　《資料》編者校"寒道"作"寒盜"，這是對的。這些契裏所説的，是賣牛之後，如若有人自稱牛主，前來認贓，説牛是從他那裏盜取的，那麽由賣主承擔責任，不干買主之事。"寒盜"的"寒"蓋假借作"攐"，亦作"搴"。《説文》："攐，拔取也。南楚語。從手，寒聲。《楚辭》曰：'朝攐阰之木蘭。'"今《離騷》作"搴"字，王逸注："搴，取也。""寒盜"就是"搴盜"，也就是盜取。

# 十七　枯桙、枯觜

　　莫使荆條枯桙(疑爲"悴")，堂燕分飛。(遺書樣文。440頁)

　　堂烟(作者案：應作燕)習習，冬夏推移。庭前荆樹，猶自枯觜。(分家書樣文。437頁)

　　《資料》編者校"桙"字作"悴"，是對的。這兩件樣文和431頁分家書樣文"既欲分荆截樹，難制頽波"和433頁的又一分家書樣文"荆有重滋之瑞"，都是用田真兄弟分財截紫荆樹的典故，事見吳均《續齊諧記》。這本書裏説："樹本同株，聞將分斫，所以憔悴。""枯桙"就是"憔悴"。"桙"字右旁的"卆"是"卒"的俗體，左旁從木是由"枯"字類化而成。"觜"是"悴"的音近通用。"悴"字《廣韻》去聲六至韻音秦醉切，"觜"字《廣韻》上聲四紙韻音即委切。《廣韻》"紙"、"旨"、"止"同用，"寘"、"至"、"志"同用，都屬止攝。"悴"，從紐字；"觜"，精紐字，都屬齒頭音，只有清濁的分別。由於聲和韻都接近，所以"觜"假借爲"悴"字。

# 十八　分枝

分枝各別，具執文憑，不許他年更相鬥訟。(分家書樣文。431頁)

"分枝"就是"分支"。韓愈《寄崔二十六立之》詩："異日期對舉，當如合分支。"朱熹《韓文考異》："《通鑒》：'元魏熙平元年立法：在軍有功者，行台給券，當中竪裂，一支給勳人，一支送門下，以防巧僞。'今人亦謂析産符契爲分支帳，即此義也。"沈欽韓《韓集補注》："分支見《魏書·盧全傳》。《後漢書·張衡傳》注：'質、劑，猶今分支契。'"朱熹所説析産符契就是分家書。"分枝各別"，是説立具分家書，分到的人各執其一。

# 十九　然則

然則異門，前以結義(作者案：門字原不斷，今讀斷。以字通已)，如同往日一般。(分家書樣文。436頁)

據文義，"然則"與"雖則"同。

# 二十　加謗

更若後生加謗，再説偏波，便受五逆之罪，世代莫逢善事。(分家書樣文。436頁)

"加謗"就是誣謗。《説文》："誣，加也。"《集韻》平聲九麻韻："譇，誣也。""譇"就是"加謗"的"加"的後起專用字。"加謗"義又與"加諸"相同，並見《敦煌變文字義通釋》第四篇"加諸"條。

"偏波"應作"偏陂"。

## 二十一　覺，又準能

今復苦疾纏身，晨昏不覺，準能報答因緣。房資貧薄，
遺囑輕微，用表單心，情□納受。(遺書樣文。440頁)

"覺"字同"教"、"校"、"較"，是病愈的意思。敦煌變文作
"教"、"交"，別的書作"校"、"教"，詳見《敦煌變文字義通釋》第四
篇"交、教"條。《廣韻》去聲三十六效韻裏，"教"、"校"、"覺"、"較"
都有古爻切的音，所以俗書通用。

"準能"猶如説準擬，謂安排準備。"因緣"，謂親屬。放妻書樣
文："凡爲夫婦之因，前世三年結緣。"(443頁)又："蓋聞夫婦之禮
是前世之因，累□□共修，今得緣會。"(444頁)可證。"準能報答因
緣"，是説本人將死，所以先安排準備報答在世的親屬之情，拿資產
分給兄弟侄兒諸親(見前文)。"準擬"義見《敦煌變文字義通釋》第四
篇"準擬、鈍擬、準承、鈍逯"條。"準能"何以可以解爲"準擬"，未得
其説。案"擬"、"能"兩字都是鼻音，"擬"發聲爲腭音疑母，"能"爲
舌頭音泥母。舌根上舉與軟腭接觸則爲"擬"，舌尖前伸與齒齦接
觸則爲"能"，腭音發舒爲舌頭，"準擬"之變爲"準能"，或由於此。

## 二十二　因緣

謂親屬。見上條。

## 二十三　牽挈、挈奪、拽

如違限□〔不〕□〔還〕，一任僧〔虔英〕牽挈霍昕悦家資

牛畜，將充粟直。(唐大曆十七年〔公元七八二〕霍昕悦便粟契。464頁)

　　過月如上不付，即任掣奪家資，用充本利直。(唐建中七年〔公元七八六〕蘇門悌舉錢契。466頁)

　　□□□不還，任聽拽家資雜物，平爲麥直。(嚴秃子貸麥契。470頁)

　　"牽掣"、"掣奪"、"拽"，都是奪取。"如上不付"的"上"字是"尚"字的通借。

　　麟德二年卜老師借錢契："上錢聽扯家財平爲錢直。""扯"就是"拽"的異體字。

# 二十四　活業、家活産業

　　所有□資地水活□什物等。(宋乾德二年〔公元九六四〕史氾三立嗣文書。472頁)

　　見在地水活業□□壹分。(同上)

　　所懸城外莊田、城内屋舍、家活産業等。(分家遺囑樣文。430頁)

　　更無曲受人情，偏藏活葉。(分家遺囑樣文。436頁)

　　"活葉"是"活業"之誤。"活業"就是"家活産業"。"産業"指地水、莊田、屋舍等，"家活"則指動用的家具。

# 二十五　驅驅

　　自雇已後，驅驅造作，不得右南直北閑行。(戊申年李員昌雇工契。346頁)

　　更念驅驅竭力(作者案：原於驅驅斷句，今改)，□用將作，勤勤恪恭，晨昏匪怠。(放良書樣文。447頁)

　　"驅驅"爲勉力之義，據文自明。

## 二十六　拋敵、拋滌

城內城外一般獲時造作，不得□拋滌工夫。(後梁龍德四年
〔公元九二四〕張厶甲雇工契。333頁)

自雇已後，便須驅驅，不得拋攴功夫。(癸未年樊再昇雇工契。
337頁)

自雇已後，便須兢心造作，不得拋敞工扶(作者案：扶應作
夫)。(戊子年梁戶某雇工契。342頁)

自雇已後，便須兢心造作，不得拋敵功夫。(雇契殘卷。349頁)

上抄這些契裏的"拋滌工夫"、"拋攴功夫"、"拋敞工夫"、"拋
敵功夫"，其實是同一句話。參互推究，應作"拋敵功夫"。"滌"是
同音通借字，"攴"、"敞"、"敵"都是因形體相近而誤寫的。"敵"字
義同於"摘"。《廣雅·釋詁》三下："摘，投也。"王念孫疏證："摘
即今擲也。《說文》：'摘，投也。'《莊子·胠篋》篇'摘玉毀珠'。崔
譔注云：'摘，猶投棄之也。'《徐無鬼》篇'齊人蹢子於宋'。《釋
文》云：'蹢，投也。'摘、擲、蹢並通。"案："躑躅"就是"蹢躅"，可
知從商聲和從鄭聲可以互通；"拋敵"的"敵"就是《說文》、《廣
雅》、《莊子》的"摘"和"蹢"，也就是"擲"字，"拋敵"、"拋滌"也就
是拋擲，在契裏是荒廢的意思。

## 【附】　《義府續貂》一則〔節〕

"長"讀去聲，訓爲"多"爲"餘"，爲辭書者但能舉"冗長"、
"長物"而已。案《漢書·高帝紀》"太上皇后崩"晉灼注："明此長
'夏五月太上皇后崩'八字也。"謂多餘八字。《西京雜記》卷四：

"見真算時長下一算。"謂多下一算也。唐高彥休《闕史》卷下
"楊尚書補吏"條:"有夕道於叢林間,聆羣跖評竊賄之數,且曰:
'人六匹則長五匹,人七匹則短八匹,不知幾人復幾匹?'"原於
"長"字下側注"仗"字。此文以長短爲對,短者欠也,長者餘也。
凡十三人,八十三匹。

　　《苕溪漁隱叢話》後集卷八:"《東臯雜録》云:'杜詩闌風伏雨
秋紛紛,伏乃仗字之誤。闌珊之風,冗長之雨也。'苕溪漁隱曰:
《世説》:王忱求簟於王恭,恭曰:'丈人不悉恭,恭作人無長物。'
則冗長用此長字爲是——《集韻》去聲與仗字同音,杜詩舊本作
長雨。《東臯雜録》謂伏乃仗之誤,非也。"禮鴻案:仇兆鰲注杜詩
云:"《英華》作長,去聲;荆公作仗(禮鴻案:蔡氏《草堂詩箋》云:"舊作闌風
長雨,王荆公改作俠;黄魯直云:'當作長。'"俠當爲仗字之誤),又楊廷秀《過八
尺遇雨》詩:"節裹無多好天色,闌風長(原注:去聲)雨餞殘年。"此
並杜詩舊本作"長"之證。漁隱以"長雨"爲是,"仗雨"爲非。今
案:"冗長"之"長",義爲猥多;音與"仗"同,故亦借"仗"爲之,觀
上所引《闕史》注字可知也。寫杜詩者或作"長",或作"仗",故
作"仗"之本又誤爲"伏"。若非"仗"誤,則不應有作"伏"之本;
若作"伏"爲是,則不應有作"長"之本。作"長"作"仗",其實一
也。然則《東臯雜録》之説灼然爲是。

# 杜詩釋詞

　　余讀杜詩，見有雅故所未函，舊注所不及，須比類以繹其義；暨僻詞逸義，越在字書，待搜抉以得其解者，疏而録之。又觀杜詩異文，以爲當時傳本，頗用隨俗通借字書之，與敦煌卷子合其轍，取以相校，則涣若冰釋，輒摭其殊特者著之。至於前賢説杜，類或提掇虛字，於以疏暢經脉，妙得文心，余雖鄙僿，未敢不勉，又以管窺附焉。爲釋詞一篇。二三同志既爲審閲，乃删去若干條。夫釋詩難矣，釋者類人人以爲得詩人之意，得與未得，固有相雜而未易取决於一二人者。余今所未删，亦云自陳隅見，以備論析參擇而已，非敢謂遂無疵謬，亦不欲其必無疵謬也。

## 一　作

杜詩多用此字，其義非一，隨文釋之。

### 一

《畫鷹》：素練風霜起，蒼鷹畫作殊。

釋曰：此即"作爲"之"作"，謂作畫也。"畫作"猶"製作"，合義複詞。

### 二

　　《寄李十四員外布十二韻》：直作移巾几，秋帆發敝盧。

　　《寄韋有夏郎中》：猶聞上急水，早作取平途。

《奉送郭中丞兼太僕卿充隴右節度使三十韻》：安邊仍扈從，莫作後功名。

《花底》：深知好顏色，莫作委泥沙。

《曲江三章，章五句》之二：吾人甘作心如灰，弟姪何傷淚如雨？

釋曰："作"，作計也，打算也。寄李布詩，清浦起龍《讀杜心解》以爲非送行詩，乃留行詩，前半戒其觸熱之官，後半邀其過家度夏，是也。"直作"二語，謂逮夏去秋來，冠巾几杖易御，而後可以首途。"直作"猶"直待"，而決計之意存焉。"早作取平途"，清楊倫《杜詩鏡銓》云："謂取道夔州。"乃冀韋君早定取道夔州之計而來會也。送郭中丞詩，主旨如《心解》說，冀郭作計勿後時會，而能赴恢復舊京之功也。"莫作"，謂勿作因循之計。《花底》之"作"，謂愛花則恐其飄墮，然愛之之深，則並其墮亦不欲思之耳。至《曲江》之"甘作"，則猶言甘分，絕望之詞也。

方干《送相里燭》："相逢未作期，相送定何之?""作"亦打算義。

或謂余曰："乃知《論語》'何必改作'、《禮記》'勿以小謀害大作'，作皆即計謀，皆預事之詞耳。"舊注不爾，仍存其說，以廣舊聞。

## 三

《遣悶奉呈嚴中丞二十韻》：信然龜觸網，直作鳥窺籠。

《自閬州領妻子却赴蜀山行》三首之一：不成向南國，復作遊西川。

《暫往白帝復還東屯》：復作歸田去，猶殘穫稻功。

《贈韋贊善別》：只應盡客淚，復作掩荆扉。

《將適吳楚留別章使君留後兼幕府諸公得柳字》：終作

適荆蠻，安排用莊叟。

《秋日夔府咏懷奉寄鄭監審李賓客之芳一百韻》：衾枕
成蕪没，池塘作棄捐。

釋曰：“作”，猶成也，定也。“直作鳥窺籠”，猶云直變成鳥窺
籠也。“復作”、“終作”，謂又復如此，終然如此，皆既定之意也。
“成蕪没、作棄捐”，“成”、“作”對文，“作”猶成也，已也。

# 二　入

凡“入”字或先於所入，如“不愛入官府”，其常也。或先於入
者，如“蕭關隴水入官軍”，其變也。不復分疏。義之別者，具如
下方。

## 一

《奉同郭給事湯東靈湫作》：閶風入轍迹，曠原延冥搜。
《洗兵馬》：寸地尺天皆入貢，奇祥異瑞爭來送。
《偶題》：前輩飛騰入，餘波綺麗爲。
《戲爲雙松圖歌畢曜作》：白摧朽骨龍虎死，黑入太陰
雷雨垂。

釋曰：“入”，以言範圍與造詣所及也。“入轍迹”，謂歸入轍
迹所及之範圍以内。“入貢”，謂入於貢籍之中。皆以言範圍也。
“飛騰入，綺麗爲”乃“入飛騰、爲綺麗”之倒。“入飛騰”者，謂詩家
功力所至，入於飛騰之境域耳，與昌黎“優入聖域”(《漢書·賈捐之
傳》：“禹入聖域而不優。”)同意。“黑入太陰”，謂黑之至極，等太陰之玄

冥也。皆以言造詣所及也。

二

《花底》：紫萼扶千蘂，黃鬚照晚花。忽疑行暮雨，何事入朝霞？

《春日梓州登樓》：江水流域郭，春風入鼓鼙。

《洗兵馬》：青春復隨冠冕入，紫禁正耐煙花繞。

《秋興》八首之六：花萼夾城通御氣，芙蓉小苑入邊愁。

釋曰："入"，奄至、侵入也。暮雨、朝霞，謂花霧花光（暮雨用高唐神女事，後言"堪留衞玠車"，亦用女子爲比）。"入朝霞"句從忽字來，謂耳目一新，忽若朝霞之現前也。"春風入鼓鼙"，言鼓鼙聲中，春風又至，時難未已，節物驚心，恫乎其有哀時未還之感者也。青春復入，有失而復來神理，昔之瘝痡於既失，恐其終不復至者，一旦若遠客之自歸，其爲驚喜者可見。"花萼"句言其盛之殷，"芙蓉"句言其亂之兆，方御氣之潛通，倏邊愁之已入，馴至曲江瞿峽，盡入風煙，其悲感深而警戒切矣。故此入者，侵入而兼奄至之義也。

三

《陪鄭廣文遊何將軍山林》十首之九：醒酒微風入，聽詩靜夜分。

《房兵曹胡馬詩》：竹批雙耳峻，風入四蹄輕。

《送率府程録事還鄉》：程侯晚相遇，與語才傑立。薰然耳目開，頗覺聰明入。

《奉酬李都督表丈早春作》：紅入桃花嫩，青歸柳葉新。

釋曰："入"，潛入也，浸滲也，有所以化之也。施肩吾《夜讌曲》："酒入四肢紅玉軟。"正潛入、浸滲之謂。酒之致用也甚微，而其化物也可見。風之醒酒,聰明之開耳目,則亦如之。"風入四蹄","紅入桃花",亦皆著其效焉。故夫"入"也,其不可見者也;"醒"也、"開"也、"輕"也、"嫩"也、"軟"也,其可見者也。動於微而致其效於顯,曰"入"。

## 四

《將赴荆南寄別李劍州》:路經灧澦雙蓬鬢,天入滄浪一釣舟。

釋曰:"入",特謂進舟。《渼陂行》:"琉璃漫汗泛舟入。"《送高司直尋封閬州》:"借問泛舟人,胡爲入雲霧。"即此"入"字。蓋云棲遲蓬鬢,往經灧澦之路;濩落釣舟,前入滄浪之天爾。詩人句法,特以倒用見陡健耳。其正用者,如《贈李十五丈別》:"北迴白帝棹,南入黔陽天。"乃其明證也。

## 三　擊

《白水縣崔少府十九翁高齋三十韻》:泉聲聞復急,動靜隨所擊。——急一作息。擊陳師道作激。

宋蔡夢弼《杜工部草堂詩箋》:"激一作擊,非是。"

釋曰:"激"正字,"擊"通借字,唐人寫本率如此。齊己《嘗茶》:"味擊詩魔亂,香搜睡思輕。""擊"即"激"也。鄭谷《西蜀净衆寺松溪八韻兼寄小筆崔處士》:"帶梵侵雲響,和鐘擊石鳴。"亦言溪水激石也,一本正作"激"(據《全唐詩》)。敦煌《捉季布傳文》:"擊分聲悽而對曰:'説着來由愁殺人!不問且言爲賤士,既問須知非下人。楚王辯士英雄將,漢帝怨家季布身。'""擊分"如字讀則義不可通,其實即"激忿"也。此皆以"擊"爲"激"之證。"急"當作"息",與"静"字相應。

## 四　側塞

《大雲寺贊公房》：側塞被徑花，飄飄委墀柳。

《阻雨不得歸瀼西甘林》：虛徐五株態，側塞煩胸襟。

釋曰："側塞"，積滿充塞之貌。"側"有逼仄義。《捉季布傳文》："今受困厄天地窄。""窄"別卷作"側"，字異而義同。敦煌《菩薩蠻》："宇宙憎嫌側，今作蒙塵客。"亦言宇宙逼仄，無所容身也。蓋由所處而言則曰"側"，由處之者而言則曰"塞"，合而言之，則曰"側塞"。張衡《西京賦》："駢田逼仄。""逼仄"即"側"，"駢田"即"塞"也。"側塞被徑花"，謂花植徑旁，由其盛積，伸引而被於徑。"側塞煩胸襟"，謂阻雨不歸，思憶甘林，煩悶充滿於胸襟，若漢魏之云愊憶也。

## 五　反側

《彭衙行》：癡女飢咬我，啼畏虎狼聞。懷中掩其口，反側聲愈嗔。

釋曰："側"當作"倒"，"反倒"，唐人語，謂拒張拗戾也。敦煌變文作"返倒"。《父母恩重經講經文》："不孝人，難說諭，返倒二親非母曾；家內喧爭拗父娘，門前相罵牽宗祖。"又："及其長大，無孝順心，不報恩德，遊閒逐日，更返倒父母。"又："爲人不解思恩德，返倒父娘生五逆。共語高聲應對人，擬真嗔眼如相喫。"皆是也。李商隱《驕兒詩》："階前逢阿姊，六甲頗輸失。凝走弄香奩，拔脫金屈戌。抱持多反倒，威怒不可律。"此謂小兒驕縱，亂翻奩具，抱持禁止，則怒而拒張，以與杜詩比觀，其狀正同。而義山詩亦有誤作"反側"者，不有變文，難與發蒙矣。

# 六　對;偕

《夏日歎》：眇然貞觀初，難與數子偕。

《同元使君春陵行》：兩章對秋月，一字偕華星。

　　釋曰："對"、"偕"皆"比並"之意。前篇傷時之亂，悼謀國者無如房、魏諸子者；後篇美次山之詩可與星月並明也。此義變文可證。《佛説阿彌陀經講經文》："伏顧（願）福齋（齊）海岳，壽對松椿。"即壽比松椿。《維摩詰經講經文》："並小乘人通似勝，對維摩詰力還虧。""並"、"對"皆比也。《妙法蓮華經講經文》："國王聞語喜難偕。"《維摩詰經講經文》："方丈維摩足辯才，詞江浩浩泉（衆）難偕。"即無比、難比之意，杜詩前篇，與"難偕"語意正同。

# 七　喧

《赤谷西崦人家》：躋險不自喧，出郊已清目。——喧，王荆公作宣，一作安。蔡《箋》："安，王荆公作宣，言其行役之苦也。"

　　釋曰：蔡據作"安"之本而言，故云言其行役之苦，然與次句義不相屬，且全篇皆愛賞之詞，作"安"字未愜。作"宣"作"喧"，蓋通作"咺"。《集韻》元韻："咺，懼也。"字又作"桓"，《方言》、《廣雅·釋詁》皆云："桓，憂也。"憂懼義相成，朱駿聲以"桓"爲"咺"之借，是也。不自喧者，謂風物足以娛情，故躋險而忘其憂懼也。敦煌《南歌子》："白日長相見，夜頭各自眠。終朝逐（竟）日意喧喧，願使合官（歡）裙帶，長鏡（繞）在，你胸前。""喧喧"爲重言形況之詞，以狀欲而不得、徘徊憂思之情，義與杜詩微別，而可互參。

# 八　威遲

## 一

《鐵堂峽》：威遲哀壑底，徒旅慘不悦。

釋曰："威遲"，疊韻謰語，同"威夷"、"逶迤"。顔師古《匡謬正俗》卷八："古者遲夷通用。《書》稱'遲任有言曰'，遲字音夷，亦音遲。《淮南》説馮夷河伯乃爲遲字。史籍或言陵遲，或言陵夷，其義一也。"《文選·顔延年〈秋胡詩〉》："驅車出郊郭，行路正威遲。"李善注："《毛詩》曰：'四牡騑騑，周道倭遲。'毛萇曰：'倭遲，歷遠貌。'《韓詩》曰：'周道威夷。'其義同。"王粲《登樓賦》："路逶迤而脩迴兮。"孫綽《遊天台山賦》："路威夷而脩通。"是"威遲"、"威夷"、"逶迤"字異而義同。李善注《登樓賦》云："逶迤，長貌也。"與毛萇説《詩》"歷遠貌"合。諸文之與杜詩，皆以言道路之迂遠耳。

## 二

《通泉縣署壁後薛少保畫鶴》：威遲白鳳態，非是倉鶊鄰。

釋曰："威遲"，又即"逶迤"、"委蛇"、"委佗"。《詩·召南·羔羊》："退食自公，委蛇委蛇。"鄭《箋》："委蛇，委曲自得之貌。"《釋文》引《韓詩》作"逶迤"。又《鄘風·君子偕老》："委委佗佗，如山如河。"清陳奐《詩毛氏傳疏》曰："單言委，重言委委；單言蛇，重言蛇蛇，亦作佗佗。"是也。"威遲"既即"逶迤"，亦即"委蛇"、"委佗"矣。《召南》、《鄘風》，皆謂其人行止儀貌之從容閑雅。北魏楊衒之《洛陽伽藍記》卷四"法雲寺"條："〔臨淮王〕彧，博通典籍，辯慧清悟，風儀詳審，容止可觀。至三元肇慶，萬國齊臻，貂蟬耀首，寶玉鳴腰，負荷執笯，逶迤複道，觀者忘疲，莫不歎服。"其義亦然。杜陵以威遲狀畫鶴，亦謂其神態有如是耳。敦煌《佛説阿彌陀經講經文》："進上（止）終諸過馬勝，威馳行步與（異）常倫。"王重民校"威馳"爲"逶迤"。周一良云："《西域記》卷九：'阿濕溥恃比丘，唐言馬勝。'馬勝以威儀舉止著稱。""威馳"亦"威遲"也。原夫"逶迤"一語，有委曲、從容、迂遠、迤斜、險阻諸訓，其字則有"威遲"、"威夷"、"倭遲"、"逶迤"、"逶移"、"委蛇"、"委佗"、"委它"之異，不遑殫舉，要在隨文以定其訓而已。

# 九　透

　　《泥功山》：哀猿透却墜，死鹿力所窮。

　　釋曰：《文選·左思〈吳都賦〉》："其上則猨父哀吟，獶子長嘯；狖鼯猱然，騰趠飛超。爭接縣垂，競遊遠枝，驚透沸亂，牢落翬散。"杜之此語，蓋本於《選》。劉逵注賦云："揚雄《方言》曰：'透，驚也。'"其引《方言》，固爲有據；然六朝迄唐，每以"透"爲跳躍。如《晉書·王遜傳》："〔姚〕崇追至瀘水，透水死者千餘人。"《太平廣記》卷一百六十一引《系蒙》，敍樂府"華山畿"事，云："棺木開，女遂透棺中，遂合葬。"敦煌《太子成道經》："魚透碧波堪賞翫。"皆跳躍義也。左賦杜詩，義當如之。"透却墜"即跳還墜，極狀茲山泥塗之艱，雖騰躍猿猱復倦極而墜也。

　　《方言》："透，驚也。"舊音式六反。《廣雅·釋詁》："透，驚也。"曹憲《音》："音叔。世人以此爲跳透字，他候反，未是矣。"據曹氏説，驚"透"字音叔，跳"透"字音他候反，不相混也。而《廣韻》候韻："透，跳也，他候切，又書育切。"以書育切繫跳"透"義，斯爲誤矣。

# 十 仰

《劍門》：一夫怒臨關，百萬未可傍。——傍一作仰。

釋曰：作"仰"是也。《文選·賈誼〈過秦論〉》："嘗以十倍之地，百萬之衆，叩關而攻秦。"李善注："叩或爲仰，言秦地高，故曰仰攻之。"老杜熟精《文選》，此其一例。

# 十一 諗

《病橘》：汝病是天意，吾諗罪有司。——諗，一作愁，王荆公本作敢。

釋曰：《集韻》帖韻："諗，諾叶切，聲止也。""諗罪有司"，謂非有司之罪，故不出詞以罪之也。語氣視"敢"爲決。"愁"字平聲，不合古詩句法，非是。

# 十二 傷心；腸斷

《滕王亭子》：清江錦石傷心麗，嫩蕊濃花滿目班。
《閬水歌》：閬中勝事可腸斷，閬州城南天下稀。

釋曰："傷心"、"腸斷"，此愁苦之詞，而唐人或以爲歡快娛情解，此二篇是也。後篇寫貌嘉陵江山之美，前篇以"人到於今歌出牧，來遊此地不知還"爲結，此豈有愁苦之意哉？張文成《遊仙窟》："一齧一意快，一勒一心傷。……始知難逢難見，可貴可重。""心傷"與"意快"相對，即其義可知。李白《古風》五十九首之十八：

“天津三月時，千門桃與李，朝爲斷腸花，暮逐東流水。”杜牧《遣懷》：“落魄江湖載酒行，楚腰腸斷掌中輕。”韋莊《丙辰年鄜州逢寒食城外醉吟》：“雕陰寒食足遊人，金鳳羅衣濕麝薰。腸斷入城芳草路，淡紅香白一羣羣。”所詠固皆歡快娛情之物與事也。昧者不知，則改牧之“腸斷”爲“纖細”，《苕溪漁隱叢話後集》卷十五所引固不爾也。李商隱《柳》：“曾逐東風拂舞筵，樂游春苑斷腸天。如何肯到清秋日，已帶斜陽又帶蟬！”前二句寫春柳之敷榮，後二句寫秋柳之凋悴，樂游句與李白“桃李斷腸”何異？而清馮浩《玉谿生詩詳注》曰：“若僅以先榮後瘁解之，淺矣。”夫僅者，未盡之辭，固不得謂非先榮後瘁也。以此爲娛悅之詞者，蓋亦取其情靈激蕩，猶若所謂“江上被花惱不徹”、“惱亂蘇州刺史腸”云爾。且《楚辭·招魂》“目極千里兮傷春心”，王逸說曰：“或曰蕩春心。”然則傷心云者，亦猶蕩心而已。鮑照《代淮南王》：“合神丹，戲紫房。紫房綵女弄明璫，鸞歌鳳舞斷君腸。”此亦娛悅之詞，六朝既如此用矣。

## 十三　聞

### 一

《七月三日亭午已後熱較退晚加小涼穩睡有詩》：退藏恨雨師，健步聞旱魃。

釋曰：唐人多以“聞”爲趨趁之意，如白居易《歲假內命酒贈周判官蕭協律》：“聞健此時相勸醉，偷閒何處共尋春？”“聞健”即“趁健”。張相《詩詞曲語辭匯釋》舉例詳矣。此詩“聞”字義如之，乃趁也，乘也。意蓋致恨於雨師之退藏，致旱魃得乘隙肆虐。“聞旱魃”，謂令旱魃得聞其時機，所謂致動用法者是也。雨師退則旱魃即至，故曰“健步”。

二

《示獠奴阿段》：山木蒼蒼落日曛，竹竿褭褭細泉分。郡人入夜爭餘瀝，豎子尋源獨不聞。

釋曰：唐人以"聞"爲趁趁，大抵是及時之義，若此詩"聞"字，則當爲趁逐，若今云搶先，與爭同意。其意曰：山郡艱於得水，是以郡人皆爭取竹竿所引之泉，至於入夜而未已，獨獠奴不在爭數，而自尋水源也。"聞"非聞聽、聞問義，亦非爲不聞也者義。張相曰："嘉其不趁夜間與郡人爭汲泉水，而獨能尋源取水也。"仍以爲及時義。夫爭汲泉水何待夜間乎？且爭餘瀝則已後矣，何趁云之有？張書引金海陵王《驛竹》詩云："孤驛瀟瀟竹一叢，不聞凡卉媚東風。"解之云："不聞凡卉，猶云不逐凡卉，亦趁字義也。"實則此"聞"字正與杜詩同，夫趁逐之與及時，其義則已異矣。

## 十四　罷

《夜歸》：白頭老罷舞復歌，杖藜不睡誰能那？
《聞斛斯六官未歸》：老罷休無賴，歸來省醉眠。
《懷舊》：老罷知明鏡，歸來望白雲。
《贈李十五丈別》：丈夫貴知己，歡罷念歸旋。
《雨晴》：雨時山不改，晴罷峽如新。

釋曰："罷"之常訓，猶畢也，成也，若"此身飲罷無歸處"、"詩罷聞吳詠"是也。上揭諸聯，則猶時也，了也，後也。蓋既老則其老恒在，初無終畢，故凡言"老罷"，猶云老了、老後也。清錢謙益注杜詩，謂"《顧況集》：'閩俗呼子爲团，父爲郎罷。'此云老罷，亦戲用閩俗語也"，此不觀其通而謬爲比傅者也。"歡罷"句，

《心解》以爲“頌李所投之主，冀其無以新歡棄舊知”，則是告李當歡之時勿忘歸旋也。至如“晴罷”與“雨時”對舉，其當訓了訓時尤明。此蓋唐人習語，當時篇什，有可徵者。施肩吾《古曲》五首之三：“憐時魚得水，怨罷商與參。”即怨時也。李頎《送山陰姚丞攜妓之任兼寄蘇少府》：“山陰政簡甚從容，到罷惟求物外蹤。落日花邊剡溪水，晴烟竹裏會稽峰。”李白《金陵王處士水亭》：“醉罷欲歸去，花枝宿鳥喧。”即到後、醉後也。假令不用當時習語，則惟“後”字爲宜，亦可以定此詁矣。

梁姚翻《夢見故人》：“覺罷方知恨，人心定不同。”以“罷”爲“後”，先於唐人。

# 十五　狀

《雨》二首之一：殊俗狀巢居，曾臺俯風渚。

釋曰：“狀”，唐人常語。有爲摹狀仿像義者，如李白《觀博平王志安少府山水粉壁》：“粉壁爲空天，丹青狀江海。”敦煌《維摩詰經講經文》：“時魔波旬從萬二千天女，狀帝釋，鼓樂弦歌，來詣我所。”是也。有爲似若義者，如段成式《酉陽雜俎》前集卷十九引崔融《瓦松賦》：“煌煌特秀，狀金芝之産霤；歷歷虛懸，若星榆之種天。”嚴維《書情獻劉相公》：“孤根獨棄懃山木，弱植無成狀水萍。”敦煌《降魔變文》：“身體羸劣，狀餓鬼形。”是也。杜詩所云，謂層臺高揭，有似巢居，而非真巢居也。

## 十六　聯翩

《八哀·贈祕書監江夏李公邕》：放逐早聯翩，低垂困
炎厲。

釋曰："聯翩"，孤窮無依之貌。玄應《一切經音義》卷一，《大
方等大集經》第二十六卷音義："《三蒼》：'伶俜，猶聯翩也。'亦
孤獨貌也。"是"聯翩"猶"伶俜"也。亦作"連翩"、"連鶣"。《大莊
嚴經論》卷十二："彼鴿畏鷹故，聯翩來歸我。"敦煌《伍子胥變
文》："天綱恢恢道路窮，使我恓惶没投竄。渴乏無食可充腸，迥
野連翩而失伴。"又敦煌《樂世詞》："失羣孤雁獨連鶣，半夜高飛
在月邊。霜多雨濕飛難進，暫借荒田一宿眠。"皆此義也。近人符
定一《聯緜字典》，但引《三蒼》而未能舉證，今可得而補之。

## 十七　薄行

《奉酬薛十二丈判官見贈》：襄王薄行迹，莫學冷如丁。

釋曰："薄行"，丈夫負情於女子也。"行"讀去聲。蔣防《霍小
玉傳》："豪俠之倫，皆怒生之薄行。"范攄《雲溪友議》卷二："汝
父薄行，嫌吾寢陋。"敦煌《雲謠集雜曲子·鳳歸雲》："征夫數載，
萍寄他邦。去便無消息，累換星霜。……想君薄行，更不思量。"
又敦煌《阿曹婆》："每恨狂夫薄行跡，一從征出鎮蹉跎。"語同杜
詩。合觀諸證，其義甚顯。清況周頤校《雲謠》，疑"行"爲"倖"；
《鏡銓》解杜，訓"薄"爲"疏"，誤以"行迹"連讀，皆失之。

# 十八　忽

《寄薛三郎中據》：上馬不用扶，每扶必怒嗔。——每一作忽。

　　釋曰：作"忽"是。"忽"乃"或"之借，若也，六朝迄唐人多用之。《神異經·西北荒經》："西北海外有人……但日飲天酒五斗，不食五穀魚肉，唯飲天酒，忽有飢時，向天仍飲。"《晉書·范汪傳》："庾翼將悉郢漢之衆以事中原，軍次安陸，尋轉屯襄陽。汪上疏曰：'……以翼宏規經略，文武用命，忽遇釁會，大事便濟。……'"岑參《咏郡齋壁畫片雲》："只怪偏凝壁，回看欲惹衣。丹青忽借便，移向帝鄉飛。"義皆同"若"。白居易《題西亭》："幸有酒與樂，及時歡且娛。忽其解郡印，他人來此居。""忽其"猶言"若其"也。變文"忽"作"若"解者尤多，今不引。杜詩本亦作"忽"，讀者不解，因改爲"每"耳。

# 十九　著處

《清明》：著處繁花務是日，長沙千人萬人出。渡頭翠柳豔明眉，爭道朱蹄驕齧膝。——花務陳師道作華矜。

《遠游》：賤子何人記，迷方著處家。

《卜居》：未成遊碧海，著處覓丹梯。

　　釋曰："著處繁華矜是日"，陳本是也。"著處"猶處處；"著"猶止也，在也，謂所在之處皆然也。唐人用此語甚多，聊舉數條於此：崔國輔《王孫遊》："應由春草誤，著處不成歸。"王涯《遊春詞》二首之二："經過柳陌與桃蹊，尋逐春光著處迷。"韓愈《奉和虢州劉給事使君三堂新題二十一詠·柳溪》："柳樹誰人種，行行

夾岸高。莫將條擊纜，著處有蟬號。"或云"在處"。薛能《六街
塵》："六街塵起鼓鼕鼕，馬足車輪在處通。"崔涂《蜀城春望》：
"在處有芳草，滿城無故人。"其義一也。

## 二十　點筆

《重過何氏》五首之三：石闌斜點筆，桐葉坐題詩。——
點一作照。

釋曰：作"照"字非。"點筆"，猶染翰也。儲光羲《尚書省受
誓誡貽太廟裴丞》："裹回念私覿，恨望臨清沇。點翰欲何言，相
思從此始。""點翰"，即"點筆"也。岑參《西亭子送李司馬》："點
筆操紙爲君題。"杜牧《聞慶州趙縱使君與党項戰中箭身死輒書
長句》："青史文章爭點筆，朱門歌舞笑捐軀。"又劉肅《大唐新
語·聰敏》："〔裴琰之〕命每案後連紙十張，令五六人供研墨點
筆。"足明其義。

宋陸游《老學庵筆記》卷八："晁以道藏硯，必取玉斗樣，喜
其受墨多也。每曰：'硯若無池受墨，則墨亦不必磨，筆亦不須
點，惟可作枕耳。'"是知"點筆"之語，宋時猶存。

## 二十一　著

### 一

《觀安西兵過赴關中待命》二首之一：老馬夜知道，蒼
鷹飢著人。

釋曰："著"，附著、依附也。《晉書·慕容垂載記》："垂猶鷹
也，飢則依人，飽便高颺。"杜陵即用其義。白居易《家園》三絕之

三："鴛鴦怕捉竟難親,鸚鵡雖籠不著人。"義同。

## 二

《寄岳州賈司馬六丈巴州嚴八使君兩閣老五十韻》：晚
著華堂醉,寒重繡被眠。

釋曰："著",戀也,唐人習語。李公佐《南柯太守傳》："而竊
位著生,冀將爲戒。"即戀生也。韓愈《送靈師》："佛法入中國,爾
來六百年,齊民逃賦役,高士著幽禪。"又《李花贈張十一署》："念
昔少年著遊燕,對花豈省曾辭盃？"又《贈張籍》："吾老著讀書,
餘事不掛眼。"皆貪戀之意。或云"戀著"、"貪著"。白居易《遊仙
遊山》："自嫌戀著未全盡,猶愛雲泉多在山。"敦煌《金剛般若波
羅蜜經講經文》："并(菩薩)所作福德,不應貪著,是故說不受福德
也。""戀著"之義,由"附著"引申而得,戀之不已,如物相附也。
"寒重繡被眠","重"爲"重複"之"重",猶加也,添也。

## 二十二　分張

《佐還山後寄》三首之二：白露黃粱熟,分張素有期。
已應春得細,頗覺寄來遲。

釋曰："分張",分給也。言佐昔與公約,俟黃粱熟則分給也。
"分張"有分離、分辨、分給、分取諸義,今但舉分給一例。白居易
《和微之自勸》二首之二："身飲數杯妻一盞,餘酌分張及兒女。"

## 二十三　遷次

《王十五司馬弟出郭相訪兼遺營草堂貲》：客裏何遷
次，江邊正寂寥。

《入宅》三首之一：客居愧遷次，春酒漸多添。

釋曰：《鏡銓》釋前篇曰：“浦注：‘言何所藉以爲遷次之貲’。
《左傳》：‘廢日共積，一日遷次。’陳樂昌公主詩……謂所遷次舍
也。”以《左傳》解樂昌、杜陵之詩，蓋始吳曾《能改齋漫録》(卷七)，此
特强爲比傅，而義不可通。遷次者，雙聲謰語，謂窘困無以自處也。
孟棨《本事詩·情感》記樂昌事：樂昌以國破入越公楊素家，其夫
徐德言蹤跡入都。事聞於素，即召德言，還其妻，仍厚遺之，而與二
人者偕飲，令樂昌爲詩，曰：“今日何遷次，新官對舊官。笑啼俱不
敢，方驗作人難。”樂昌處新舊之間，其窘困不知所處可知也。杜詩
“遷次”，則謂資用乏絶，生計窘困耳。春酒多添，正見愁思之難遣。
何者，何其之意，乃加重感嘆語氣之詞，豈謂何所藉哉？蓋遷次者，
“造次”之聲轉，唐人或曰“遷次”，或曰“取次”，有倉卒、輕率、窘迫
諸義，其義皆相因，詳余《敦煌變文字義通釋》，辭煩不具舉。

## 二十四　大

《暮登四安寺鐘樓寄裴十迪》：知君苦思緣詩瘦，大向
交遊萬事慵。——大一作太。

釋曰：“大”通作“待”，欲也，將也。唐人以“大”爲“待”，其例
見於敦煌變文。《舜子變》：“大伊怨家上倉，不計是兩個笠子，四
十個笠子也須燒死。”“大伊”即“待伊”。《妙法蓮華經講經文》：

"衆生大擬出興，未知誰人救拔？""大擬"即"待擬"。又《八相變文》："未向此間來救度，且於何處大基緣？"《破魔變文》："以(擬)向此間來救度，且於何處待幾緣？"兩文末三字從同，即待機緣耳。是知"大"之爲"待"，乃唐人傳寫通例，作"太"者非也。

以變文通用字證杜詩傳本，可信乎？曰：然，請列證以明之。《木皮嶺》："高有廢閣道，摧折如短轅。""短"一作"斷"。作"斷"者正字，"短"其通用字也。《張義潮變文》附録唱文二："孤猿被禁歲年深，放出城南百尺林。淥水任君連臂飲，青山休作短長吟。"此五代曾庶幾《放猨》詩，見《全唐詩》三十八(《全唐詩》庶字誤作麻)，末句作"青山不用斷腸吟。""腸"變文例亦借"長"爲之。證一。《草堂》："飄飄風塵際，何地置老夫？""置"一作"致"，通用字也。《降魔變文》："峻嶺高岑總安致，洽恰遍布不容針。"亦以"致"爲"置"。又貫休《避地毘陵寒月上孫徹使君兼寄東陽王使君》三首之一："終須愚谷中安致，不是人間好羽毛。"是傳寫通用，不獨杜詩爲然也。證二。《故武衛將軍挽歌》三首之一："莊夫思感決，哀詔惜精靈。""感"陳師道作"敢"，"敢"正字，"感"通借字。蘇聯科學院亞洲人民研究所藏敦煌變文鈎沉《維摩碎金》："早蒙領納練(諫)詞，何感更消禮謝？""感"亦通作"敢"。證三。《奉陪鄭駙馬韋曲》二首之一："緑樽雖盡日，白髮好禁春。""雖"一作"須"，"須"正字，"雖"通用字。《漢將王陵變》："須是女兒懷智節，高聲便答霸王言。""須"通用作"雖"。證四。《遣意》二首之二："鄰人有美酒，稚子夜能賒。""夜"一作"也"。"也"正字，"夜"通用字。《廬山遠公話》："相公是夜先爲夫人説其八苦交煎。第一説其生苦。……相公是也又爲夫人説其老苦。……""夜""也"雜用，證五。他如"擊"之爲"激"，"起"之爲"豈"(各見當條)，皆足以明隨俗通用不限於變文也。

# 二十五　及

《春夜喜雨》：好雨知時節，當春乃發生。——乃一作及。

釋曰：作"及"者是也。及者，及時也。春爲發生之季，雨則當其時而至，若知羣植之待霑潤以苗長而無後其期者，故曰"知時節"，曰"好雨"，曰"喜"。乃者，詞之難也，於此何施乎？讀陸游《春雨》云："午夜聽春雨，發生端及期。"則知放翁所見杜集正作"及"字，或雖有作"乃"之本，而放翁不取，斯亦明矣。

# 二十六　莫

《春水生》二絕之一：二月六夜春水生，門前小灘渾欲平。鸕鷀鸂鶒莫漫喜？吾與汝曹眼俱明。

釋曰："莫"，猶云得無、莫不。或爲反詰，如《喜聞官軍已臨賊寇二十韻》："乞降那更得，尚詐莫徒勞？"詰其得無爲徒勞也。或爲擬議，如《秋日夔府咏懷奉寄鄭監審李賓客之芳一百韻》："弔影夔州僻，回腸杜曲煎。即今龍廄水，莫帶犬戎羶？"此憂念其然也。"莫漫喜"者，義同後者，"漫"猶"漫浪"，言恣適也；蓋以己之喜推想水鳥同我之喜，若云莫不也很高興適意，以汝曹與我俱得眼明也。若《心解》云："言莫便獨誇得意，吾亦不輸與汝曹也。"將"莫"字說死，若有不忿於鸕鷀鸂鶒者，其味索然矣。盧仝《村醉》："昨夜村飲歸，健倒三四五。摩挲青莓苔，莫嗔驚著汝？""莫"字義同，作醉人問莓苔語，若歉仄，若撫慰；與杜公之詩，一則意其嗔，一則意其喜，皆綽有神味也。

# 二十七　拔

《江漲》：漁人縈小楫，容易拔船頭。——拔一作捥。

釋曰：作"捥"者非是。拔，轉回也。玄應《一切經音義》卷五，《不必定入印經》音義："拔身，蒲末反，迴也。"敦煌《捉季布傳文》記漢高祖被季布罵，因而却走，云："拔馬揮鞭而便走，陣似山崩遍野塵。"字又作"跋"。嚴武《巴嶺答杜二見憶》："跋馬望君非一度，冷猿秋雁不勝悲。"朱慶餘《發鳳翔後塗中懷田少府》："見酒連詩句，逢花跋馬頭。"李商隱《偶成轉韻七十二句贈四同舍》："明年赴辟下昭桂，東郊痛哭辭兄弟。韓公堆上跋馬時，迴望秦川樹如薺。"其義皆同。杜詩曰"縈"曰"拔"，意正相承。

# 二十八　薄媚

《少年行》：馬上誰家薄媚郎，臨階下馬坐人牀。不通姓氏麤豪甚，指點銀瓶索酒嘗。——薄媚一作白面。

釋曰：《樂府詩集》卷六十六亦作"薄媚"，當從之。薄媚乃詈辭，若云放肆，搗蛋。敦煌《鷰子賦》，記雀奪鷰窟，訴於鳳凰，鳳凰處分曰："薄媚黃頭鳥，便漫説緣由。急手還他窟，不得更勾留。"此斥雀之狡詐搗蛋也。張文成《遊仙窟》，記與十娘歡合，云："誰知可憎病鵲，夜半驚人；薄媚狂雞，三更唱曉。"此憎其驚殘好夢，亦搗蛋意也。若杜詩意，則謂放肆豪橫。《詩詞曲語辭匯釋》釋"誰家"，謂其意與甚麼同，引杜此詩而説之曰："此作爲某一家之郎君解固通，但下三句寫其麤豪甚之狀態，不滿之意甚明，意猶云甚麼東西馬上郎也。"據張氏説，則誰家、薄媚、麤豪意固相承矣。且《鶯子賦》亦云："何得麤豪,輒敢强奪!"與杜之麤豪,皆爲豪橫之義,非麤疏豪放云爾也。

章孝標《貽美人》:"諸侯帳下慣新妝,皆怯劉家薄媚娘。"王衍《甘州曲》:"柳眉桃臉不勝春,薄媚足精神。"此直謂女子之輕盈冶媚,與上來義不相涉,未可一概强同。

# 二十九　簇

《嚴公仲夏枉駕草堂兼攜酒饌得寒字》:竹裏行廚洗玉盤,花邊立馬簇金鞍。

《九日奉寄嚴大夫》:遥知簇鞍馬,迴首白雲間。

釋曰:駐馬曰"簇"。白居易《武丘寺路宴留別諸妓》:"銀泥裙映錦障泥,畫舸停橈馬簇蹄。"又《何處難忘酒》七首之六:"何處難忘酒,青門送別多。斂襟收涕淚,簇馬聽笙歌。"令狐楚《遊春辭》三首之二:"風前調玉管,花下簇金羈。"皆其義也。立馬簇鞍,似嫌屬辭之複,然"簇"字不得有他義也。駐馬爲"簇",當由簇聚義引申,蓋馬之駐立,其蹄前後皆簇聚耳。

# 三十　擎

《正月三日歸溪上有作簡院內諸公》:藥許鄰人劚,書從稚子擎。

釋曰:擎,持去也,與"從"字相應。"書從稚子擎",謂聽任持去也。《又示宗武》:"覓句新知律,攤書解滿牀。"持書以去者,其爲宗武也。張鷟《朝野僉載》卷五:"宇文朝,華州刺史王羆,有客裂餅緣者,羆曰:'此餅大用功力,然後入口。公裂之,只是未飢。且擎却。'"謂且徹去也。可證杜義。明王嗣奭《杜臆》曰：
"溪上之樂，如鳥脫籠中。"此一聯寫人我相忘，與白頭趨府之迫
促異矣。

# 三十一　是處

《閣夜》：野哭幾家聞戰伐，夷歌數處起漁樵。——晉開
運本幾作千，數作是。

釋曰：此當作"幾家"、"是處"。是處，甚處、何處也。《詩詞曲
語辭匯釋》，謂是有甚義，而釋"是處"爲到處或處處，引張耒《暮
春》："庭前落絮誰家柳，葉裹新聲是處鶯。""是處"固有處處之
義，然文潛以與"誰家"相對，則亦甚處也。洪邁《夷堅甲志》記古
田周氏妓《春晴》："瞥然飛過誰家燕，驀地香來甚處花？"可以比
證。"幾家""甚處"，作疑問語氣，瞿然心驚之狀斯見。且詩以"閣
夜"爲題，乃記閣中所聞，而云處處，此爲未合矣。

# 三十二　隱

《偶題》：故山迷白閣，秋水隱黃陂。——隱一作憶。

釋曰：隱，思念擬度也。《禮記・少儀》："軍旅思險，隱情以
虞。"鄭注："隱，意也，思也。虞，度也。當思念己情之所能，以度
彼之將然否。"《廣雅・釋詁》："營、量、商、揣……隱，度也。"是
"隱"有思念擬度義也。其在唐人，則如《大唐新語・容恕》："玄宗
賜宰臣鍾乳。宋璟既拜賜，而命醫人鍊之，醫請將歸家鍊。子弟諫
曰：'……今付之歸，恐遭欺換。……'璟誡之曰：'自隱爾心然，

疑他心耶？'"自隱，自思，自擬也。儲光羲《明妃曲》四首之四：
"彩騎雙雙引寶車，羌笛兩兩奏胡笳。若爲別得橫橋路，莫隱宮中
《玉樹花》。"謂莫擬羌笛胡笳爲漢宮聲樂也（《玉樹花》，陳曲，此借用）。
迷白閣者，不知白閣之安在；隱黃陂者，隱度黃陂情狀之如何。隱
之爲義，包過去見在，視憶爲尤富。倘曰黃陂不見，故謂之隱，則
不特造句拙滯，又與迷字重複，杜律不宜如是。

# 三十三　似

《又示宗武》：覓句新知律，攤書解滿牀。……應須飽經
術，已似愛文章。

釋曰：似，助詞無義。已似，即已也。觀於首聯，宗武之愛文
章決矣，無所用夫似也。《雲溪友議》卷一："李元將評事及弟仲將
嘗僑寓江都，李公〔紳〕羈旅之年，每止於元將之館，而叔呼焉。榮
達之後，元將稱弟稱姪，及爲孫子，方似相容。"方似，方也。王溥
《五代會要》卷九《後唐同光元年十二月十一日勅》："凡軍人百姓
將牛驢及馬宰殺貨賣，今後切要斷除。如敢故違，便似擒捉。"便
似，便也。《景德傳燈錄》卷十七，撫州曹山本寂禪師語："前箭猶似
可，後箭射人深。"猶似，猶也。"似"字皆不爲義。《秦州見勅目薛三
據授司議郎畢四曜除監察與二子有故遠喜遷官兼述索居凡三十
韻》："羽書還似急，烽火未全停。"即羽書仍急，烽火未停也。"似"
字或可强解爲似若，而究不若以語詞不爲義釋之爲當也。姚合《聞
新蟬寄李餘》："往年六月蟬應到，每到聞時骨欲驚。今日槐花還
似發，却愁聽盡更無聲。""還似"即依舊，語例與杜同，可證也。

## 三十四　起

《九日》五首之一：重陽獨酌盃中酒，抱病起登江上臺。竹葉於人既無分，菊花從此不須開。——獨酌一作少飲，起一作獨，又作豈。

釋曰：此當從別本作"少飲"，作"豈"。抱病爲少飲之因，登臺非抱病所堪，故曰"少飲"，曰"豈登"。少飲非飲量之少，謂其不飲之時多，而重陽適不得飲，若云少了一次也。既云竹葉無分，又何獨酌之有乎？然"起"字却非誤字，乃唐人寫本通用。敦煌《浣溪沙》："幽境不曾凡客到，起尋常？"即豈尋常也。曰"豈登江上臺"，曰"從此不須開"，有多少怨望之意在。若以爲作而登臺，則與次聯隔絶矣。

## 三十五　不省；省

《見王監兵馬使説近山有白黑二鷹羅者久取竟未能得》：黑鷹不省人間有，度海疑從北極來。

《詠懷古迹》五首之三：畫圖省識春風面，環佩空歸月夜魂。

釋曰：不省，不曾也；省，曾也。王涯《閨人贈遠》五首之四："不省出門行，沙場知近遠？"元稹《寄庾敬休》："小來同在曲江頭，不省春時不共遊。"謂從未出門，不曾不共遊也。賈島《寄賀蘭朋吉》："會宿曾論道，登高省議文。"又《送令狐相公》："罷耕田料廢，省釣岸應榛。"又《贈僧》："從來多是遊山水，省泊禪舟月下濤。"李郢《張郎中宅戲贈》："謝家青妓邃重關，誰省春風見玉顏？"李洞《敘舊遊寄棲白》："省衝罷沒投江島，曾看魚飛憶海檣。"黃滔《和吳學士對春雪獻韋令公次韻》："梁苑還吟客，齊都省創宮。"此諸"省"字，義皆爲曾。杜詩以"空歸"、"省識"爲對，"空"、"省"並當爲疏狀字，若以"省"即是"識"，則偏枯而失朋矣。云曾識者，蓋謂畫圖則曾識面矣，而紫臺一去，終沒胡沙，環佩歸魂，竟成冥漠，其誰得而復覿，惟有撫琵琶之怨曲，識遺恨於無窮已耳。李郢"誰省春風見玉顏"，與杜詩字面正同，亦一證。

# 三十六　欲

《江閣臥病走筆寄呈崔盧兩侍御》：滑憶彫胡飯，香聞錦帶羹。溜匙兼煖腹，誰欲致盃罌？

釋曰：欲，語詞無義。此望崔、盧饋食，謂誰與致此二物也。《洛陽伽藍記》卷二"秦太上君寺"條："齊土之民，風俗淺薄，虛論高談，專於榮利。太守初欲入境，皆懷甎叩首，以美其意；及其代下還家，以甎擊之。"初欲入境，初入境也。敦煌《伍子胥變文》："自從一別音書絕，憶君愁腸空欲絕。遠道冥冥斷寂寥，兒家不慣長欲別。"長欲別，長別也。《舜子變》："其歲天下不熟，舜自獨豐，得數百石穀米。心欲思鄉，擬報父母之恩。"欲思鄉，思鄉也。又句道興《搜神記》："其犬乃入水中，宛轉欲濕其體，來向〔李〕純臥處四邊草上，周遍臥令草濕。火至濕草邊，遂即滅矣。"欲濕其體，濕其體也。"欲"字皆不爲義。

# 三十七　復却

《羌村》三首之二：嬌兒不離膝，畏我復却去。

釋曰：自來有二説聚訟。一曰：畏之而又離膝而去；一曰：畏
己復去家也。愚謂"却"有復義，張相氏已有定説。"復却"連文，
即是共爲復義，非謂又退去也。陳師道《別三子》："有女初束髮，
已知生離悲，枕我不肯起，畏我從此辭。"任淵引杜此詩注之，可
謂得後山之意矣。後山之解杜，固亦謂畏己之復去也。

# 讀《同源字論》後記

1978年第1期《中國語文》刊載的王了一先生的《同源字論》，是治訓詁學者饒感興味的論著。繹讀之餘，有些粗淺的想法，寫出來請讀者和王先生指教。至於某些個別語詞的解釋，我以爲不太恰當的，如"水缺爲決"(似宜說水缺物爲決，水所缺爲決)等，本想一並談些瑣見，現在就從略了。

## 一　商名

王先生把所論述的對象定名爲"同源字"。什麼是同源字，王先生有反復的說明，我不想一一抄録，只抄録三條如下：

> 同源字，常常是以某一概念爲中心，而以語音的細微差別(或同音)，同時以字形的差別，表示相近或相關的幾種概念。

> 同源字必然是同義詞，或意義相關的詞。(但是，我們不能反過來說，凡同義詞都是同源字。)——括號是我加的。

> 這樣，我們所謂同源字，實際上就是同源詞。

第三條說得很明快："所謂"同源字就是同源詞。同源詞是什麼？從第二條看來，是同義詞或意義相關的詞。再從第一條來看，所謂同源字，是相近或相關的幾種概念，而這些概念是以語音的細微差別(或同音)——同時以字形的差別——這種手段來表現的。既然以語音來表現概念，這就是詞了。文字隨語言而產生，是語言的書面形式;概念之表現,語言之存在,在乎語詞的"物質外殼"語音,而不關乎有文字與否。王先生在上録第二條説的"同時以字形的差別"一語,這近乎是疣贅,而又有些偏頗。説是疣贅,是因爲表現概念的相近或相關乃至相異都不決定於文字;説偏頗,是因爲相近或相關的概念如若借文字來表現却不一定採取字形的差別這種手段。例如"牢"本來顯然是牛棚,而後來轉移爲囚閉罪人的監獄;這兩者意義是相關的,在語音上是同音的,而用文字寫下來却幾千年來都是一個"牢"形。這更加説明表現牛棚和監獄這兩個有同一中心而相近相關的概念的詞"牢①""牢②",無需靠字形來予以表明,不過有時可以借助字形來認識詞義而已。我們説"有時",不是説隨便什麽時候,例如"猶豫"、"容與"、"冗與"這類詞,是怎麽也不能從字形來求解的。

過去的文字訓詁學家,并不是完全不知道詞與字的區別,但是漢字直到今天還具有"看圖識字"的性質(就是説其中有一部分可以借助字形來認識詞義),所以他們對於詞與字的概念始終不是那麽清晰的。孰者是詞,孰者是字,過去的文字訓詁學家常常混而不予詳談;因此對於詞源的推究,就會產生一些問題,拿"猶豫"二字分別開來解釋的固不必論,對幾個聲近義同的"字"究竟是詞還是字不去加以分別的也往往而是,如《廣雅·釋詁》一上"齊,疾也。"王念孫疏證云:

> 齊者,《爾雅》:"齊,疾也。"《荀子·君道》篇云:"齊給便敏而不惑。"《〈史記·五帝紀〉索隱》云:"《尚書大傳》云:'多聞而齊給。'鄭注云:'齊,疾也。'"《説苑·敬慎》篇:"資給疾速。"資與齊通。春秋衛世叔齊字疾,是其義也。

這裏所舉的諸書之"齊"和《説苑》的"資"是聲近義同,這是不用説的了,"齊"與"資"語音上有微細的差別也是肯定的,它們已經成爲一對同義詞呢，還是只是通假關係呢？如果是通假關係，哪個是本字，哪個是通假字呢？（通借字和本字并不是讀音全都相同的，相近的也可以通借，不過讀從本字之音而已。）《離騷》裏有一句"反信讒而齌怒"，王逸注："齌，疾也。"《說文》裏齌字从火齊聲，是"餔炊疾也"，是否"齊"、"資"都是"齌"的通假字呢，抑"齌"是"齊"的分別文（即王先生所說的區別字）呢？這些問題，王念孫沒有告訴我們，而我們也沒有全部弄清。王先生説得好：通假字不是同源字，異體字不是同源字，但王先生的理論實踐却不一定嚴守這樣的限制。即如文章第三部分從詞義方面分析同源字第二項同義詞中第一目"完全同義"的"直：特"一例，照王先生説來，是屬於"音義皆同的同義詞，在原始時代本屬一詞，後來由於各種原因（如方言影響），語音分化了，但詞義沒有分化"之列的。實則，"直"是澄母字，古韻屬之部；"特"是定母字，古韻也屬之部；古聲紐澄定不分，這兩個字古音沒有什麼分別，只能説是一個詞的兩種寫法，如何能説成一對完全同義的同義詞呢？再説，古書中表示"只有、不過"這樣意義的字有"徒、但、直、特、第、地"（《漢書·丙吉傳》："西曹地忍之。"）等，就字形所確定的意義來説，恐怕只有"徒"、"但"可以引出"只有、不過"的意義，"徒"是徒行無車，"但"是裸身無衣。"直"和"特"，既是一個詞的兩種寫法，誰也不能充當通假關係所依據的本字；它（方便説是"它們"）的源又在哪裏呢？可能是"但"、"徒"吧？因爲王先生是反對濫用雙聲叠韻來講音轉的，所以這裏也不敢確説了。由此可見，講訓詁，探求語源，如若不嚴格區分"詞"和"字"的概念，就會在實踐上產生若干難於解釋的麻煩，或自陷於矛盾。

王先生所說的同源字既然是表示相近或相關的概念的，已經進入詞的範圍；另一方面，如"聲近義同"的"字"究竟是字還是詞這類麻煩問題會因"字"、"詞"不分而更容易混淆。我覺得對討論的對象還是賦以"同源詞"這個定名在理論上比較圓融。人們也有稱這種同源詞的集體爲“詞類”、“詞群”或“詞族”的,除“詞類”會與語法中的名稱混淆外,也不妨依用。當然,在討論同源詞的過程中,我們並不排斥借助字形來探討其間的關係,如王先生說到的區別字。

## 二　溯往

漢語訓詁學,向來有因聲求義的傳統。早在先秦,就已經有聲訓的方法。如《孟子·滕文公上》説的“徹者,徹也;助者,藉也”、“庠者,養也;校者,教也;序者,射也”,就是想從聲音上來認識、解釋詞義,暗示了幾個詞的聲音相近,它們的意義也可能相近或相同。到了漢儒解經説字,更朦朧地認識到這一點,聲訓被廣泛地運用,又有把同一聲符的字(詞)類聚起來以觀察意義的做法。後者如許慎《説文解字》的句部和劦部,句部説:

　　句:曲也。从口,句聲。凡句之屬皆从句。

　　拘:止也。从手句,句亦聲。

　　笱:曲竹捕魚笱也。从竹句,句亦聲。

　　鉤:曲鉤也。从金句,句亦聲。

劦部説:

　　劦:同力也。从三力。《山海經》曰:“惟號之山,其風若劦。”凡劦之屬皆从劦。

　　協:同心之龢也。从劦从心。

　　勰:同思之龢也。从劦从思。

　　恊:同衆之龢也。从劦从十。

照《説文》的常例,形聲字隷屬於作爲形旁的部首,如“句”應屬口部,“拘”應屬手部,“笱”應屬竹部,“鉤”應屬金部。而這個句部却一反故常，這并不是"句"這個字無法處理，只好立爲部首。從這個部明明可以看出，部裏的字都從句得聲，而同時都有曲的意義（用手拘物的拘要曲起指來），這些字所記錄的就是同源詞。弝部所屬各字，從文字結構的角度說，都是形聲字中的亦聲字，許慎在這裏連"從心弝，弝亦聲"這一解字形式都不用了，而用上"從弝從心"、"從弝從思"、"從弝從十"，把"弝"提到主要的地位上來，這不是他對於"弝"是部中各字的語源有所認識的反映嗎？

《說文》裏的聲訓很多，清人鄧廷楨有《說文解字雙聲疊韻譜》一書。這裏我們只舉一例。章炳麟《文始》一，陰聲泰部乙："《說文》：'丰，艸蔡也。象艸生之散亂也，'……艸亂則道苯（蔽也，作者注），故孳乳爲夆：'相遮要害也。'遮者，遏也。夆亦變易爲遏：'微止也。'"《說文》的"相遮要害"，"害"字胡蓋切，同"夆"字乎蓋切，讀音完全相同，就是用同音的"害"來解釋"夆"。段玉裁注："要害，猶險隘也。"其實要害就是相遮，"要"應讀平聲，是約束的意思。"害"也有阻止的意思，如《漢書‧董仲舒傳》："小材雖累日，不離於小官；賢材雖未久，不害爲輔佐。"顏師古注："害，妨也。"就是妨礙。又案《詩‧周南‧葛覃》："害澣害否。"毛傳："害，何也。""害"就是"曷"的假借，那麼就可以說《說文》的"害"字就是"遏"的假借，用來解釋"夆"，也正是詞源相同。

後漢有一部突出的聲訓著作，即劉熙的《釋名》，他寫這部書，是因爲"名之於實，各有義類"（見自序），企圖從聲音上來探索"名"（即詞）的義類的，所謂"名"的"義類"，"的確道出語言文字的根本"（殷孟倫先生《〈釋名〉簡析》語）。書中的訓釋，曾經受到不少人的疵議，以爲有很多主觀武斷之處，但也何嘗沒有近情合理，給後人以探索語源的啓發的東西呢？試隨便舉兩條如下，不解自明：

　　山夾水曰澗。澗，間也，言在兩山之間也。（《釋水》）

　　十五日童，故《禮》有陽童，牛羊之無角者曰童，山無草木亦曰童，言未巾冠似之也。（《釋長幼》）

漢儒這個傳統，六朝以後，似未大顯。但是學者解釋經史，這種情況仍往往可拾。例如《左傳‧僖公二十年》載鄭子臧"好聚鷸冠"的事，唐人顏師古著的《匡謬正俗》卷四提出了與杜預注甚至《左傳》的"君子曰"以下的話不同的説法，道：

　　按：鷸，水鳥，天將雨即鳴，即《戰國策》所稱"鷸蚌相謂"者也。古人以其知天時，乃爲冠象此鳥之形，使掌天文者冠之；故《逸禮記》曰："知天文者冠鷸。"此其證也。鷸字音聿，亦有術音，故《禮》之衣服圖及蔡邕《獨斷》謂爲"術氏冠"，亦因鷸音轉爲術字耳，非道術之謂也。蓋子臧是子華之弟，以兄見殺，怨而出奔，有白公之志，故與知天文者游聚，有所圖議；是以鄭伯恐其返國作亂，令誘殺之。若直以鷸羽飾冠，自爲不正之服，何須畏惡而遣殺之？

顏氏的説法是很有道理的。子臧的事，正如《史記‧魏其武安侯列傳》中田蚡誣"魏其、灌夫，日夜招聚天下豪桀壯士，與論議，腹誹而心謗，不仰視天而俯畫地（"而"猶"則"，《漢書》此句作"卬視天，俛畫地"兩句，無"不"字，義較易明），辟倪兩宮間，幸天下有變而欲有大功"的情況一樣。《史》、《漢》的"仰（卬）視天"，張晏注即謂"占三光也"。顏氏從語音的轉移，知道《禮》圖和《獨斷》的"術氏冠"就是鷸冠，這是很好的由聲音推求語源的例子之一。

　　到了宋代，王子韶創立出有名的"右文"説，沈括《夢溪筆談》卷十四述説他的説法道：

　　古之字書，皆從左文。凡字，其類在左，其義在右。如木類，其左皆從木。所謂右文者，如：戔，小也；水之小者曰

淺，金之小者曰錢[①]，餐之小者曰殘，貝之小者曰賤，皆以戔
爲義也。

王子韶是最早明白地把字的聲旁相同意義也相近的現象（推衍起
來，就是詞的聲音相近意義也相通）説出來的，他把這種情況説成"凡"，
即無例外的，自然是錯誤而不免於後人指摘的，如章炳麟説："衍
右文之緒，則六書殘而爲五。"（即取消了形聲字）然而章氏也認爲"若
句部有鉤、笱，臤部有緊、堅，丩部有糾、艼，辰部有娠、賑，及諸會
意形聲相兼之字，信多合者"。王氏的説法，撇開他的絶對化的形
而上學的成分，和上述《説文》的句部、劦部隸字是幾乎一致的，
對我們探索語源也不無有所啓示的合理成分。

降及清代，文字訓詁之學大興，"因聲求義"的方法也愈加得
到闡發。戴震和他的學生王念孫、段玉裁，還有程瑤田、阮元，都
是比較突出的。段玉裁注《説文》，經常説明這個原則，如：《説
文》："璑：玉經色也。从玉，無聲。禾之赤苗謂之稘。䅣：以繒
爲犛，色如虋，故謂之䅣，虋，禾之赤苗也。"段注道："䅣即虋之或
體，虋在十三部，與十四部無聲最近，而又雙聲，此稘、䅣字皆於虋
得義也。"《説文》："朸，木理也。""防，地理也。"段注道："《考工
記》曰：'凡溝逆地防，謂之不行。'注：'溝謂造溝，防謂脉理。'
案：力者，筋也。筋有脉絡可尋，故凡有理之字皆從力。防者，地
理也；朸者，木理也；泐者，水理也。手部有扐，亦同意。"

戴震曾作《轉語》二十章，其書未見，《戴東原集》中有《轉語二
十章序》，説：

> 人之語言萬變，而聲氣之微有自然之節限。是故六書，
> 依聲託事，假借相禪，其用至博，操之至約也。學士茫然莫

---

① "錢"是"錢鎛"的錢，是農具，錢貨的錢應受義於"泉"，王氏在這裏弄
錯了。

究。今别爲二十章,各從平聲,以原其義。

王念孫著有《釋大》一書,以聲紐爲綱,統率凡有大義的詞,這大概是受到戴氏的啓示的,今其書不全,渭南嚴氏有刻本。至於王氏所著的《廣雅疏證》,以聲音通訓詁,就更不煩稱引了。

程瑶田作《果臝轉語記》,一開頭說:"雙聲叠韻之不可爲典要,而唯變所適也。"結尾又説:"凡上所記,以形(字形)求之,蓋有物焉而不方;以意逆之,則變動而不居,抑或恒居其所也。見似而名,隨聲義在。"意思是説,從字形來看,很多雙聲的詞似乎不相聯繫,不能比類;從意義來推究,這些似乎不相聯繫、不能比類的意義實在是在依着語源而流變,看來變動不居,然而恒居於一定的雙聲叠韻關係之中。他舉了極多的雙聲叠韻詞相轉的例子,看來是難以使人信服每個例子都是對的;但是他説明了因聲求義的原則,使人們開了眼界,仍不失爲訓詁學中的一篇極有啓發性的名作。阮元也是一位主張從聲音來求語源的重要學者,他的《揅經室集》裏的《釋心》以下諸篇是運用這個方法的很好的例子。如《釋磬》篇説"磬"字(古文作硜,籀文作殸)有懸空之義,《禮記·文王世子》的"磬於甸人"的磬就是吊死(鄭玄注:"縣(懸)縊殺之曰磬。"),《國語》的"申生雉經"的"經"也就是磬。《爾雅·釋蟲》的"蜆,縊女",縊女是挂在樹上的蟲,其所以叫做蜆,因爲"蜆與殸聲相轉相假。《詩》'倪天之妹'《韓詩》作'磬天'……是其類也。"這樣阮元在这裏把磬 ↗蜆 ↘經(自經,雉經) 的词義演變關係作了明白確當的解説。應該認爲上述這些清代學者,爲同源詞的研究開闢了道路。

到了章太炎先生,集前代學者研究的大成,創爲《文始》一書,以《説文》所載的獨體和半合體的文字爲根柢,命之爲初文和準初文，以音理爲樞紐，將《説文》中的九千多字合併貫穿起來，凡是形體變了(有時聲音同時改變)而意義不變的，稱爲"變易"；形體改變(有時不變)而意義轉移的，稱爲孳乳。將許多用不同的字記録的詞的意義的族類、聯繫作了綜合分析，成爲我們現在見到的最重要的一部詞源學著作。章氏之後，沈兼士先生在這方面多所推闡，我手邊所有的《段硯齋雜文》中，就有《與丁聲樹論〈釋名〉潏字之義類書》、《"不""坏""苤苢""梧桊"諸詞義類説》、《"盧"字之字族與義類》等專篇。黄季剛先生雖然似乎在這方面没有什麼著作，但對因聲音來求語源的方法也運用得很純熟。試録他的《蘄春語》一則：

> 《説文》衣部：衰，艸雨衣也。由衰而轉，後出字作繉。《御覽》七百二引《通俗文》：張帛避雨，謂之繉蓋；《廣韻》：繉，今作繉蓋字。俗字作傘，《廣韻》云：傘，傘蓋。此俗以爲象形字，其實由衰古文𠆆而變。𠆆，《集韻》書作㒼，《類篇》書作㒼，更變則爲傘矣。吾鄉凡蓋謂之繉，其𥁕(蒙)以布者，姓(晴)時用之，曰日照傘；其𥁕以紙，塗以桐子油者，曰雨傘，亦曰雨蓋。

推原雨傘是由禦雨的衰衣轉來，這真可謂妙合神恉了。此外，像黎劭西先生《漢語釋詞論文集》和楊遇夫先生的不少著作中，都對語源的考索作出了不少貢獻。

因此，我覺得，對於漢語同源詞的研究，在吾國訓詁學史上是源遠流長的，成績也是卓著的，已經開闢了同源詞研究的道路。王先生説："同源字的研究，可以認爲是一門新的訓詁學。"此語似有可商：漢語訓詁學者對這一課題過去已經有了不少無意識和有意識的研究了，今天的訓詁學者，責任在於憑借前人的業績，匡其未安，衍所未及，進行更科學更系統的研究和闡發，不在乎自闢蹊徑。只是現在還没有看到超越前面所舉自戴、段以來諸家的成績，這是我們頗感自愧的。

# 三　括例

怎樣分析同源詞，是我們討論的問題的中堅部分，也是一時還難於解決得很好的部分。王先生在文章的第二、三部分作了論述。

分析同源詞，當然應該以聲韻爲經，以詞義爲緯。從聲韻方面説，同源詞的存在、孳乳是從音同、音變表現出來的。而音變的條例則不外乎旁轉和對轉兩項；詳細的情況這裏敬避不敏。從詞義方面説，在我看來，不能偏於從詞義的具體的類別去分析。先對王先生的分析提出一些疑點：

首先，王先生在分析第一項"實同一詞"中的第一、第二兩目時説的"實際上就是異體字"，與"異體字不是同源字"的論點相矛盾，已如前述。其次，第一項的"實同一詞"和第二項的"同義詞"有什麽區別？仔細推求，似乎是"實同一詞"在語音上没有分化，"同義詞"是"語音分化了"；但"同義詞"這一項所舉的例子中，像"曰：粤"、"告：誥"，却并無語音分化之可言。其三，第一項第三目的"區別字"和第三項"各種關係"第五目的"特指"，也似有相混之處，例如説將收斂的"斂"寫作"殮"，表示殯殮，是區別字；"取，取得；娶，取妻"是特指：這兩者實在看不出什麽區別來。其四，第三項"各種關係"中所列各目，也有些分合不很愜當之處。如第三目的"數目"列舉四個例子，前兩例與後兩例的性質顯然不一樣；而數目的一、二和專一、二心的壹、貳同第七目"抽象"中的睡醒的寤和覺悟的悟似也不易分別。又如"數目"中的一乘爲駟，是四匹馬駕車，而《説文》中的"犙：三歲牛。牭：四歲牛"又與一乘爲駟難以比類，則立目的意義不大。王先生列舉的

93

各種關係，似乎從詞的涵義之間的關係着眼處較多，從詞義的遷流之間的關係着眼處較少。如照王先生的分析，則十五目以外，未嘗不可再立出容量、方法、感情、借代等等條目，而未見其不可增損，看來好像文理密察，而或不免於米鹽凌雜。綜上四疑，關於同源詞在詞義方面的分析似乎還可以容許採取別的途徑。不揣固陋，席前人的成說，試擬同源詞關係的類例，極知謬漏，聊以備自己學習的依據，並向讀者和王先生請教；仍以變易和孳乳爲同源詞的兩大分域，各具子目如次：

## （一）變易

這裏指的是在語音上有關係的同義詞，語音有所轉變，用文字寫下來時形體不同。

### 1. 音變

下面的兩目也是音有轉變，但其形式與本目有所不同。

聲音轉變而歧爲同義詞，可能由於方俗古今之異。王先生所舉的"簀：笫"可能是方俗之異，其他如"比：竝：扶（伴）"、"（隱）：翳：薆"（《説文》裏又有個医，是"盛弓弩矢器也"，翳又是從医孳乳來的）、"獫狁：獯鬻"可能屬於此類。"父：爸"、"母：媽"、"桮（籫）：笆"顯屬古今之異。又古代謂買酒爲"酤"，現在寧波、紹興等處則曰"拷老酒"，拷也是酤的音變，與枯槁音異義同一樣。《方言》以"黨、曉、哲"爲知，"讜應從黨孳乳，而黨本身實際上就是現在所讜言"説的懂。古代的"竢、待"，後代變成"等"，這也是古今之異。

### 2. 緩急

這就是前人所謂緩讀和急讀，緩讀則一音分爲二音，急讀則二音合爲一音。如："不律：筆"、"窟窿：空"、"奈何：那"（《左

傳·宣公二年》：“棄甲則那？”）、“不可：叵”、“扶搖：飆”、“細腰：簫”、
“蜈螉：蜩”。現代北方話的甭，吳語的覅、甮，也屬此類。

3. 贏縮

　　一個字（詞）加上一個與之爲雙聲或叠韻的字爲頭或尾而變成
雙音詞，拿去頭尾，依然成詞。如古代吳地稱“勾吳”、勾與吳爲
雙聲；越地稱“于越”、于與越爲雙聲；春秋時的邾國稱“邾婁”，邾
婁古音爲叠韻。再如“須臾”的須在《說文》裹是“立而待也”，侯
部，等待則要度過短的時間，旁轉魚部變易爲胥，《莊子·至樂》：
“胡蝶胥也化而爲蟲。”就是一會兒化而爲蟲（說見俞樾《諸子平議》，又
案：須、胥字通，《荀子·王制》：“罷不能不待頃而廢。”即須而廢，也可證），則須
就是一會兒。前頭加上雙聲的斯變成“斯須”，或後頭加上叠韻的
臾變成“須臾”，意義都一樣。元曲裹有“奇擎”一詞，說者謂奇是
助聲之詞，無義，而奇與擎爲雙聲；現代吳語稱媽爲“姆媽”，亦屬
此類。

## （二）孳乳

　　這裹指的是在語音上有關係的近義詞，語音或變或不變，記
録用的文字的形體也或變或不變。

1. 通別

　　王先生所說的“共性”和“區別字”以至“特指”屬於此類，也
就是語言學家所說的詞義的擴大和縮小。
　　王先生所舉的“藏府：臟腑”、“取：娶”、“崖：涯”以及“句：
鉤、枸、軥、笱、胸”都是屬於意義縮小的例子，即所謂“別”。又如
“賈”本來通指買賣（見段玉裁《說文解字注》），縮小後可指買，再縮小則
以買酒爲“酤”，也通借以水名的“沽”字爲之。

詞義擴大，即所謂"通"的例，如"俘"本指俘人，但也可指俘物，《書·湯誓》後附的亡書《典寶》序："俘厥寶玉。"就是指虜獲物資。又如"骹"本指人的小腿的近腳處，《考工記·輪人》："參分其股圍，去一以爲骹圍。"鄭衆注：股，謂〔輻〕近轂者也；骹，謂近牙者也。方言股以喻其豐，故言骹以喻其細。人脛近足者細於股謂之骹，羊脛細者亦爲骹。"據注，骹義可以擴大到羊脛又擴大到車輻的細削的部分。字又作"校"。《儀禮·士昏禮》："主人拂几授校。"鄭玄注："校，几足。"《禮記·祭統》："夫人薦豆執校。"鄭玄注："校，豆中央直者也。"據此，細長的東西都可稱"骹(校)"，又《說文》："匏，小瓜也。從瓜、交聲。""狡，少狗也。"《爾雅·釋樂》："大簫謂之言，小者謂之交。"從交聲的字可得小義，則意義比細又擴大了。

詞義的縮小另有一種形式，就是用表示限制的記號性的詞素附著於詞干之前，如"牛若"、"馬蓼"、"人莧"的牛、馬、人表示大，"女桑"、"女墻"的女表示小，前附的成分與大、小獨立成義者不同，而同於用粘著式構成的詞的前綴。這種形式，前人或有述及，而我們所持的材料不多，或者是值得鈎稽的。

## 2. 遞轉

這就是語言學中所說的詞義的轉移。謂之"遞轉"者，轉移可能不止一次；這就是說，由一個意義轉成鄰近的意義，又可能由轉成的意義再轉成他義，幾轉之後，與最初的意義看起來可能沒有聯繫了。試舉"解"這個詞的意義的一些(不是全部)轉移以爲例：

"解"的本義是解牛，擴大爲剖解；轉移而爲分解、分開的意思，包括將糾纏附着的東西分開(解衣、解結)，將糾纏的人事分開(排難解紛、其事乃解)，將限制的東西放開(解禁、解嚴)等；再轉移則爲寬緩、緩和(《戰國策·趙策》："太后之色少解。")；再轉移則爲懈怠，"孳乳"

爲"懈",等等,懈與解牛的本義已經是不大看得出有什麼關係
了。就分開一義而言,馬不再駕車,車馬分開叫解,轉移爲休止。
《周禮·天官·序官》"掌舍"鄭玄注:"舍,行所解止之處。"王引
之説:"解猶休也,息也,止也。……《吴子·治兵》篇曰:'馬疲
人倦,而不解舍。'……《漢書·郊祀志》曰:'奉尊之役,休而復
起:繕治共張,無解已時。'……《淮南·原道》篇曰:'解車休
馬。'"舍既爲休止之處,解也可由休止之義轉移爲休止之處,而
"孳乳"爲廨,《晉書·范甯傳》:"營起廨舍。"從解牛到廨舍,就更
不容易看出其間的聯繫了。

3. 對待(包括反訓)

這種情況,爲語言學者所不談,似乎也仍可説爲詞義的轉移,
不過是大幅度的轉移罷了。章炳麟《轉注叚借説》道:"語言之
始,義相同者多從一聲而變,義相近者多從一聲而變,義相對相
反者多從一聲而變。"他舉出不少義相對相反者從一聲而變的例
子,這裏抄録六條,應該認爲是可信的:

先言規,從聲以變則爲榘;

先言公(古音多借翁爲之,則音亦如翁),從聲以變則爲媼;

先言本,從聲以變則爲標——案:也可以説從聲以變則
爲末、杪、本和末、杪隔紐雙聲;

先言央,從聲以變則爲傍;

先言好,從聲以變則爲醜;

先言受,從聲以變則爲授。

這裏的"規:榘"、"翁:媼"意義相對,其餘的意義相反。案:一
詞與雙方有關而歧爲相反的二義,這是再明白不過的反訓,有些
語音不變,有些語音改變,用以記録的文字形體或不變,或相應

作出分別；如"受：授"、"内（納）——納入、納税：容納、納賄"、"糴：糶"、"乞——乞求：乞與"（《晉書·謝安傳》："安遂命駕出遊山墅，親朋畢集，方與玄圍棋賭別墅。安常棋劣於玄，是日玄懼，便爲敵手，而又不勝。安顧謂其甥羊曇：'以墅乞汝。'"乞去聲）、"貸——貸入：貸出"（《周禮·地官·泉府》："凡民之貸者，與其有司辨而授之。"鄭衆注："貸，謂從官借本賈也。"《左傳·襄公二十九年》："宋亦飢，請於平公，出公粟以貸。"貸入讀入聲，貸出讀去聲，《説文》貸入字作貣）。這些例子的意義，其爲由正及反是顯然的。

至於訓詁學史上的"亂爲治，苦爲快，徂爲存，故爲今，曩爲今"等等説法，有的可以弄清楚，如"亂爲治"。"亂"這個字，根據字體的分析，《説文》"𤔔"解作"亂也。一曰：治也"，而其古文𤔲，分明是用手整理亂絲。此外，有關"亂"的，《説文》裏還有三處：𤔔部："𤔔，治也。……讀若亂同。𤔲，古文𤔔。"攴部："𢿥，煩也。"乙部："亂，治也。"都有個基本形體，也應當認爲整理亂絲。據此，則"亂"的本義是治亂絲，擴大起來就是治。"治"的對象就是"亂"，"治"和"亂"是一件事情的兩個方面，所以亂又有"紛亂、擾亂、煩亂"等義。有的則空有其説而無其例，至今似尚爲不解之謎。由此可見，"反訓"這種詞義轉移的情況，難於完全弄清，只能明其可明，解其可解了。但是要分清，"苦"不能訓"快"，"徂"不能訓"存"之類，只能表照此類的所釋詞與能釋詞意義不能等同，並不能否定詞義有由正至反這樣一種轉移情況。

上面就《同源字論》談了一些管見，不敢以爲必是，只是想居於學地，以俟高明。假若和璧既呈，則瓦礫在所當棄了。

# 校勘略説

## 一　校勘與校讎

這篇文章，主要是述説校勘方法而不是述説校勘學史。但是，爲了交代一下本文的範圍，説明校勘與校讎這兩個名稱的内涵是必要的。

漢成帝時，使謁者陳農求遺書於天下，使光禄大夫劉向校經傳、諸子、詩賦，步兵校尉任宏校兵書，太史令尹咸校數術，侍醫李柱國校方技。這是中國歷史上大規模而有意識地搜集、校正書籍之始。就在這時有了"校讎"這個術語。《文選·魏都賦》注引應劭《風俗通義》道：

> 案劉向《別録》：讎校，一人讀書，校其上下，得謬誤，爲校；一人持本，一人讀書，若怨家相對，故曰讎也。(《文選》引無末四字，《太平御覽》卷六百十八有)

這個界説語意不大清楚；大概是一個人讀一本書，不用别的本子來比對，只根據上下的文義來發現書中的錯誤，叫做校；而用别的本子來比對，比較出各種本子的不同而決定哪一本對哪一本錯，叫做讎。所用的方法不同，目的都在改正書籍文字的錯誤。這是"校讎"的最初意義。

校讎的涵義並不停止在這樣狹窄的範圍裏。因爲整理書籍，第一步是求，第二步是校，而還有第三步第四步的工作，那就是給書的内容作評介和給所有的書籍作出有系統的分類。《漢書·

藝文志》説：

> 每一書已，向輒條其篇目，撮其指意，録而奏之。

這就是評介的工作。這中間不但簡括地介紹了書的内容，也評議了這些内容的得失，同時也做了一部分的辨僞工作，如現傳的劉向的《晏子書録》説：“又有頗不合經術，似非晏子言，疑後世辯士所爲者。”《漢志》又説：

> 會向卒，哀帝復使向子侍中奉車都尉歆卒父業，歆於是總群書而奏其《七略》。故有《輯略》，有《六藝略》，有《諸子略》，有《詩賦略》，有《兵書略》，有《數術略》，有《方技略》。

這就是分類的工作。劉向父子給中國整理書籍的工作做出了一個典範：有了分類和評介工作，就給予學者在研究某種學問時尋求資料以莫大的便利；有了文字的校正和真僞的鑒别，就能使資料確實可靠。而分類和評介的工作做得好，自身就可以成爲一種很有價值的學術史料。因此，後來有些學者，主張從大處着眼，要使整理書籍的工作能夠達到“辨章學術，考鏡源流”的要求，他們把這個工作叫做校讎。宋代鄭樵的《通志·校讎略》，就用“校讎”這個名稱來指以尋求、考辨、評介、分類爲手段，以“辨章學術，考鏡源流”爲目的的治書工作。這就是説，校讎的涵義已經由《風俗通義》所説的那樣擴大到全部治書工作，其範圍已經約略和後起的“目録學”一名相當了。今天我們再要把文字的校正稱爲校讎，就會使概念混淆，是違反歷史發展的趨向的。

校勘這個名稱是後起的，最初見於何書還没有明確知道。《北史·崔光傳》：“光乃令國子博士李郁與助教韓神固、劉燮等勘校石經。”校勘兩個字或者就是在六朝連在一起的，但似乎並不很通行。唐時韓愈在他的《秋懷》詩裏説：“不如覷文字，丹鉛事點勘。”也把勘字作校正文字解；後來清人陳景雲校韓集，就稱爲《韓集點勘》。元和年間人王初有《送陳校勘入宿》詩，見《全唐詩》。
而兩《唐書·職官志》只有校書郎、校書、校理官等官稱。到了宋
代，校勘這個名稱就比較通行了。《宋史·藝文志》稱：太宗時崇
文秘閣的書被毁於火，殘存的遷在右掖門外，"命重寫書籍，送官
詳覆校勘"。校理官書的官屬有館閣校勘。歐陽修《書〈春秋繁
露〉後》道："董生之書流散而不全，方俟校勘。"宋代所謂校勘，也
是包含文字校正和考辨、評介、分類等工作這廣狹兩義的。歐陽
修於仁宗景裕年間任館閣校勘時，就參加了整理三館和崇文秘閣
書籍的工作，和王堯臣、聶冠卿等人編成了一部《崇文總目》，現
在他的集子裏還保留着一卷《總目》所錄諸書的《敍論》。到了清
代，校正書籍之風大盛，何焯、陳景雲、盧文弨、顧廣圻、王念孫和
他的兒子引之、俞樾、孫詒讓等都是校勘名家，而阮元又和他的好
幾個助手編著了《十三經注疏校勘記》這樣一部大書。同時校讎
的意義已經進而爲"辨章學術，考鏡源流"。這樣，似乎自然而然
地有了一個默契，校勘和校讎分了工；前者一般指文字的校正，
後者則與目錄學相當。雖然有時還把校讎當作校正文字用，但把
校勘當作全部治書過程或目錄學來講，却絕無僅有了。

　　本文所說的校勘，也就以校正文字爲範圍。

## 二　校勘的作用

　　利用文獻記載來研究學問，尤其是古代文獻，校勘常常是一
種必要的先行工作，雖然它不是研究學問的最後目的。其所以是
利用文獻來研究學問的先行工作，是由於它能提供學者以正確的
資料，有了正確的資料，才能有正確的認識和正確的結論。校勘
供給學者以正確的書本的資料，正確的資料是科學研究最基本的
東西。細一些說，校勘可以有下列幾種功用：

　　第一是袪疑。我們看到文字錯誤的地方，往往解釋不來，不知道究竟講些什麽。謬妄的人，就要穿鑿附會，勉强説出一個道理來，結果是騙了自己也騙了別人。《北史·徐遵明傳》説："遵明見鄭玄《論語敍》云，書以八寸策，誤作八十宗，因曲爲之説，其僻也皆如此。"假使他能找一個對的本子來校正一下，何至於造出一些疑誤別人的僻説來呢？

　　第二是顯真。有些文字，雖然是錯了的，却並不引起我們的疑惑，錯了的和没有錯的在意義上也没有什麽出入。碰到這種情形，似乎校勘就是多餘的了。其實并不完全如此。例如《淮南子·泰族》篇："故民知書而德衰，知數而厚衰，知券契而信衰，知機械而實衰也。"許慎注："實者，質也。"宋本正文和注當中的"實"字都作"空"。究竟"實"字對，還是"空"對呢？按《莊子·人間世》篇説："且德厚信矼，未達人氣。"梁簡文帝注："矼，慤實貌。"《淮南子》的德、厚、信、空，就是《莊子》的德、厚、信、矼；古書裏"空空"當作誠慤、質實講的很多；用一個字就是"空"或"矼"，重言是"空空"。可見宋本《淮南子》作"空"是對的，因爲後人不懂得它的意義，就改成了"實"。就容易理解來説，"實"字還要易解得多；但就訓詁學的觀點來説，《論語》上的"空空如也"，《莊子》的"德厚信矼"，《大戴禮記》的"婦空空"，《吕氏春秋》的"空空乎不爲巧故也"，這些空字和矼字都是《廣雅·釋訓》裏"悾悾，誠也"的悾字，而在《淮南子》裏又得到了一個助證，這就不能説没有關係了。

　　第三是明微。有些詞語的意義，看上去并没有什麽不懂，却未必是真懂。例如《孟子》裏的"内無怨女，外無曠夫"，向來不會有人注意到怨女的解釋，但是拿《新序·雜事》篇的"後宫多幽女者，下民多曠夫"來一比較，再參看《韓非子·外儲説右下》篇"桓公勤民而管仲省腐財怨女"，就可以知道"怨女"的"怨"不是"怨

憤"的"怨",而是和"幽"、"曠"的意義相似的。《荀子·哀公》篇:
"富有天下而無怨財。"楊倞注:"怨讀爲蘊,言雖富有天下而無蘊
畜私財也。"《禮記·禮運》篇:"事大積焉而不苑。"《經典釋文》
説:"苑,於粉反,積也。"這兩處的"怨"和"苑",意義也和怨女相
同。近人張相所著的《詩詞曲語辭匯釋》,常常用各本的異文來推
求語詞的意義,雖然方法上還可以商討,却説明了校勘在這方面
的功用。

第四是欣賞。文學作品,作家往往不輕下一字,一字之差,就
會影響作品的精神韻味,埋没作者經營的苦心。相傳宋人陳從易
讀杜詩"身輕一鳥□,槍急萬人呼",不知道該是什麽字,就自己
補上去,補來補去總覺得不妥當;後來得到一個善本,是個"過"
字,就十分歎服,以爲就是一個字也不容易想到。這就可見善本
對文學欣賞的幫助了。又如杜詩"遂令大奴守天育,別養驥子憐
神駿",蔡夢弼箋道:

> 坡云:舊本作太奴守天育,子瞻《題子美天育驥圖後》
> 作"大奴字天育",蓋天育爲大奴字也;今定。猶有石本題
> 云:"大奴,王毛仲也。"守天育,則《唐·兵志》云:"天育,
> 厩名也。"

據此,杜詩有作"守"字的本子,也有作"字"的本子,而蔡氏定從
"守"字。在蔡氏的意思,以爲大奴是王毛仲,天育是馬厩,大奴
不能以天育作他的字號,而作"守"則文從字順。這實在不一定是
正確的。"字天育"的"字",應該解釋爲"字育"的"字",和下句"別
養驥子"的"養"字相對。"天育"是馬厩,這裏則借代爲天育厩裏
的"四十萬匹馬"。"字天育"是養普通的馬,"別養驥子"是對"神
駿"的優異待遇。一個"字",正是老杜不輕易下的,改作"守"字,
就泛泛不切當了(又明人胡震亨《唐音癸籤》二十二以爲大奴"第牧馬監奴耳",

不是王毛仲,王毛仲那時以霍國公領內外閑廄,張景順作太僕少卿秦州監牧副都使,還是王毛仲的屬官)。由此可知,文學作品的領略,有時也要借助於版本的抉擇。

第五是知人。前人的立身行事和他的志趣常常寄託在他的著作裏,可是有些著作卻會因特殊的原因被別人改竄,而作者的志業要或多或少地被埋没。顧炎武《日知録》裏有一條《古文未正之隱》道:

> 文信國《指南録序》中北字者虜字也;後人不知其意,不能改之。……鄭所南《心史》言文丞相事,言:“公自序本末,未有稱賊曰大國,曰丞相,又自稱天祥:皆非公本語,舊本皆直斥虜酋名。”(所引文字,據黄侃《日知録》校記)

章炳麟給黄侃寫的《日知録校記序》也有相似的話:

> 昔時讀《日知録》,怪顧君仕明至部郎,而篇中稱“明”,與前代無異,疑爲後人改竄。又“素夷狄行乎夷狄”一條有録無書,亦以爲乾隆抽毁也。後得潘次耕初刻,與傳本無異,則疑顧君真迹已然,結轖不怡者久之。去歲聞友人張繼得亡清雍正時寫本,其缺不書者固在,又多出“胡服”一條,纚纚千餘言;其書‘明’則曰‘本朝’,涉明諱者則用乏字。信其爲顧君真本,曩之所疑,於是焕然凍解也。

文天祥和顧炎武的著作,要不是根據舊本把經過竄削之處校正過來,我們就會懷疑他們的民族氣節,如章氏所説了。在這裏,不但可以因校勘而知人,也可以從而窺見當時的民族壓迫到了怎樣的程度,可以進而論世,校勘就見得很有關係了。

校勘不是研究學問的目的,而是一種手段,一定的手段的運用也會影響結論的正確與否。瑣碎的、没有發明的校勘對學術研究不會有好多幫助，謬妄的校勘反而會帶給研究以損害。在一定的學術研究的領域如文學、史學、哲學裏，我們需要科學的、具有創造性的校勘工作。

# 三　校勘的方式與内容

校勘有三種方式，這是因爲校勘的目的不同而存在的。

第一種方式是"存真"。這是版本學家和藏書家的事。他們得到一個善本或古本，就要把它跟通行本子的異同描寫出來。文字的異同固然不消説要記下來，就是書的行款、字書的差異，甚至舊本上的圈點、有幾顆收藏圖章等都要記下來，一句話，就是要讀者知道有過這樣的一個善本或古本，它的作用也只是讓讀者知道這個本子，碰到這樣的本子時就能説出是什麽本子——宋本或明本，某收藏家收藏過的而已。向後的事，它就管不着了。明代的毛扆、清代的黃丕烈等，做的就是這種校勘。

第二種方式是校異。就是把一部書的不同的本子裏的歧異之處羅列出來，哪些是對的，哪些是錯的，自己不作評斷。近人鄧廣銘所著《稼軒詞編年箋注》裏校的部分，就是如此。這種方式的目的，是提供各種版本的異同，好讓讀者自行抉擇。嚴格地説，這只能算是校勘的初步工作，它本身還没有作出"得謬誤"的成績來。並且如果做這一步工作的人識力不够，引用不值得援引的本子，記錄不需要記異的歧異，那只有徒增紛煩而已。我們應該肯定，校異的工作比存真要有用，並且在整個校勘過程中也是必要的，但它還不能達到校勘的最後目的。

第三種方法是訂譌。訂譌就是劉向《別録》所説的"得謬誤"。校勘家根據不同的本子或別的方法發現並判定哪些是錯的，對的應該怎樣，就能使書籍的原來面目顯露出來。如果能把全部的錯誤訂正過來，那就可以把這部書寫成定本。現存劉向校定書籍的《敘錄》裏常常有"皆已定以殺青書，可繕寫"的一類話，就是説，已把錯誤改正，可以寫成定本了，這是校勘工作中的最後一步，也是最重要的一步。王念孫、俞樾、孫詒讓等人在《讀書雜志》、《諸子平議》、《札迻》等書裏所做的，就是訂譌工作。有些校勘家把訂譌的工作和校異的工作結合起來，既求定於一是，同時兼存各本的異同，近人朱師轍的《商君書解故定本》就是這種方式的例子。

校勘的最後要求既然是訂譌，校勘的内容，或者説得明白點，校勘所對待的，就是所校的書的各種錯誤。分析起來，有下面幾種錯誤。

第一是"誤"，就是字寫錯了。《吕氏春秋·察傳》篇説的"晉師，三豕涉河"，三豕是己亥之誤。《抱朴子·遐覽》篇説的"書三寫，魚成魯，虛成虎"，已經成爲講校勘的人的常談。又如《顏氏家訓·勉學》篇所説："江南有一權貴，讀誤本《蜀都賦》注，解'蹲鴟，芋也'乃爲羊字。……有一才學重臣，新得《史記音》，而頗紕謬，誤反顓頊：頊當爲許録反，錯作許緣反。"這些都是字寫錯的例子。

第二是"脱"，就是脱落了一個或幾個字。脱落的字數是可少可多的。《漢書·藝文志》説："劉向以中古文校歐陽、大小夏侯三家經文，《酒誥》脱簡一，《召誥》脱簡二；率簡二十五字者，脱亦二十五字，簡二十二字者，脱亦二十二字。"由於古書是用竹簡寫的，脱了一簡，就會脱好幾個字，這時如果沒有完全的本子，就很難補足了。

第三是"衍"，就是比原本多出了幾個字。一般説來，脱文可以大段脱去，衍文而衍上很多字是不大會有的。

第四是"倒"或"錯"，就是字的位置錯亂了。有的只是上下兩個字倒過來，或者錯亂的位置和原來的位置不很相遠，那就管它叫倒，或説"二文互倒"，或説"倒在上""倒在下"。有的却是好幾個字或一大段離開了原來的位置而到了較遠的地方——有的還在本篇之内，有的進入了别篇，那就管它叫"錯簡"了。

第五是"羼"，就是兩段不同的東西羼雜起來合爲一段，兩篇不同的東西羼雜成一篇。這和倒錯好像不大有分别：錯簡的結果成爲羼雜，但羼雜却不一定都是錯簡造成的。盧文弨論《吕氏春秋》的篇目道：

> 《玉海》云："《書目》是書凡百六十篇。"今書篇數與《書目》同。然《序意》舊不入數，則尚少一篇。"此書分篇極爲整齊，十二紀紀各五篇，六論論各六篇，八覽覽當各八篇。今第一覽止七篇，正少一。考《序意》本明十二紀之義，乃末忽載豫讓一事，與《序意》不類；且其校云"一作《廉孝》"，與此篇末更無涉，即豫讓亦難專有其名。因疑《序意》之後半篇俄空焉，别有所謂《廉孝》者，其前半篇亦簡脱，後人遂强相附合，並《序意》爲一篇，以補總數之缺。然《序意》篇首無六曰二字，後人於目中專輒加之，以求合其數，而不知其迹有難掩也。

這裏不僅僅是篇次的移動，還因爲"簡脱""强相附合"而造成了"天吴及紫鳳，顛倒在裋褐"的現象。我們可以設想，兩篇排在一起的文章，一篇少了後半，一篇少了前半，因而羼合成一篇，也是可能的。

錯誤雖然不出這幾種，但造成這些錯誤的原因却是變化多端的。有的是無心的"傳寫之誤"，有的却是妄改失真。就拿寫錯一個字來説，有的是形體相近而誤，有的是聲音相近而誤，有的是牽涉到上下文而誤；以形體相近而誤來説，有的從篆書錯起，有的從草書錯起，有的從"俗書"錯起。拿妄改失真來説，有的是憑臆見來改，有的是根據不能作根據的書來改。這些錯綜複雜的原因，不是簡單幾句話説得完的；王念孫的《讀書雜志·淮南内篇序》和俞樾的《古書疑義舉例》有詳細的論列，這裏無需一一説出了。

正是由於錯誤原因紛歧複雜，我們不能不講求一套"得謬誤"的方法。

## 四　校勘的方法

在談校勘方法以前，應該談一談從事校勘工作的條件。校勘雖然只是研究學問的一種手段，但它自身却是很精密的富有科學性的工作，粗疏、主觀的校勘是不能辨誤顯真的。顔之推説：

> 校定書籍，亦何容易！自揚雄、劉向方稱此職耳。觀天下書未遍，不可妄下雌黄。或彼以爲非，此以爲是；或本同末異；或兩文皆失；不可偏信一隅也。

要讀完天下書再來校勘，這當然是誇張，但也可見校勘必須有一定程度的修養才能勝任。

從事校勘，先要對自己所校的書、所屬的專業相當熟悉。各個專業，都有它自己的特點，自己的竅門，自己的習慣用語和術語。要是没有摸清，就無從下手，或難免臆改。例如史達祖《梅溪詞》裏一首咏春雪的《東風第一枝》，裏面有"怕鳳鞋挑菜歸來，萬一壩橋相見"的句子，有一個本子作"鳳韡"，"鞋"就是"鞋"字，"韡"就是"靴"字，這兩個字從意義上説都説得過去，究竟哪一個對呢？研究詞曲的人告訴我們："鞋"字對，"韡"字不對。原來詞和曲中間有所謂"短柱韻"，即一句句子裏幾個小的停頓的地方用同一個韻，這樣唱起來念起來很好聽。"鞋"、"菜"、"來"正是用的同一個韻；"怕鳳鞵挑菜歸來"正和上半首裏"料故園不捲重簾"一句的地位相同，那裏"園"、"捲"、"簾"三個字也是用同一個韻（園、捲兩個字舌音收聲，簾字唇音收聲，本來不能算同韻。但詞曲常不用官韻而用口音押韻，這裏的"簾"也已用舌音收聲，和現在普通話的讀法沒有分别了）。這就是專業知識有助於校勘的例證。漢成帝時大收圖書，博學如劉向，也只校得六藝經傳、諸子、詩賦這幾部分，而兵書由步兵校尉任宏校，數術由太史令尹咸校，方技由侍醫李柱國校，正是因爲校勘應該由熟悉這種專業的人擔任才行。

專業知識以外，校勘家還應該具有一般的修養，即語言文字的知識、章句的知識、版本目録的知識等等。語言文字和版本目録不必多説。章句之學，自然也是語言文字方面的，但它包括古人編書的體例在内，這也是校勘古書時所應該知道的。舉一個例來説：《荀子》書裏有一篇《賦》篇，包括《禮》、《知》、《雲》、《蠶》、《箴》五篇賦，每一篇的末尾是：

> ……致明而約，甚順而體，請歸之禮。禮。
> ……夫是之謂君子之知。知。
> ……廣大精神，請歸之雲。雲。
> ……三俯三起，事乃大已，夫是之謂蠶理。蠶。
> ……既以縫表，又以連裏，夫是之謂箴理。箴。

每一賦的末了都把所賦的物名説出，又把這一物名重疊一遍，這不是多餘的重複，這五個重疊的字就是五篇賦的題目。如果不了解古人篇目有寫在後面的，那就會誤認作衍文而删去了。

有了專業和一般的修養，才可以進行校勘，怎樣進行呢？

第一當然是比較各種版本，擇善而從。大凡時代早一些的本子總比較接近書的真面目，可以解決一些難以索解的錯誤。就刻本而説，宋版書就成了可貴的材料；推而上之，唐人的寫本、金石刻、作者的原稿當然更可珍貴了。錢大昕《潛揅堂集》二十七有一則《跋〈周易本義〉咸淳本》道：

> 曩有客讀朱文公《本義》畢，謂予曰："《雜卦》傳：'咸，速也；恒，久也。'注但云：'咸，速；恒，久。'而不加一字，得毋有脫句乎？"蒙無以應也。今見咸淳乙丑九江吳革刊本，乃是"感速，常久"。始歎《本義》之簡而明——蓋感故速，常故久。俗本譌二字，而注文遂成附贅矣。

這就生動地說明了舊本之可貴。又如《說文解字》一書，我們通常看到的是南唐和宋代的校定本，即所謂小徐、大徐本，比起許慎原本來，不免有所變動，尤以大徐本爲然。現在我們看到日本汲古留真所所收的倉田淳之助《說文展觀餘錄》的唐寫本殘葉，雖然只剩了口部十二個篆文，有些地方卻給了我們以啓發，證實了《說文》學者的某些擬測。如咼篆大徐本說解作"口戾不正也"，王筠根據玄應《一切經音義》引作"口戾也"，《玉篇》也作"口戾也"，疑心"不正"是庾儼默的《演說文》竄進了《說文》。現在這個本子正作"口戾也"，"不正"兩字從哪裏來的雖未能考定，《說文》原本無此兩字則可以成爲定論了。又如吠篆大小徐本說解都作"犬鳴也，從口犬"。但小徐的《繫傳》道："會意，或云從犬。"（據述古堂影宋寫本、《小學匯函》本）王筠說："篆書依《字林》作吠，從口，犮聲。《繫傳》云：'或云從大，大即犮之誤也。'"（王氏所據本作大，誤）王氏的說法是很有創見的，但犬口爲吠的會意原則蒙蔽了我們，使我們不再深思，就"約定俗成"地含糊過去了。現在我們拿這個本子來看一下："犬鳴也。從口，犬聲。"多了一個"聲"字，這使我們對"吠"這個字的結構的觀念大大改變，我們不能不說這是一個形聲字，而"犬聲"是"犮聲"少了一筆；到二徐本都脫落了"聲"字，但小徐本還加了一句記録別本的話："或云從大〔友〕〔聲〕"。我們更可以想一想："哮"是豕驚，"喔"是鷄聲，都没有從豕口和鷄口而成爲會意字，"吠"字就没有必要從犬口來成爲會意字；如果真是從犬口的話，那這個篆文就應該在犬部而不應該在口部了。從這個例子可以看到，我們以前是多麼受到因襲的限制，而好的本子對我們又是怎樣地起着啓發作用的，這個"聲"字真是一字千金！

　　參考各種本子而加以抉擇，這是在校勘工作中應用得最廣泛的一個方法，所以我們説"校異"的方式也是有它的用處。但我們不能完全依靠版本，因爲版本，即使是寫本，歷史究竟有限，好多書籍的時代遠在這些版本、寫本之前，難保寫和刻的時候不已經走了樣，宋槧元刻，只能希望接近於真本，少一些錯誤，或雖有錯誤（如《説文》唐寫本的"從口犬聲"），還可以因錯求真而已。如果以比較版本爲唯一的方法，那校勘的途徑就太狹窄了。

　　比較各種版本以外，怎樣來解決書中的疑誤，本師鍾鍾山先生曾經有過一段提挈綱維的話：

　　　　大抵書有疑義，所以決之不出四端。一曰訓詁之相通，二曰他書之所引，三曰文勢之相接，四曰義理之所安。（《荀注訂補序》）

這四者不是平列的，不是各自孤立的。分析起來，可以求説之於訓詁的通不通和文勢之接不接，正是爲了肯定義理的安不安，即能不能抉發作者所講的道理而不乖乎作者的本意。可以這樣説，凡是能够保存原本面目的，總是按之訓詁而通，揆之文勢而接，考之義理而安的。不過講訓詁、文勢、義理，需要校勘者的識力，而"他書之所引"，則能提供材料，作爲考論訓詁、文勢、義理的助證，是校勘家比較有依循的一條路；按其實際來説，也只是廣義的參校版本罷了。現在就從"他書所引"談起，并説到一些性質相近的方法。

據"他書所引"的"他書"，約可分爲三類：第一類是一般地引用前人的書，如《水經注》引的許多關於地理方面的書，《五行大義》引的有關於五行的文字，《顏氏家訓》和《匡謬正俗》引的《説文》等等，引的方面很繁多，不用也不能一一舉例。可以附入這一類的，還有一些字書和箋注的書。《説文》、《玉篇》(原本)、《廣韻》等書，都引用了好多古先典籍來解字釋義。箋注的書可以李善《文選》注爲典型，李善爲了解釋文義，大量地引用了各式各樣的書，成爲講校勘和輯佚的取材的淵藪。第二類是取材於故書雅記，材料既同而文字則大體保存原材料的面目，如《韓詩外傳》多採用《荀子》，《淮南子》多採用《莊子》、《韓非子》、《吕氏春秋》，但並不説出所採用書的書名。第三類是類書。其中如魏徵的《羣書治要》、馬總的《意林》是諸子書的節抄；徐堅的《初學記》、歐陽詢的《藝文類聚》，以至宋代李昉等編的《太平御覽》、吴淑的《事類賦注》等則是用事類來分隸群書，也標出所引書的書目。這三類的書中間，第一類頂散漫無歸，不是博覽強記的人不易運用；第二類範圍較窄，較易搜採，但既然没有説出所採用的書名，也要花一些核對的工夫；第三類按照事類或一部一部書編排起來，最容易找到。所以幾乎清代所有的校勘家都是援引類書的，當然前兩類也是校勘時不可少的參考材料。現在舉一個利用箋注本校勘的例，以見一斑：《淮南子·天文訓》"青女乃出，以降霜雪"句的高誘注道："青女，天神，青霄玉女，主霜雪也。"宋本"霄"字作"媄"。我疑心"霄"字應作"霄"字，因爲道家書裏(如《靈飛經》)多講青霄玉女，而"霄"和"媄"又是同音。但没證據。後來讀宋李壁《王荆文公詩集箋注》二十七裏王荆公的《雪》詩"神女青腰寶髻鴰"的注："《淮南子》：'至秋三月……青女乃出，降以霜雪。'青女，青腰玉女也，主霜雪。"可見了宋本《淮南子》的確是作"青霄"，"霄"和"腰"只是一個字的兩種寫法而已。附帶説一句，這個"霄"字，即使沒有李璧明引《淮南子》注的文字，從王荆公的詩句來看，也可以證明其確鑿。（宋人陳元靚《歲時廣記》三引《淮南子》注："青女乃天神青腰玉女，主霜雪也。"也是作"腰"的確證）這説明校勘取材的途徑應該廣闊一些，光靠版本是不够的。

根據"他書所引"相類似的情況有：

既然可以用引它的書來校正原書，當然也可以用被引用書來校正引用它的書。如《説苑·指武》篇："復柔委從，如影與響。"孫詒讓《札迻》説："案復柔無義，復疑當爲優，形近而誤。"（《商子·境内》篇："能一首則復。"復今本誤優，與此可互證）孫氏這個説法，只能説明"復柔"可能是"優柔"之誤，還不能斷定必然是"優"字。其實《説苑》正是承用了《淮南子·原道》"優游委從，如響之與景"的話，如果我們看到了《淮南子》，"復柔"應該是"優柔"就可以完全肯定了。

正文和注文可以互相證發。因爲注文解釋正文必須引述正文，兩者牽連得很緊，一處有錯，就和另一處不合，正可以根據這種不合來求其合。如《韓非子·二柄》篇："人主將欲禁奸，則審合刑名；者言與事也。"舊注道："言，名也；事，則也。言事則相考，則合不可知也。"我曾有一段校語道：

> 正文與注皆有誤。注"事，則也"則字當作刑，"相考"上則字衍，不字讀作否；其文曰："言，名也；事，刑也。言事相考則合不（否）可知也。""言，名也；事，刑也。"乃本正文刑名二字以釋正文"言與事"之義，其曰"言事相考，則合不可知也"者，即釋正文"者言與事"之義，者字乃考字之誤；唯正

> 文作"考言與事"故注曰"言事相考"也。以正文與注參互校
> 之，而兩者之誤皆可正也。

這可以説明正文和注文是如何地互相制約着，而留給我們以參互
比較的間隙了。

根據别的書來校本書，也只是拿這些書來作爲參考，旁的書
不能擔保都是一個樣子的，也就不能擔保每一本都是對的，因
此，即使在應用這些書而作出抉擇時，也不能不根據訓詁、文勢、
義理來加以推斷，何況有些錯誤是無他書可資校正的呢？

再説求之於訓詁的方法。

一般而論，一個字或一個詞在一段話裏總要表現一種意思，
有一種解釋；這個解釋和整句或整段話是和諧的，就不會引起讀
者的疑惑；反之，讀者就會覺得這個字或詞有錯誤，而要另求合
適的字來校改了。這個字或詞的解釋就是訓詁。這裏就發生幾
個問題：一個是，對你所認爲可疑的字的訓詁是否了解得全面？
要是你只知道"空"是空洞無物，而不知道"空"字也有誠實一類
的意義，那你自然會同意把《淮南子》"知機械而空衰"的"空"字
改成"實"字，而不知道這個改法卻正是錯的。再可以舉一個同樣
的例子：《韓非子·外儲説左下》篇："墾草仞邑。"俞樾説："仞
當作刱（創），謂刱造其邑也。作仞者字之誤。《新序》載此事正作刱
邑，當據以訂正。"俞氏的説法，好像有憑有據。其實"仞"是"牣"
的同音通用字，"仞邑"就是使城邑充實繁盛的意思。《史記·殷
本紀》："益收狗馬奇物充仞宮室。"可以證明作"仞"並不錯，俞
氏要根據《新序》改字，實在是多事：這也是他不了解"仞"字除了
當長度以外另有假借義的緣故。好多古書被改錯的原因大概也
就在此。一個是你所認爲可疑的字的確是不對的，但你要拿什麽
字去改它才是正確的？應該説明，作者寫下來的字只有一個，但

是可以擬想用在這裏而解説得過去的字却不止一個；要追踪出作者原來所寫的那一個字並不是十分簡單的；這就需要根據旁的條件——當然首先要解釋得通——來決定。所以校勘家有許多“誤例”，如形近而誤，音近而誤，涉上下文而誤等等。試看這樣一個例：《荀子·修身》篇：“以治氣養生，則從彭祖；以修身自名，則配堯禹。”唐人楊倞解“自名”作“自爲名號”，這是很牽強的。王引之看出了這裏有問題，他引用了《韓詩外傳》“〔以〕修身自强，則名配堯禹”，以爲《外傳》於義爲長。自然，“自强”比“自名”説得通；假使不考慮旁的條件，也許我們可以想出許多説得通的説法，如“以修身成名”“以修身立名”等等。但考慮到旁的條件的時候，則“自强”、“成名”、“立名”等等都是缺少依據的。我們可以看到《荀子》書中“名”字常常和“白”字相連，如《榮辱》篇：“身死而名彌白。”《致士》篇：“貴名白，天下願。”《樂論》篇：“然從名聲於是白，光輝於是大。”《堯問》篇：“名聲不白，徒與不衆，光輝不博。”《君道》篇：“夫文王欲立貴道，欲白貴名。”此外，《韓詩外傳》也有“行義白名”的説法。根據這些，我們就能清楚地看出：“修身自名”實在是“修身白名”之誤。爲什麼決定是“白名”而不是“自强”、“成名”、“立名”等等？除了上述的根據以外，我們還根據“形誤”的原則——“强”字和“名”字字形不相近，“成”字、“爲”字和“自”字字形不相近，而“白”字和“自”字字形恰恰相近；還根據對偶的原則——“修身”和“白名”是兩個動詞賓語式的結構，是對得起來的，“自强”就和“修身”對不起來，而“修身白名”又明明是和上面的“治氣養生”相對稱的。

如上面所説，從論斷一個字或詞的訓詁通不通到確定哪些字或詞才是正確的，要根據一定的並且常常不是孤立的條件來決定，不能憑簡單的臆測。丟開其他條件不談，單就訓詁方面來説，要解決校勘中的訓詁問題，校勘家必須具有豐富的詞義知識。他必須知道後代所不經見的古字古義。不知道古字古義，就會把錯了的勉强解釋或校改，把不錯的改成了錯的。例如：《吕氏春秋·分職》篇"衣敝不補，履决不組"的"組"字本是"組"字形近之誤，《説文》："組，補縫也。"上句用"補"，下句用"組"，意義正好相近。但唐人類書（《白帖》四、《藝文類聚》五）都引作"苴"，苴是"履中之籍"（《漢書·賈誼傳》顏師古注），和"决"字是連不起來的。這是"組"字誤作"組"字之後，校的人不知道有一個訓補的"組"字，又恰好有一個和履發生關係的"苴"字，以爲"苴""組"字音相同，是通用的，就改成"苴"字來牽就"履"字的意義，以致造成誤改誤解。這樣的例子是很多的。古字古義以外，對某一時代用語的風習也需要有所了解。近人任二北先生校《敦煌曲》，有一首儒生和武人争辯的《定風波》詞説："三尺張良飛（非）惡弱，謀略，漢興楚滅本由他。"任先生看到"謀略"兩字，就把"三尺"改成"三策"（《敦煌曲校録》，64頁），其實，"三尺"是唐人用來形容文人的用語，王勃在《滕王閣序》裏就自稱"三尺微命，一介書生"，可見不能改成"三策"。又如敦煌的《歸西方贊》："急手專心念彼佛，彌陀净土法門開。"任先生改爲"撒手"，説：因"撒"作"煞"，又省而爲"急"。其實"急手"就是急急的意思，是六朝以來就有的用語，敦煌所出的《三身押座文》説："念佛急手歸舍去，遲歸家中阿婆嗔。"更早則見於《洛陽伽藍記》"白馬寺"條："大竹箭，不須羽；東厢屋，急手作。"就這兩點——了解古字古義和時代用語——來講，也可以説明即使是單從訓詁本身來講校勘，也必須有很豐富的詞義知識才行；所謂訓詁，本來就是指古、今、雅、俗各種語詞的意義而言，是一樣也不能偏廢的。至於文字音義的通借，文字形體的變異，更是校勘家不可不具備的知識，無須一一詳述了。

總之，根據訓詁的通不通來進行校勘，第一要有對詞義的全面或至少很廣泛的了解，第二要聯繫旁的條件來肯定確實是這個字而不是旁的字，不能把文字改得通了就算。

再説怎樣求之於文勢的銜接。

文學批評家劉勰有一段雖是老生常談却是至當不易的話：

> 章句在篇，如繭之抽緒。原始要終，體必鱗次。啓行之辭，逆萌中篇之意；絶筆之言，追媵前句之旨。故能外文綺交，内義脉注，跗萼相衝，首尾一體。若辭失其朋，則羈旅而無友；事乖其次，則飄寓而不安。是以搜句忌於顛倒，裁章貴於順序。（《文心雕龍·章句》篇）

一篇或一段有組織的文章，每一個字、每一句或每一段都是和上下文有聯繫而不是孤立的。聯繫得起來的就是文勢相接，聯繫不起來的就是不接，形式的銜接和意義的銜接是一致的，這就是所謂"外文綺交，内義脉注"。造成文勢不接的有三種情形：一種是字句有錯誤，使上下文義不能貫注，這就是"辭失其朋"。一種是字句的顛倒，這就是"事乖其次"。一種是中間有脱文或衍文；有了脱文，就像鎖鏈中間缺少一個環節；有了衍文，又像平路被荊棘塞斷。這些都足以使通暢完美地表達意思受到障礙。要使"失朋"、"乖次"的文字得到校正，只有仔細地審察上下文義，同時也要比較文句形式異同。

王念孫的《讀書雜志》裏一段校正《漢書·枚乘傳》的文字，可以説是審察文勢的好例：

> "人性有畏其景而惡其迹者，却背而走，迹愈多，景愈疾。不知就陰而止，景滅迹絶。"——念孫案："知"當爲"如"，字之誤也。"不如"二字，與下文兩"莫若"、一"不如"，文同一例。"不如就陰而止"，與下文"不如絶薪止火而已"亦文同一例。若作"不知"，則與下文不合矣。《文選》正作"不如"。

　　或曰：《莊子·漁父》篇："人有畏景惡迹而去之走者；舉足愈數，而迹愈多；走愈疾，而景不離身。不知處陰以休景，處靜以息迹，愚亦甚矣。""不知"二字，正與此同。曰：否。《莊子》上言"不知"，故下言"愚甚"。若作"不如"，則與下文不合矣。此文上言"不如"，故下言"景滅迹絕"。言與其愈走而迹愈多，景愈疾，不如就陰而止，則景自滅，迹自絕也。若作"不知"，則又與下文不合矣。下文云："不如絕薪止火而已。"（下文是這樣說的："欲湯之滄，一人炊之，百人揚之，無益也，不如絕薪止火而已。"——引者注）若改作"不知"，其可乎？

　　《莊子》的"不知"和下文的"愚亦甚矣"相聯繫，所以是"不知"；《漢書》的"不如"和下文的"莫如""不如"相類舉，所以是"不如"，不同的聯繫就用不同的字，加上《文選》作證，改"知"爲"如"就完全可信了。

　　但是審察上下文義必須很精細，不能只看到就近的字句，應該着眼到更遠的地方——整段、通篇，甚至全集。可以舉三個例來說明：

　　第一個例，是字句有沒有錯誤的例。《荀子·非相》篇："觀人以言，美於黼黻文章；聽人以言，樂於鐘鼓琴瑟。"王念孫以爲"觀"應該是"勸"，說："勸人以言，謂以善言勸人也。故曰美於黼黻文章。若觀人以言，則何美之有？《藝文類聚·人部》十五，正引作勸人以言。"鍾先生在《荀注訂補序》裏加以駁正道：

　　　　不知下文曰"聽人以言，樂以鐘鼓琴瑟"。"觀人""聽人"，文正相對。且惟言"觀"，故曰"美於黼黻文章"。若言"勸人"，則何爲以黼黻文章相喻乎？

王氏只着眼於"觀"和"言"聯繫不上，不知道"觀"是比喻的說法。鍾先生則從"觀"和"聽"的聯繫、"觀"和"黼黻文章"的聯繫來看，當然比王氏正確了。《藝文類聚》的引文是不足爲據的。梁元帝

《金樓子·立言》篇：“觀人以言，美於黼黻文章。”《文心雕龍·章表》篇：“荀卿以爲觀人美辭，麗於黼黻文章。”可見六朝人所見的本子還是作“觀”的。

第二個例，是字句有沒有顛倒錯亂的例。《韓非子·孤憤》篇：“其可以功伐借者，以官爵貴之；其可借以美名者，以外權重之。”顧廣圻據道藏本在“可借以美名”上補一個“不”字，這本來是對的。王先慎却説：

> 借字當在名字下，“其可以美名借者”與“其可以功伐借者”句法一律，上下當有不字。

王氏按照排比文法來看問題，覺得作兩個“其可以”要順得多，就這樣否定了顧氏的説法。其實王氏看到的只在一行之間，他沒有看到上文還有和這兩句恰恰相對相當而成爲一個以每兩句作爲單位的排比的文字：“其可以罪過誣者，以公法而誅之；其不可被以罪過者，以私劍而窮之。”這裏我們當然不能贊同像王氏那樣顛倒次序、遷就局部的排比形式，以致破壞整體的排比關係。

第三個例，是有沒有屬亂的例，也可以説有沒有衍文的例。《荀子·解蔽》篇末尾有“周而成，泄而敗，明君無之有也；宣而成，隱而敗，闇君無之有也……”一段文字，梁啓雄以爲：“此下一段與本篇之旨不相蒙，疑是《君道》篇之錯簡。”（《荀子柬釋》）梁氏這樣説，由於他把“解蔽”的“蔽”僅僅看作知覺上的蔽、認識上的蔽和學術上的蔽，而覺得這一段講的是政治，與解蔽無關；他不知道認識和學術都是以實踐爲歸宿的，《荀子》一書講學術也必以政治爲歸宿，所以篇末由認識上的蔽推論到政治上的蔽，這完全是合理的。近人方孝博先生（竑）有一段駁議講得很好：

> 君人者之蔽在周而不宣，於是上幽而下險，讒言至而直言反，小人邇而君子遠，夏桀、殷紂之所以覆亡坐此耳。又

> 前言亂國之君，亂家之人，妒繆於道而人誘其所迫，私其所
> 積，唯恐聞其惡，倚其所私，以觀異術，唯恐聞其美，德道之
> 人，亂國之君非之上，亂家之人非之下，此非上幽下險周密
> 隱蔽之用心乎？亂家之所以爲蔽，篇中既詳言之矣；至篇末
> 乃特明君人者之大蔽所在，與篇首亂國之君夏桀殷紂遙遙
> 相承，以終其旨。古人文章之妙如此，豈錯簡乎？

照上面所說，而不照梁氏那樣狹隘的看法，則末段并不是哪裏來
的錯簡，也并不是多餘的了。我們不僅要看到文字上的遙遙相
承，也要看到內在意義上的前後貫注（這就是劉勰說的“內義脉注”）。

說“蔽”有知覺、認識、學術、政治上的蔽，這是訓詁上的事；
說文字遙遙相承，這是文勢上的事；說“以終其旨”，說內在意義
的貫注，這是義理上的事。訓詁既講得通，文勢又接得上，那末義
理也就能寄託於訓詁文勢之中而妥帖平穩了。所謂義理者，不過
是更深刻的內在意義而已。訓詁、文勢是表，義理是裏，是互相聯
繫着的。從訓詁、文勢來看義理，從義理來看訓詁、文勢，校勘的
方法，具體來說雖然有許多情況，大要却不過如此了。

最後應該說一下的，是古人的書往往自有面目，在用詞造句
上面，這一書的詞法句法不一定能够用到那一書上去，在校勘的
時候，必須統觀全書，才能免於錯誤。例如《荀子》書中只說“情
性”，《韓非子》書中有“仁義”，但也有“行義”這個習用的詞兒，後
人不加考察，則“情性”有時誤倒成“性情”，“行義”有時妄加作
“行仁義”。這裏試更以《韓非子》的一個句法爲例：

> 《解老》篇：“所謂有國之母：母者，道也。道也者生於有國
> 之術。〔生於〕（這裏兩個字依劉師培說補）有國之術，故謂之有國之母。”
> 《說林上》篇：“魏惠王爲臼里之盟，將復立於天子。”
> 又：“管仲、隰朋從於桓公而伐孤竹。”

《難一》篇："今日之利，在詐於敵。"

又："琴壞於壁。"

《難四》篇："陽虎有寵於季氏，而欲伐於季孫。"

拿後代的文法來看，這些句子裏的於字都是不應該有的；但在《韓非子》裏這幾個於字却是主動句的動詞及其賓語之間的關係詞。王先慎没有通考全書，拿後代的文法來校改，把二、三、六這三個例句的於字删掉，把第四個例句改成"在於詐敵"，這就是不能以《韓非子》的面貌還給《韓非子》了。這樣的例子，應該稱爲"文例"的一致，可以看做廣義的"文勢之相接"。

# 五　校勘工作的幾個問題

校勘不是寫文章，寫文章可以依照自己的意思遣詞造句，校勘却不能勉强作者服從校者的文字習慣，而必須找到原作者所用的詞，所造的句。從事校勘，雖然有若干根據和方法，但歸根結蒂却仍然要求校者有密致的心思和審慎無偏的態度，方法之運用得正確與否，關鍵就在這裏。因此，校勘家必須審慎對待下列的問題：

一、不要以爲文從字順就是對的。有的人喜歡寫得平易近人，有的人却偏喜歡用出人意外的詞句。宋代校勘家彭叔夏講過一個故事，他説：

叔夏年十二三時手鈔太祖皇帝《實録》，其間云："興衰治□之源"，闕一字。意謂必是"治亂"。後得善本，乃作"治忽"。"三折肱爲良醫"，信知書不可以意輕改。（《文苑英華辯證序》）

這可以給喜歡隨意改動古書的人下一針砭。許多古書不錯於不校而錯於校，就是這個緣故。前面説的王先慎删去或移動"從於桓公""在詐於敵"的於字，就是他只知道删去或移動之後文從字順，而不知《韓非子》的原文本來就是不像後人看來那樣從順的。所以校勘家有一個信條，就是原文不是説不通的時候不要輕改。改了也要注明原來是怎樣的，使讀者還可以知道未改前的面目，這樣做才是對原書和讀者負責的態度。

二、根據別的書來校改本書，必須選擇確實可以依據的，不能漫無準則地隨便引用。清代《説文》學家王筠説：

> 夫校此書，即以他書之異文改之；迨校他書，又以此書之異文改之；厭故喜新，不加評議；亦學者之通患也。（《説文繫傳校録序》）

如果不考慮旁的條件，那就必然會今天以他書改此書，明天又以此書改他書，誰是誰非，不知其所以然了。那麼是不是兩個異文的本子必須定於一尊呢？那也不一定這樣。有些是一要歸於一是的，如《淮南子》“知機械而空衰”的“空”字必須依宋本作“空”而不依今本作“實”。有些卻可以“各依本書”，如《荀子》的“修身自名”應該是“修身白名”而不是“修身自强”，但《韓詩外傳》卻無妨把《荀子》原文改成“修身自强”，因爲古人採用前人文字，並沒有那麼嚴格的限制，要一字不易。還有一些作者引用古書而記憶錯誤，當然不能拿引錯了的文字來改古書，卻無也須拿古書來改正這些作者引用的錯誤。再如一部書有兩個傳本，爲了探求最初的面目，我們不妨斷定哪一本是對的；如果要知道這兩個傳本各自的面目，也就不能以此本改彼本，以彼本改此本，這是又一種的各依本書。我校《淮南子·原道》篇一條可以爲例：

> 《淮南子·原道》篇：“游雲夢沙丘。”高注：“沙丘，紂台名也，在巨鹿也。”劉文典曰：“《藝文類聚》引作游雲夢，陟高丘。”案：《類聚》作“陟高丘”是也。雲夢，楚澤。高丘，楚山。《離騷》：“哀高丘之無女。”王逸注曰：“楚有高丘之

山。"宋玉《高唐賦》曰："巫山之陽、高丘之祖。"即《離騷》之
高丘。此脱高字，校者輒改"陜"作"沙"耳。又案：下文曰：
"釣射鸂鶒。"高注："鸂鶒，鳥名也。"莊逵吉校曰："《太平
御覽》引作釣射瀟湘，當是異本。"今案：莊説是也。蓋上文
之京台、章華與此雲夢、高丘、瀟湘皆爲楚地，是一本也。《山
海經・中次十二經》郭璞傳云："《淮南子》曰：'弋釣瀟
湘'。與此本同。高注以沙丘爲紂台名，鸂鶒爲鳥名者，是
又一本也。高氏所據，其義實短。"

這裏有兩個舊本：作"陜高丘"和"瀟湘"的是一個本子，作"沙
丘"和"鸂鶒"的是另一個本子。要問哪一本是淮南王原本，當然
是前一本，但我們不能根據這個本子來改高本，更不能把兩個本
子羼混起來，則是很明顯的。

三、善本是否完全可信，要有審慎的看法。宋槧元刊之所以
視爲善本，是因爲它去古未遠，誤寫誤改的機會比後來的本子要
少，因而較爲接近書本的原來面目，並不是其中一無錯誤。現在
見到的宋元本書中，錯字往往而有，如北宋小字本《説文解字》
"中"篆下的説解是"而也"，而字應是"内"字之誤，但葉德輝却説
而字是對的，他以爲"而"是鬢鬚，也就是人中所在，所以"中"可
以解説作"而"。這個説法見譏於章炳麟，稱爲通人之蔽。在校勘
中，類似葉氏那樣的人雖然畢竟是少數，但並不能説没有過分重
視舊鈔舊刻而抹殺旁的本子的人。應當設想，即使在唐宋以前，
古書已經有不同的傳本，如前述《淮南子・原道》篇的"陜高丘"
與"沙丘"、"瀟湘"與"鸂鶒"是；宋元刊本怎樣就能衆本如一，而
可以擔保没有一本是有錯誤的呢？清代藏書家黄丕烈曾經見到
兩個《韓非子》的宋乾道本，一個是刻本，一個是影抄本，黄氏曾
經在抄本上用朱筆據刻本把兩本違異之處改從刻本，現在《四部

叢刊》中的《韓非子》就是用黃氏校改的影宋抄本影印的。黃氏校改過的本子告訴了我們下列的事實：第一，影抄本所根據的刻本不就是黃氏所見的刻本。黃氏的第二跋説："錢唐何夢華……一日作札告予曰：頃與張古餘司馬談及，知《韓非子》宋刻乃在渠處。……余即屬〔夏〕方米往昔，果以是書來。一見稱快，始信余本（即影抄本）之真從宋本出也。然非一本：張本缺第十四卷第二葉，余本却有；余本缺第十卷第七葉，張本有之；則余本非從張本出矣。……乃余本中間有與張本絶不相謀者，一行一字，動見差誤。"可見同是宋刻本，也有違異，以致引起其中一個刻本與後來影抄本的違異。第二，根據黃校來看，不見得刻本一定比抄本可靠。例如《難三》篇裏有幾句話，抄本是"夫分勢不二，庶孽卑罷無籍，雖處耄老，晚置太子可也。"黃氏把"罷"字改成"寵"，可見宋刻本作寵。案訓詁文義來看，"罷"和"疲"相通，"卑罷"是用兩個意義相近的詞素來結合成的複詞。這是説，要是讓庶生的兒子勢位卑弱，無所憑藉，不能和嫡子抗衡，那麼就晚立太子也不會引起禍亂。要是作"寵無籍"，就講不通了。按理抄本既然後於刻本，就一般説來它的校勘價值自然要差一等，但事實上在某些具體問題上却並不如此。由此又可以推知：不是凡善本都可以信從，不是凡普通的本子都不可以信從。因爲即使普通本子妄改成傳誤很多，它也不能没有一個底本作據；底本又有底本，在許多錯誤中也還未嘗不可以有幾處偶然保存着最早祖本的面目。我曾用唐人《説薈》和《艷異編》本校魯迅先生輯録的《唐宋傳奇集》。這兩部書是校勘家看不起的"坊本"，但校勘所得的結果却有好多和用善本來校的結果相同，可見一味迷信善本而抹殺旁的本子的不妥當了。我們要重複説明，本子只是一種參考，校勘時還要聯繫旁的條件來決定去取。在這個問題上，朱晦庵作《韓文考異》時所説的一段話的精神是值得效法的：

悉考衆本之同異，而一以文勢義理及他書之可證驗者決之。苟是矣，則雖民間近出小本不敢違；有所未安，則雖官本、古本、石本不敢信。

四、校勘工作中最難的一步還在於體會文情，即校勘者需要有文學上的想象能力。一涉粗心大意或自作聰明，往往會把作者的深密的用心放過而作出似是而非的校改，這樣就會辜負古人。如《韓非子·外儲説右下》篇："造父方耨，得（俞樾改見字）有子父乘車過者。馬驚而不行，其子下車牽馬，父子（子字疑當作"下"）推車；請造父：'助我推車。'"顧廣圻以爲"推車二字當衍"。其實顧氏没有體會這一雙父子是不認識造父的，更不知道造父會御馬，所以要造父幫他們推車。有了這"推車"兩個字，才能充分地顯出這雙父子滿頭大汗、性急慌忙、不知如何是好的神情來。顧氏没有能設身處地來再現故事中人物的形象，却以一個熟悉古史的校勘家的身份來代替故事中的人物，以致把最傳神的兩個字當作多餘的，這真是對韓非藝術手法的損害了。這一類例子並不很少，一般校勘家長於從文字訓詁等實處去考論語句的意義，却忽略了從虛處去玩索語句背後的意態神情，這就埋没了好多作者的苦心。今後的校勘工作者應該能彌補這個缺陷。

校勘是研究學問的一種手段，它的主要作用是在提供確實可靠的材料。校勘方法不是神秘的，它一步也離不了客觀的證據。但客觀證據並不是單純的，必須把所有可作證據的材料加以審查，從錯綜交互的關係中加以審查，然後來決定去取，才不致片面武斷。要注意整部書的體例及其習用的詞語和句法，要注意一個時代的語言風習，要善於體會作者的用心。總之，校勘必須力求避免主觀，才能做到訂僞存真，提供讀者以確實可靠的研究材料。這篇文章中想説明的就是這些意思。至於精微曲折的地方，熟玩王念孫《讀書雜志》、俞樾《古書疑義舉例》、孫詒讓《札迻》等書，自然能有所得，很難在一篇概略性的文章中詳細羅舉了。

# 誤校七例

　　近來刊物上有兩篇講校勘的文章，一篇是周祖謨先生的《古籍校勘述例》，發表於《中國語文》1980年第2期；一篇是我的《校勘略說》，發表於《安徽師大學報》1979年第4期。這兩篇文章都談了校勘方法，大部分的內容不須重複。現在想從另一方面來論述把古籍校錯了的例子，以與校理古籍者商討，期於知所趨避。間有輕議前輩名賢之處，深所惶恐。其例凡七：

　　一、不通訓詁；二、不體文情；三、不察文脉；四、不諳文例；五、不審韻叶；六、輕信他書；七、强書就己。

　　校書要通訓詁，從文字的本義、引申、假借到各時代的通俗常言的意義都需要有所了解。一經忽略，就難免致誤。例如：《韓非子·外儲說左下》："墾草仞邑。"俞樾說："仞當作刱，謂刱造其邑也。作仞者，字之誤。《新序》載此事正作'刱邑'，當據以訂正。""刱"就是"創造"的"創"的本字。俞樾認爲"仞"是長度單位，又碰着《新序》這一異文，就改了字。其實《新序》與《韓非子》不同，是傳本之異，"仞"字并不是誤字，而是"充牣"的"牣"字之借，"仞邑"就是使都邑充實，民物殷富。《史記·殷本紀》："益收狗馬奇物充仞宮室。"《漢書·司馬相如傳》載《子虛賦》："若迺俶儻瑰瑋，異方殊類，珍怪鳥獸，萬端鱗崪，充仞其中者，不可勝數。"《文選·王融〈三月三日曲水詩序〉》："盈衍儲邸，充仞郊虞。"又賈誼《新書·君道》引《詩·大雅·靈臺》的"於牣魚躍"也作"仞"字，證據不可謂不明確，而俞氏忘却通借之例，就改錯了。

　　再如：周邦彦《漁家傲》詞："賴有蛾眉燰客，長歌屢勸金杯側。"各本都作"煖客",鄭文焯疑"煖"是錯字,據《西泠詞萃》本改作"緩","緩客"反而不可通了。他不知道"煖、暖、餪"都是"餪"的假借字,唐宋以來有"餪脚、暖房、煖女、暖壽"等説法,是以酒食餉人的意思。《集韻》上聲二十四緩韻:"餪,乃管切(作者案:這正與"煖"同音)。《博雅》:'餪、餫,饋也。'一曰:女嫁三日後餉女曰餪女。"宋代學者宋祁曾改正兒媳家裏送食物書的"煖父"爲"餪女",見邵博《邵氏聞見後録》卷二十九。由此可知,"煖客"和"餪女"一樣,都是以酒食餉人之意,所以周詞下句是"長歌屢勸金杯側"。鄭氏不知宋人俗間常語,也不知溯源於《博雅》的"餪",輕信《詞萃》,以誤改不誤,其所以然之故,就是不通訓詁。

我在《校勘略説》裏説從事校勘要善於體會文情,曾舉顧廣圻誤删《韓非子·外儲説右下》"請造父助我推車"的"推車"二字爲例。現在再舉二例,如:

沈括《夢溪筆談·雜志一》:"嘉祐中,蘇州昆山縣海上,有一船,桅折,風飄抵岸。……蓋東夷之臣屬高麗者。……時贊善大夫韓正彦知昆山縣事。召其人,犒以酒食。食罷,以手捧首而驟,意若歡感。"王秉恩校"驟"爲"驒",他的意思是"驒然"是笑貌,同"歡感"相應。然而他没有考慮到,假如是笑,那明明是"歡"了,"意若"這兩個字豈非多餘?他也没有考慮到船上來的是殊方異俗之人,自有其表示歡喜和感激的動作方式。這個"驟"就是打滾。洪邁《夷堅丁志·閭四老》:"方城縣鄉民閭四老,得疾已亟,忽語其子曰:'吾且爲驢,試視我打驟。'即翹足仰身,翻復作勢,其狀真與驢等。"王氏没有從異域情調設想,隨便改字,未免把文章看得簡單了。

再如:《墨子·親士》:"入國而不存其士,則亡國矣。"有一位先生以爲"入國"是"治國"的同義語,但"入"不能解釋爲治,於是疑"入"是"乂"的形近之誤,引《書·堯典》、《皋陶謨》、《禹貢》

的三個"乂"字及《爾雅·釋詁》"乂,治也",謂墨子習於《詩》、《書》及百國《春秋》,所以不用"治國"而用"乂國"。這樣説實在是不很妥當的。隨便翻一下《墨子》,就可以見到《尚同中》的"受天子之嚴教,退而治國",《兼愛上》的"聖人以治天下爲事者也,必知亂之所自起,焉能治之",其餘各篇中的"治"字當不在少,何以《親士》要不用"治國"而用"乂國"呢?愚見以爲,戰國諸子爲了實現自己的政治理想,常常周游各國;每到一國,就要視察這個國家的朝廷城邑,國計民生。上面所引的《親士》,應該讀爲"入國,而不存其士,則亡國矣。"意謂進入一個國家,而看到這個國家不存恤士人,那就是有資格滅亡的國家了。這樣的文章,可以從《荀子》得到例證,如《富國》:"觀國之治亂臧否,……入其境,其田疇穢,都邑露,是貪主已。"豈不是一模一樣嗎?這位先生在文中求義,忽略了作文者的身份和當時社會情況,就未免扞格難通了。

文章的意義要通貫,文字中間自然也有脉絡可尋,不審察文字中間的脉絡,就難免有輕易改竄或割裂的危險。例如:

周邦彦《蝶戀花》詞:"不見長條低拂酒,贈行應已輸先手。"各本都作"先手",勞巽卿抄校本作"纖手",鄭文焯從勞氏改"纖"。案:古人折柳贈別。"不見長條",是因爲已被先前送行的人折掉,現在再要折贈,已經遲了。"先手"和"不見",正是一因一果的關係;改作"纖手",這個關係就被破壞了。這也是"纖手"太爲人所熟悉,所以不顧文脉所輕易改竄。

已故的羅根澤、戚法仁兩先生的《先秦散文選注》選録《荀子·天論》,終於"故錯人而思天,則失萬物之情"句,注道:"本文下面還有兩段,都與《天論》無關,疑他篇竄入,兹不録。"近來選録《天論》的大多這樣處理,這實在是錯誤的。《荀子》這一篇"故錯人而思天,則失物萬之情"這一段的開頭説:"在天者莫明於日月,在地者莫明於水火,在物者莫明於珠玉,在人者莫明於禮義。

故日月不高則光輝不赫，水火不積則暉潤不博，珠玉不睹（睹）乎外則王公不以爲寶，禮義不加於國家則功名不白。故人之命在天，國之命在禮。"很明顯，"禮義不加於國家則功名不白"、"國之命在禮"是這段文章裏的主要意思，而"在人者"的"禮義"也正是"錯人而思天"的"人"的命根。那麼請看羅、戚兩先生認爲是他篇竄入的第一段裏的話："水行者表深，表不明則陷；治民者表道，表不明則亂。禮者，表也。非禮，昏世也；昏世，大亂也。"這裏的"明"豈不是"在人者莫明於禮義"的"明"，"禮"豈不也是"在人者莫明於禮義"、"國之命在禮"的"禮"嗎？要是羅、戚兩先生認爲"在人者莫明於禮義"、"國之命在禮"與《天論》有關，那麼憑什麼斷言"治民者表道，表不明則亂。禮者，表也"與《天論》無關呢？再者，在這個"他篇竄入"的第一段裏又提到了"道貫"和"道"，説道："故道之所善，中則可從，畸則不可爲，匿則大惑。"楊倞注以爲"言禮可以爲道之條貫也"，又説："畸者，不偶之名，謂偏也。"這是不錯的。而"他篇竄入"的第二段的開頭就説："萬物爲道一偏，一物爲萬物一偏，愚者爲一物一偏，而自以爲知道，無知也。"這不是"畸者不可爲"的申説嗎？這裏所説的"道"，不就是"治民者表道"的"道"嗎？就這兩段被刪去的本文和這兩段的前一段的本文加以尋繹，就足以證明這三段文章脉絡貫通，不容割裂，這難道不是十分明白的嗎？羅先生精研諸子，不知何以鹵莽至此？

古人寫文章，往往有不同於今人的文例，叫後人看起來有些不順眼，以爲是錯了，就加以改動，然而却失去了古人文字的本來面目。關於古人的文例，俞氏《古書疑義舉例》已詳加論列，這裏只舉不諳"互文見義"而誤改的兩個例來説一下，例如：《荀子·王霸》："國危者，無樂君；國安者，無憂民。亂則國危，治則國安。今君人者急逐樂而緩治國，豈不過甚矣哉？"顧廣圻以爲

"無憂民"應作"無憂君"。用今人作文的眼光來看，"樂君"和"憂君"豈不是一氣貫串，十分確當嗎？其實這裏的"樂君"、"憂民"就是互文見義的一例。因爲國危無樂君，當然也不會有樂民；國民無憂民，當然更不會有憂君。以君包民，以民包君，這就是互文。說國安無憂民，就能表現治國的利益之大，也就反襯了逐樂的爲害之甚，比之像顧氏那樣改字，意義豐富多了。

再如：《韓非子·奸劫弑臣》："正直之道可以得利，則臣盡力以事主；正直之道不可以得安，則臣行私以干上。"王先慎以爲"得利"應照下句改爲"得安"，其誤與顧氏同；因爲得利則安在其中，不安得則更不要想得利，這豈不是明明白白的道理嗎？

韻文要叶韻，這不用説；散文爲了增加音調之美或便於記誦，也常常摻雜一些叶韻的文句。叶韻的時候，會顛倒通常的語序或變動在排偶中的組成部分。於此而不加審察，則又有疑其誤而輕易改動者。例如《莊子·秋水》："無南無北，奭然四解，淪於不測。無東無西，始於元冥，終於大通。"王念孫説："'無東無西'當作'無西無東'。北、測爲韻，東、通爲韻。"王氏之説是對的，今本顯然是按東西南北的習慣次第移改了的。再如：《韓非子·主道》："故有智而不以慮，使萬物知其處；有行而不以賢，觀臣下之所因；有勇而不以怒，使群臣盡其武。"王先慎説："當作'有賢而不以行'，與'有智而不以慮'、'有勇而不以怒'文法一律。下文'去智'、'去賢'、'去勇'，不作'去行'，是其證。"如若不考慮叶韻問題，則王説可謂振振有辭了。但這一段分明是叶韻的，"慮"與"處"叶，"怒"與"武"叶，什麼字與"因"叶呢？只能是跟"因"同在古韻真部的"賢"字相叶，"行"古韻在陽部，是不能和"因"叶韻的。"有行而不以賢"就是古人因適應韻叶要求而移動的，這叫做"變文叶韻例"，統而言之，韻也是文例之一種。

校勘家以找出書中的錯誤爲職業，喜歡豆腐裏面找骨頭，看到別本書的異文或類書引文中的異文，常常覺得有所弋獲，不知不覺地忘了別擇，忽略了別本書和類書有傳述之異，傳寫之誤，就據這種異文來改本書，這就難免誤入歧路。如前面說過的俞樾《新序》改《韓非子》的"墾草刱邑"，就是忽略了兩本書傳述有異的例子。這裏再舉兩個誤信類書的例子，如：

《淮南子·覽冥》："浮游不知所求，魍魎不知所往。"劉文典說："《北堂書鈔》十五引作'浮游不知所來，罔兩不知所往。''來'、'往'對文，於義爲長。""不知所求"文義明白易解，並無改"來"的必要。《莊子·在宥》已有"浮游不知所求，猖狂不知所往"的話，《淮南子》正是本於《莊子》的。這兩本書的"浮游"二字都和"求"字叶韻，"魍魎"二字、"猖狂"二字都和"往"叶韻，怎麼可以把"求"改爲"來"呢？顯然《北堂書鈔》的"來"是傳寫之誤，不可信從。

再如：《論衡·是應》："雨濟而陰一（噎）者，謂之甘雨。"孫人和、劉文典據《藝文類聚》二、九十八，《太平御覽》十一引"濟"作"霽"，以爲"濟"是"霽"的誤字。我曾經評議道："《明雩》篇云：'試使人君恬居安處，不求己過，暘（今本誤作'天'）猶自雨，雨猶自暘。暘濟雨濟之時，人君無事。'可知《論衡》雨霽字自作濟，非誤也。《爾雅·釋天》：'濟謂之霽。'郝懿行曰：'濟與霽音義同。故《書·洪範》曰霽，鄭注作濟，云：濟者，如雨止之雲氣在上也。《漢書·郊祀志》如淳注：三輔謂日出清濟爲晏。是濟、霽通也。'蓋濟有止義。風止爲濟，《莊子·齊物論》：'厲風濟則衆竅爲虛。'是也。雨止亦爲濟，則《洪範》鄭注、《漢書》如淳注、《論衡》所言'雨濟'是也。旱止亦爲濟，則《論衡》所云'暘濟'是也。羣書雨止作'霽'，乃分別文。類書引《論衡》作'霽'，改從易曉耳，豈宜據以議《論衡》之誤乎？"當然，改作"霽"也沒有什麼大錯，但畢竟掩蓋了古字孳衍通用的真實情況，是不足爲訓的。

　　自己有一個説法，遇到不利於這個説法的材料，這怎麽辦？
一種辦法是詳細考察雙方的材料，作出恰如實際的論斷；或者修
正乃至放棄自己的看法。一種辦法是維護己説，説這些材料是僞
造的或錯誤的；再就是把這些材料加以改造，在文字上删、改、
補、移，以適應自己所立之説。這種改造材料的做法，就是强書就
己了。

　　《樂府詩集》卷五十九所引的唐人劉商《胡笳曲序》説："蔡文
姬善琴，能爲離鸞、別鶴之操。胡虜犯中原，爲胡人所掠。入番爲
王后，王甚重之。武帝與邕有舊，勑大將軍贖以歸漢。胡人思慕
文姬，乃捲蘆葉爲吹笳，奏哀怨之音。後董生以琴寫胡笳聲爲十
八拍，今之胡笳弄是也。"序中的董生是誰，有人以爲是唐代著名
琴師董庭蘭，有一位名家則以爲就是文姬歸漢後所嫁的董祀，而
序中"董生"前頭應補上個"嫁"字。因爲他老人家認爲現傳的
《胡笳十八拍》曲辭確是蔡文姬所撰而不是像很多人那樣認爲的
僞作（或擬作），如若不補這個"嫁"字，那麽胡笳曲的琴譜就是"董
生"所作而非文姬所作，"如果胡笳聲都不是蔡文姬譜出的，那麽
《胡笳十八拍》的辭更不是蔡文姬作的了"。這就是所以要補字的
原由。但是頗有疑竇。大凡校書補字，或者上下文有過這個缺
文，或者見於別的書或類書所稱引，才算有憑有據。現在補上這
個字，兩種根據都沒有，僅因文姬曾嫁過董祀，這只能説是想當
然的揣測，不能算作科學的論斷。董生是否董庭蘭，也還要找證
據。但是元稹的《小胡笳引》却給了我們一些材料。這篇樂府歌
辭的題注道："桂府王推官出蜀匠雷氏琴，請姜宣彈。"歌辭道：
"哀彈慢指董家本，姜生得之妙思忖。"這是有個姓董的人製作了
胡笳的琴曲而爲姜宣所學習所彈奏的確證。這個人當然不是文
姬，也更不可能是董祀。那麽劉序的"後董生"應補成"後嫁董生"
的説法就更加動揺了。元稹和劉商同是唐人，我們有理由設想元

詩所説那個姓董的人就是劉序的董生。再按劉序的文字，"捲蘆葉爲吹箛，奏哀怨之音"出於胡人，是文姬歸漢以後的事，文姬何從知道而寫之以琴呢？《胡笳十八拍》曲辭的著作權問題可以再討論（有人説"曲以拍名，起於唐代"，至少漢代尚無拍名，這是值得注意的），但爲肯定著作權屬於蔡文姬而在劉序中加字，這是淺昧所未以爲安的。

上述誤校之例有七，前六例或係出於語言文字知識之不足，或係一時疏忽；後一例則不是什麼知識不足或疏忽，而是因爲先有一個主見在，爲了維護這個主見，就會只見其一而不願思其餘，這種辦法是欠妥的。

1980年3月

# 《墨子閒詁》述略

　　自孟子辟楊墨，而墨子書世罕誦習，魯勝、樂壹之注俄空焉。有清鎮洋畢秋帆尚書合盧紹弓、孫淵如之所考校，以爲《墨子注》，途徑始啓，而猶未窮極要眇也。自兹厥後，則有若藤縣蘇氏、高郵王氏父子、臨海洪氏、德清俞氏戴氏之倫，咸爲此學。諸家之中，二王得其審正，俞氏時有創見，而特不免好奇穿鑿。逮至瑞安孫仲容先生，始採諸家之長，抒獨得之見，以爲《閒詁》一書，譌文闕義，益加宣究，信夫體大思精，日月不刊者矣。余竊覽其書，以爲有數善焉。

　　蓋其校詁之精，爲學者所類知推服者，若先生自記《尚同》篇"述令"以下諸條，固皆精卓。求諸其他，又可得略言焉。《兼愛中》篇："天下之難物於故也。"校作"于故"而讀"于"爲"迂"，證以《尚同中》篇"他故異物"；《非攻下》篇："速通成得其所欲。"校作"遠邇咸得其所欲"；《非樂上》篇："將將銘莧磬以方。"校作"將將鍠鍠，筦磬以方"，證以《周頌·執競》、《儀禮·鄉射禮》鄭注，則形義並協。《非攻中》篇："魚水不務。"讀務爲鶩，引《淮南子·主術》云："魚得水而鶩。"《非樂上》篇："非直掊潦水折壞坦爲之也。"讀坦爲壇，引《韓詩外傳》閔子曰："出見羽蓋龍旂旃裘相隨，視之如壇土矣。"《莊子·則陽》篇："觀乎大山，木石同壇。"則根柢確當。《尚同中》篇："先王之書《周頌》道之。"釋云：古書《詩》、《書》多互稱；《兼愛下》篇："《周詩》曰：'王道蕩蕩，不偏不黨；王道平平，不黨不偏。'"云：古《詩》、《書》亦多互稱，《戰國策·秦策》引《詩》云"《大武》遠宅不涉"，即《逸周書·大武》篇所云"遠宅不薄"，可以互證；《明鬼

下》篇："《周書·大雅》有之。"云：古者《詩》、《書》多互稱；則明
於古書名例而無妄改之弊。《尚賢中》篇："求聖君哲人以裨輔而
身。"校曰：此下篇云"睎夫聖武知人以屏輔爾身"，屏輔不當有聖
君，"君"蓋亦"武"之譌；又於下篇云："聖武謂聖人與武人也。"
《逸周書·皇門》篇云："乃方求元聖武夫，羞於王所。"《尚同上》
篇："上有過則規諫之，下有善則傍薦之。"中篇："己有善，傍諫
之；上有過，規諫之。"讀"傍"爲"訪"，引《魯問》篇云："所謂忠臣
者，上有過則微之以諫，己有善則訪之上而無敢以告外。"則曲通
當爲"讀爲"之條而有昭晰之樂。《尚同中》篇："置以爲左右將軍
大夫。"曰：將軍謂卿也，《周禮·夏官》軍將皆命卿，春秋戰國時
侯國亦皆以卿爲將，通謂之將軍，《非攻中》篇云"晉有六將軍"，即
六卿也，《管子·立政》篇云："將軍大夫以朝。"《水經·河水》酈
注引《竹書紀年》云："邯鄲命將軍大夫適子代吏皆貂服。"並稱卿
大夫爲將軍大夫；《非攻中》篇："鬼神之喪其主后。"曰："后"與
"後"字通，《王制》云："天子諸侯祭因國之在其地而無主後者。"
鄭注曰："絶無後，爲之祭主者。"即此義；則善説古制古禮。凡兹
數者，煥若易晦爲明，宷若析符復合，其善一也。

　　援引傳記，能明本義則止，芟彼浮辭，無取支蔓。如：《親士》
篇："太上無敗。"畢氏引河上公《老子注》云："太上，謂太古無名
之君也。"先生則曰："案太上對其次爲文，謂等之居上者，不論時
代今古也。畢氏引《老子注》，義與此不相當。"《非儒下》篇："君
子若鐘，擊之則鳴，弗擊不鳴。"畢氏云："此出《説苑》云：趙襄子
謂子路曰：'吾嘗問孔子曰：先生事七十君，無明君乎？孔子不
對，何謂賢邪？'子路曰：'建天下之鳴鐘，撞之以筳，豈能發其音
聲哉？'"先生則云："《學紀》云：'善待問者如撞鐘，叩之以小者
則小鳴，叩之以大者則大鳴。'《説苑》所云與此文義絶不相應，畢
援證未當。"是也。雖先生自説，間有與書義不相讎處，然不害注

例之謹嚴也。其善二也。

辨諸篇之作述，不加武斷，因儒墨之分齊，不爲調停。如《親士》篇，畢氏云："此與《修身》篇無稱'子墨子云'，疑翟所著也。"先生則云："案畢說未確。此書文多闕失，或稱'子墨子曰'，或否，疑多非古本之舊，未可定以爲墨子所自著之書也。"《非儒下》篇，畢氏云："《孔叢·詰墨》篇多引此詞。此述墨氏之學者設師言以折儒也。故《親士》諸篇無'子墨子言曰'者，翟自著也；此無'子墨子言曰'者，門人小子臆說之詞，並不敢以誣翟也。例雖同而異事，後人以此病翟，非也。"先生則引《荀子·儒效》謂周季俗儒信有如此篇所非者，但並以此非孔子，則大抵誣詆增加之辭，儒墨不同術，亦不足異也；畢氏強爲之辨，理不可通。夫畢氏刺刺以"子墨子言曰"之有無斷各篇是否墨子自著，又於無"子墨子言曰"之篇曲生分別，其亦誣且鑿矣。先生以一言蔽之曰"強爲之辨"，金椎一擊，而連環解矣。近人或以《非儒》一篇引見孔鮒書，而無"子墨子言曰"，因謂儒士增竄入之以誣墨子者，揚畢氏之死灰，而同歸於曲說無當，使其稍繹先生之言，是猶不可以已邪？其善三也。

先生此書，至於訂補《經說》上下篇旁行句讀，正兵法諸篇之譌文錯簡，自謂尤私心所竊喜。然其序是書，則曰："《魯問》篇墨子之語魏越云：國家昏亂，則語之尚賢、尚同；國家貧，則語之節用、節葬；國家憙音沈湎，則語之非樂，非命；國家淫僻無禮，則語之尊天、事鬼；國家務奪侵陵，則語之兼愛、非攻。今書雖殘闕，然自《尚賢》至《非命》三十篇，足以盡其恉要矣。《經說》上下篇，與莊周書所述惠施之論及公孫龍書相出入，似原出墨子，而諸鉅子以其說綴益之。《備城門》以下十餘篇，則又禽滑釐所受兵家之遺法，於墨學爲別傳。"又於《經上》篇說云："《莊子》又云相里勤之子弟，五侯之徒，南方之墨者苦獲、己齒、鄧陵子之屬俱誦墨經，而倍譎不同,相謂別墨,以堅白同異之辨相訾,以觭偶不仵之辭相應。又云:駢於辯者累瓦結繩竄句游心於堅白同異之間,而敝跬譽無用之言,非乎?而楊墨是已。據《莊子》之言,則似戰國之時墨家別傳之學,不盡墨子之本恉。"則於墨子本恉與墨家別傳之學,固皎然分明,且一再鄭重言之也。蓋先生所自喜者,喜其功力之所至而已,終不欲以經與說泯墨學之大義也。新會梁任公著《墨子學案》,以《魯問》所舉十篇爲墨學綱領,實自先生啓之。乃自近時學人,好言墨經,以爲是與西人科學名學相合,故足貴也。不知所謂名學、算學及先學、重學者,墨經優於西法乎,抑西學優於此土也?如用之,必曰用西法也。然則鉤稽雖密,復何當於用乎?且夫聖人不愛己,殺盜非殺人,非矢過楹,有牛馬非馬也,在戰國之世,論者固已謂辯不急而察,足以亂名實矣;乃更張皇幽眇,其於墨子諄諄然言兼愛非攻以備世之急者何當乎?以近今所務,校先生之所説,而後知先生之識敻乎不可尚也。其善四也。

先生此書,義詁精發既如彼,識解閎遠又如此,然則無一失矣乎?曰:乃若大體,則固無可間矣;至於小小疏略,自亦有之。彌縫其闕,固後學之事,而亦先生所希望者也。蓋《閒詁》之爲書也,有於當時學者所説,不在專著,而採摭不及者。如《非命上》篇:"吾嘗米鹽數天下之良書。"俞理初《癸巳存稿》曰:"《韓非·説難》云:'米鹽辨博。'案《墨子·非命》云:'吾嘗米鹽數天下書。'《史記·天官書》云:'淩雜米鹽。'亦有米鹽字。《漢書·循吏·黃霸傳》云:'米鹽靡密。'注云:'米鹽,雜而且細也。'《酷吏·咸宣傳》云:'其治米鹽。'注云:'米鹽,細雜也。'"案俞氏所引《墨子》不知何據,疑以意改之,然所改自當。米鹽爲細雜,米鹽數謂一一數之耳。先生讀"當"爲"尚",又引畢氏云:"鹽,盡字之譌。"非也。

137

---

---

　　有舊説違失而未加糾正者。如《辭過》篇："此非云益煖之情也。"俞氏曰："情猶實也，煖之情猶言煖之實。云益者，有益也。《廣雅·釋詁》曰：'云，有也。'此非云益煖之情猶曰此非有益煖之實。"案俞説非也。情謂人欲暖之情也。上文云："冬則不輕而溫，夏則不輕而清，聖王以爲不中人之情。"是其證也。又云："得其所以自養之情而不惑於外也。"與此"情"字義亦同。《尚賢中》篇："《周頌》道之曰：'聖人之德，若天之高，若地之普，其有昭於天下也：若地之固，若山之承，不坼不崩；若日之光，若月之明，與天地同常。'"俞氏曰："此文疑有錯誤。當云：'聖人之德，昭於天下；若天之高，若地之普；若山之承，不坼不崩；若日之光，若月不明，與天地同常。'蓋首四句下普隔句爲韻，中二句承崩，末三句光明常皆每句協韻。'昭於天下'句傳寫脱去，而誤補於'若地之普'下，則首二句無韻矣。又增其有也三虛字，則非頌體矣。既云若地之普，又云若地之固，重複無義。故知其錯誤也。"案：原文並無錯誤，俞改非也。"聖人之德"一句總冒下文，不入韻。"若天之高，若地之普，其有昭於天下也"三句爲一節，"下"與"普"韻，此以大言之也。"若地之固，若山之承，不坼不崩"三句爲一節，"崩"與"承"韻，此以固言之也。"若日之光，若月之明，與天地同常"三句爲一節，"光""明""常"三字皆韻，此以久言之也。故繼是而言曰："則此言聖人之德，章明博大，埴固以修久也。""章明博大"承第一節，"明"即"昭"，"博"即"普"也；"埴固"承第二節；"修久"承第三節：文理分明如此，豈有錯乎？且"地之普地之固"普固義自不同，何得云重複無義哉？（又案：與天地同常即與天地同久，先生據《魯頌·閟宮》箋訓常爲守，失之。）《尚同上》篇："古者民始生，未有刑政之時，蓋其語人異義。"俞氏曰："此本作'古者民始生，未有政長之時，蓋其語曰，天下之人異義'，中篇文同，可據訂。"案："刑政"當依中篇作"政長"，俞説是也。"蓋其語人異義"句不誤，此

句乃墨子之言,謂民之所語各持一義也。若加"曰"字,而云"天下
之人異義",則"天下之人異義"一語乃民之語,而墨子述之,民之
始生,豈有此語乎?當以上篇訂中篇,刪去"曰"字,中篇"天下
之"三字則可存。《兼愛下》篇:"故君子莫若欲爲惠君忠臣慈父孝
子友兄悌弟。"王氏曰:"若欲爲惠君忠臣云云,若上不當有莫字,
蓋涉上文莫若而衍。"案:"莫"乃"實"字形近之誤,非衍文。此
云"君子實若欲爲惠君忠臣"云云,與《辭過》篇"君實欲天下之治
而惡其亂",《尚賢中》篇"今王公大人中實將欲治其國家",下篇
"且今天下之王公大人士君子中實將欲爲仁義求爲上士",《明鬼
下》篇"今天下之王公大人士君子實將欲求興天下之利除天下之
害"語例並同,王校未確。《非攻下》篇:"意將以爲利人乎?夫殺
之人爲利人也博矣。"俞氏曰:"博疑當作薄,言殺人以利人其利
亦薄也。"先生曰:"俞校是也。此疑當作'夫殺人之爲利人也薄
矣'。"案:先生乙正"之人"二字誠是,"博"不當爲"薄","博"乃
"悖"字形近之誤。下文云:"天下之害厚矣,而王公大人樂而行
之,則此樂賊滅天下之萬民也,豈不悖哉!"意與此同,是其證也。
俞校未確。同篇:"量我師舉之費以爭諸侯之斃。"王氏曰:"萬
本爭作諍,涉下文諸字從言而誤,今改。"案:"諍"當作"靜",形
之誤也。《説文》:"靜,亭安也。"亭安不動則有待義,靜諸侯之斃,
猶云待諸侯之斃也。王校非。《節葬下》篇:"妻與後子死者五皆
喪之三年。"王氏云:"者五當爲五者,謂君臣父母妻與後子也。
《非儒》篇曰:'妻後子三年。'今本五者二字倒轉,則義不可通。"
俞氏曰:"上文君死父母死既已別而言之,此不當總數爲五,五疑
二字之誤。"案:王、俞二説皆不可通。若云"五者皆喪之三年",
則必於上文"妻與後子死"下更補"喪之三年"四字而可;若云"妻
與後子死者二皆喪之三年",則上之"父母死喪之三年"與下之
"伯父叔父兄弟孽子期"當作"父母死,二皆喪之三年"與"伯父叔

父兄弟孼子五皆期"而可。今案"五皆"即"死者"二字形近而誤衍者，蓋原文作"死者"，一本誤作"五皆"，校者注"五皆"二字於"死者"之下，遂誤合爲一耳。删此二字，文義自明矣。《天志中》篇："義者善政也。何以知義之爲善政也？曰：天下有義則治，無義則亂，是以知義之爲善政也。"王氏曰："舊本脱兩爲字。下篇曰：'何以知義之爲正也？天下有義則治，無義則亂，我以此知義之爲正也。'今據補。"俞氏曰："三善字皆言字之誤。隸書善字或作善，與言字相似，故言誤爲善。'義者言政也。何以知義之言政也？曰：天下有義則治，無義則亂，是以知義之言政也'，語意甚明。若作善政，則'義之善政'不可通矣。下篇曰：'義者正也。何以知義之爲正也？天下有義則治，無義則亂，我以此知義之爲正也。'並無善字，可知此文善字之誤。'義之言政'，猶義之爲正也。"案：此文下二"善"字並即楷書"爲"字形近之誤。二"爲"字既誤作"善"，後人復臆增第一"善"字耳。王氏不悟"善"即"爲"字之誤而補之，已嫌未諦；俞氏改"善"爲"言"，尤曲説不可從。同篇："又以先王之書馴天明不解之道也知之。"畢氏曰："馴與訓同，言訓釋天之明道。"案：馴者順也，解讀爲懈，言順天之明命而不懈怠也。下文或言"慎"，或言"順"，皆承此"馴"字言之。畢解誤。《非樂上》篇："眉之轉朴。"畢氏云："眉一本作明。案明眉字通。《穆天子傳》云：'眉曰西王母之山。'即名也。《詩》：'猗嗟名分。'《爾雅》云：'目上爲名。'亦即眉也。"案："明""名"既非一字，韻部又不相同，畢氏以"眉"之爲"名"證明"眉"字通，可謂了不相干者也。且《爾雅》"目上爲名"郭注云："眉眼之間。"則"名"亦非"眉"也。"眉曰西王母之山"，猶云目曰西王母之山耳，又豈可以"目"爲"名"邪？此宜從俞氏説作"音之轉抃"爲是，畢説當删。《非命上》篇："上之所賞，命固且賞，非賢故賞也。上之所罰，命固且罰，不暴故罰也。"又："上之所罰，命固且罰，不暴故罰也。上之所賞，命固且賞，非賢故賞也。"俞氏

以前段“上之所罰”以下十三字、後段“上之所賞”以下十三字爲衍
文，曰：“蓋上文說賞事，故述執有命者之言曰：‘上之所賞，命固
且賞，非賢故賞也。’此文是説罰事，故述執有命者之言曰：‘上之
所罰，命固且罰，不暴故罰也。’今上文衍‘上之所罰’云云，此文衍
‘上之所賞’云云，皆於文義未合。即此文之賞罰倒置，而其傳寫
誤衍之迹居然可見矣。”案：人之語言，自多因此及彼者。今執有
命者之言，見人得賞，解其得賞由命不由賢，因及得罰者亦由命不
由暴；見人得罰，解其由命不由暴，因及得賞者亦由命不由賢。此
乃語言之恒情，豈得謂其重駢而偏删其半哉？且後段先罰而後
賞，正因見人得罰而解其得罰之由命不由暴，因以推言賞亦由命
不由賢，次序正當如此，何云倒置哉？若是傳寫誤衍，則固當賞在
罰前，即此非傳寫誤衍，其迹居然知見，俞氏議删者非矣。中篇：
“初之列士桀大夫，慎言知行，此上有以規諫其君長，下有以教順
其百姓，故上得其居長之賞，下得其百姓之譽。列士桀大夫聲聞
不廢，流傳至今，而天下皆曰其力也，必不能曰我見命焉。”俞氏
曰：“‘必不能曰’下有闕文。下文：‘必不能曰我罷不肖，我從事
不疾；必曰我命固且窮。’是其證也。”案：俞氏引下文證此文有
闕，其説非也。下文之言，受罰者所自言也；此文之言，天下之人
爲受賞者言之也；賓主固不相當，不可以爲例證。今案下篇曰：
“故昔者禹湯文武，方爲政乎天下之時，曰：‘必使飢者得食，寒者
得衣，勞者得休，亂者得治。’遂得光譽令問於天下，夫豈可以爲命
哉？故以爲其力也。今賢良之人，尊賢而好攻道術，故上得其王
公大人之賞，下得其萬民之譽，遂得光譽令問於天下，亦豈以爲其
命哉？又以爲其力也。”文義略與此同，彼之“豈以爲其命哉”即此
之“必不能曰我見命焉”，彼之“以爲其力也”即此之“皆曰其力”
也。然則此無闕文可知。《非儒下》篇：“其道不可以期世。”俞氏曰：
“《晏子春秋·雜》篇作‘其道也不可以示也’，此文期字亦示字之誤。

古文其字作亓，見《集韻》。示誤爲亓，因誤爲期。"案李氏《敬齋古今
黈》曰："期爲要結止宿之處，亦猶《孟子》所謂期於師曠、期於子
都、期於易牙。"此文期字正與《孟子》同。又《荀子·宥坐》
篇："尚賢以綦之，廢不能以單之。"（"單"讀爲"憚"）"綦"有表率勸誘之
義，亦與此"期"字同義，不得據《晏子春秋》破字也。觀今所舉
正，於俞氏説獨多，豈先生以俞君爲父執，故多存嚴忌邪？

有舊説未盡而未爲引申者。如《天志上》篇："天有邑人。"畢
氏曰："邑舊作色，非，以意改。"案：畢校是也。《法儀》篇曰："今
天下無大小國，皆天之邑也；人無長幼貴賤，皆天之臣也。"即此
所謂天有邑人也。又《非攻下》篇："夫取天之人以攻天之邑。"亦
其證。

有舊説誤而自説亦誤者。如《天志中》篇："今夫天兼天下而
愛之，撋遂萬物以利之。"俞氏曰："撋遂二字義不可通。撋當作
邀，疑本作邀，或作撋，傳寫誤合之爲撋邀，而邀又誤爲遂耳。邀
與交通。《莊子·庚桑楚》篇：'夫至人者，相與交食乎地，而交樂
乎天。'《徐無鬼》篇作'吾與之邀樂於天，吾與之邀食於地'，是
交、邀古通用也。邀萬物以利之，即交萬物以利之，與兼天下而愛
之同義，交猶兼也。"先生曰："俞説迂曲不足據。《韓非子·説林
上》篇云：'有欲以御見荆王者，曰：臣能撋鹿。'《莊子·至樂》篇
云：'莊子至楚，見空髑髏，撋以馬箠。'成玄英疏云：'撋，打擊
也。'依《韓子》撋鹿義推之，疑當爲毆御之義，遂或當爲逐之譌。
然下文云：'以長遂五穀麻絲，使民得而財利之。'則遂字又似非
誤，未能質定也。"案："撋遂萬物以利之"，"遂"非衍文，亦非誤
字。"撋"當讀"交"，"交""邀""撋"聲並同耳。《明鬼下》篇："上以
交鬼之福。""交"亦"邀"也。必改"撋"爲"邀"，俞氏之泥也；其説
"交"猶兼則得之。"遂"即下文"長遂"之"遂"，"遂"猶"成"也。單
言曰"遂"，複言曰"長遂"，其義一也。云"交遂"者，對上句"兼"字

而言之，猶云"兼遂""並遂"爾。下文云："若豪之末，無非天之所爲也，而民得而利之。""若豪之末，無非天之所爲"即此所云"撽遂萬物"，"而民得而利之"即此所云"以利之"。下文又曰："長遂五穀麻絲，使民得而財利之。""撽"之不爲驅御，"遂"之不爲逐，顯然可知，先生殆失之眉睫矣。同篇："無廖僄務。"《非命上》篇作"無廖排漏"，《非命中》篇作"毋僇其務"。畢氏欲據僞《尚書·泰誓》作"罔懲其務"。孫淵如云："當作無僇其務，言不戮力其事。"江艮庭從"毋僇其務"，云："言己有命，不畏鬼神，毋爲戮力於鬼神之務。"先生則從"毋僇其務"，云："毋僇當爲侮僇，二字平列，言紂惟陵侮民是務也。《荀子·彊國》篇云：'無僇乎族黨，而抑卑其後世。'無、毋、侮古通，無僇與抑卑文相儷，與此毋僇義亦正同。"案："無廖"、"無僇"字相通；"無僇"之説，惟近人潘石禪(重規)言之最確。潘君解《荀子·彊國》云："僇與憀、聊古字通，皆可訓賴。《淮南·兵略》：'吏民不相憀。'注：'憀，賴也。'又《玉篇》憀，引《聲類》云：'且也。'《國策·秦策》：'百姓不聊生。'注："聊，賴也。'又《廣雅·釋詁》云：'聊，且也。'僇，《説文》云：'癡行僇僇也。從人，翏聲。一曰：且也。'是僇、憀、聊三字相通之證。此言子發一辭功，而反道亂法，墮功恥賞，又使族黨無所賴其勛，後裔亦受其卑抑，豈非過舉乎？《晏子·雜》篇：'賴君之賜，得以壽三族(俞氏《平議》曰："《楚語》：臣能自壽也。韋注：壽，保也。壽三族即保三族也。'")正可與'無僇族黨'意交相證明。"然則"無僇"即"無賴"，"無僇其務"，乃紂之言，言我有民有命，無所賴於務鬼神也。"無僇"義自來未得其解，雖先生亦不免望文生義矣。(僄務、排漏，其務不同，疑僄務、排漏皆作務之誤，僄排與作形略相近。《非儒下》篇云："貪於飲食，惰於作務。"今未敢確説。)

有自説未確者。如《尚賢下》篇："使不知辯，德行之厚若禹、湯、文、武，不加得也；王公大人骨肉之親，躄瘖聾暴爲桀紂，不加失也。"先生曰："躄、瘖、聾皆廢疾，不宜與暴並舉。且《荀子·非相》篇稱桀、紂長巨姣美，則必無此諸疾。疑聾下脫一字，下'暴爲桀、紂'自爲句，爲又如字之誤，二字草書相近。躄、瘖、聾言其有惡疾，暴如桀、紂言其有惡行也。"又曰："聾下或脫瘖，《耕柱》篇亦云聾瘖。"案：校爲作如是也。"德行之厚若禹、湯、文、武不加得也"與"暴如桀、紂不加失也"文相對，不當於暴行上又添惡疾，先生說實未能通。竊謂此文有錯簡，有誤文，有脫字，其文蓋當曰："今王公大人骨肉之親，無攻而富貴，面目姣好者，焉故必知哉？使不知辯，此譬猶瘖者而使爲行人，聾者而使爲樂師，德行之厚如禹、湯、文、武，不加得也，暴如桀、紂，不加失也。"其文臆定如此。"焉故必知哉"見上文，言何故必有智也。"此譬猶瘖者而使爲行人，聾者而使爲樂師"，亦見上文。此云"躄瘖聾"，"躄"即"譬"之誤，"瘖"與"聾"前後有脫字耳。上文言王公大人骨肉之親無攻而富貴面目姣好者非可學而能，而王公大人不貴爲善者，貴此三者，是沮人爲善者一也。此文言三者未必有智，使不智者論人，譬猶瘖而使言，聾而使別聲，故德行如禹、湯、文、武且不能得其譽，暴如桀、紂，亦不逢其非議；是使王公大人賞罰失當，是沮人爲善者二也。故下文承之曰："是故以賞不當賢，罰不當暴（以者，以不知者之辯也），其所賞者已無攻矣，其所罰者亦無罪。"又結之曰："是以使百姓皆攸心解體，沮以爲善也。"尋繹文義，蓋當如此。至文字複重，則全書類然也。《非攻中》篇："今師徒唯毋興起，冬行恐寒，夏行恐暑，此不可以冬夏爲者也。春則廢民耕稼樹藝，秋則廢民穫斂。"先生曰："此下依上文或當有'此不可以春秋爲者也'句。"案：此言冬夏不可以冒寒暑行師，行師必以春秋，春秋行師則又廢民之業。"不可以冬夏爲者也"爲字專屬行師而言；春秋則可行師，無爲言不可爲矣。《天志中》篇："當若天子之貴諸侯，諸侯之貴大夫，僑明知之。"先生曰："兩貴字下疑皆當有於字。"案：貴諸侯即貴於諸侯，貴大夫即貴於大夫，不必加"於"字。《兼愛下》篇曰："嘗有難此而爲之者。""難此"即難於此；《公輸》篇云："我義之鈎拒賢子舟戰之鈎拒。"即賢於子舟戰之鈎拒；並其例也。同篇："欲人之有力相營，有道相教，有財相分也。"先生曰："《文選・陸士衡〈贈從兄車騎詩〉》李注引鍾會《老子注》云：'經護爲營。'"案："營"乃"勞"字之誤。《尚同上》篇曰："有餘力，不能以相勞；腐朽餘財，不以相分；隱匿良道，不以相教。"中篇曰："舍餘力，不以相勞；隱匿良道，不以相教；腐朽餘財，不以相分。"《尚賢下》篇曰："舍其股肱之力，而不相勞來也；腐臭餘財，而不相分資也；隱匿良道，而不相教誨也。"是其證。此失校。《耕柱》篇："巫馬子謂子墨子。"先生曰："蓋巫馬期之子姓。《史記・孔子弟子傳》：'巫馬施字子期。'《集解》引鄭康成《孔子弟子目録》云：'魯人。'故下云'愛魯人於周人'。"案：《弟子傳》："巫馬施字子期。"《集解》引鄭玄曰："魯人。"又："閔損字子騫。"《集解》引鄭玄曰："《孔子弟子目録》云：'魯人。'"是康成引《弟子目録》，非所自著也。《貴義》篇："與我言而不當，曰：'待女以千盆。'授我五百盆。"畢氏云："後作審。"先生曰："《荀子注》引亦作當，疑審字近是。"案：作"當"不誤，後文"審"亦"當"字之誤。"當"讀爲"賞"。《説文》云："賞，賜有功也。"此爲古文"償"字。償者猶云踐其諾爾。許以千盆，授以五百盆，是不償其諾也。

有失其讀者。如《節用上》篇："凡爲衣裳之道，冬加溫，夏加清，者芊組不加者去之。"俞氏以"芊組"當作"鮮且"，先生疑爲"華麤"之誤，説並可通，而皆未知上"者"字當屬下爲句也。此"者"字當讀作"諸"，"諸華麤不加者去之"與中篇云"諸加費不加利於民者聖王弗爲"句法略同。不加，不加於溫清也。後並同。

有失校者。如《尚賢中》篇："然則富貴爲暴以得其罰者誰也？曰：若昔者三代暴王桀、紂、幽、厲者是也。何以知其然也？"案："何以知其然也"句當作"所以得其罰何也"，涉後文而誤。上文曰："所以得其賞何也？"此正與彼相儷。《尚同中》篇："察鄉長之所以治鄉者，何故之以也？曰：唯以其能一同其鄉之義，是以鄉治。"又："察天子之所以治天下者，何故之以也？曰：唯以其能一同天下之義，是以天下治。"案："治鄉"下當有"而鄉治"三字，"治天下"下當有"而天下治"四字。"而鄉治"、"是以鄉治"文正相應；"而天下治"、"是以天下治"亦然。此兩文之中有云："察國君之所以治國而國治者，何故之以也？曰：唯以其能一同其國之義，是以國治。"與鄉正、天子文相儷，其比正同，可以爲證也。《尚同下》篇："其以尚同爲政善也。"案："善"當作"故"。上文三言"唯能以尚同一義爲政故也（一無能字，一能作而），是其證。"《非攻下》篇："今又以爭地之故而反相賊也。"案："反"當作"交"。上文"交大國之説"，"交"亦誤作"反"，是其例也。《天志上》篇云："别相惡，交相賊。"《節葬下》篇："我意若使法其言，用其謀，厚葬久喪，實可以富貧衆寡定危治亂乎？"案："我"字或當爲衍文，或當作"哉"字，屬上句，意與"抑"字通，發語詞也。下文曰："意亦使法其言，用其謀，厚葬久葬，實不可以富貧衆寡定危理亂乎？"意若、意語例亦同，彼文亦無"我"字，可證。《天志下》篇："今天下之士君子之欲爲義者，則不可不順天之意矣。曰：順天之意何若？"案：下"順"字衍。此問曰："天之意何若？"下即答曰："兼愛天下之人。"兼愛天下之人即天之意也。下文曰："何以知兼愛天下之人也？以兼而食之也。"又曰："今天兼天下而食焉，我以此知其兼愛天下之人也。"可證此兼愛天下之人爲天之意，非云人順天之意以兼愛人也。直至下文言"昔者三代之聖王堯、舜、禹、湯、文、武兼愛天下"，乃始言聖王順天之意以兼愛天下耳。《非命中》篇："以教衆愚樸人（王氏删人字）久矣。"案："教"字當依下篇作"疑"。

有失釋者。如《非攻中》篇："今攻三里之城，七里之郭，攻此不用銳,且無殺而徒得,此然也。"案:"然"當讀爲"難"。《説文》"然"字或體作蘸,是"然""難"二字聲同通借也。《魯問》篇:"楚之兵節,越之兵不節。"案:節者適之。《荀子·彊國》篇:"夫義者,内節於人而外節於萬物者也。"《天論》篇:"楚王后車千乘,非知也;君子啜菽飲水,非愚也;是節然也。"俞氏《平議》皆訓"節"爲"適",引《管子·禁藏》篇"故聖人之制事也,能節宮室適車輿以實藏"明"節"與"適"同義,是也。

有寫誤者。《尚賢下》篇:"當王公大人之於此也,雖有骨肉之親,無故富貴。"校曰:"無疑當爲毋。下同。"案:"無疑當爲毋"當曰"故疑當爲攻","攻"同"功"。凡古所舉,如絲之有類,玉之有瑕,固不必爲掩者也。

贊曰:莊生之贊墨子,曰:以繩墨自矯,而備世之急。而先生疏《周禮》,撮《政要》,詁墨篇,圖儳乎救世之士哉!以著書言,亦駕郭子瀞之《莊子》、王益吾之《荀子》、王蕙英之《韓非子》而上之矣。後之治墨學者,但當奉爲圭臬,拾遺焉可也,匡違也可也,奚取改作哉?余以溝瞀,幸得誦先生之書,輒略舉其善與闕失如此,蓋以誌其景仰之私而自附於諍臣之末,且以商諸同志云爾。其名辯、兵法諸篇,非淺末所能通曉,故不之及。

# 經微室《商子》校本跋

　　孫仲容先生校的《商子》，書面有篆文手記"商子校本，孫闓如、嚴鐵橋、錢雪枝三家校本合勘定，中容記"二十三字，下鈐"經散室"朱文篆章，卷端又有"瑞安孫仲容斠讀四部羣書之印"的朱文篆章，不題校勘年月。這個校本原是孫氏玉海樓的藏物，解放前由孫氏後人孟晉先生贈送給浙江大學；解放後，轉移到浙江師範學院，再轉移到杭州大學。

　　近人治《商子》的，很少或者甚至可以說沒有人見到過這個校本。朱師轍先生以數十年的工夫撰著《商君書解詁定本》，知道仲容先生《札迻》校《商子》所據各本有嚴萬里校刊本和孫、嚴、錢三家本而仍不知其詳，他說：

　　　　師轍按：可均即萬里，孫氏尚不知爲一人。但其二本，頗有異同，似萬里本在前，可均傳鈔本（鴻案：應說"傳鈔可均校本"）在後，可證嚴氏校刊之得失。

用一"似"字，說明並非清楚知道嚴萬里和嚴可均的兩個本子究竟孰先孰後；而朱氏所以知道這兩個嚴氏本頗有異同，則是從《札迻》裏《兵守》、《靳令》、《賞刑》三篇的校語窺到消息的。《札迻》以嚴萬里校刊本爲底本，而以三家本參校，在上述三篇裏稱引"嚴可均校（或"亦校"）"的凡四條，明顯地和萬里本不同。朱氏所知的，只能是這一些；而寥寥四條，"可證嚴氏校刊之得失"，也只是興到之語而已。解放以後，朱先生寓居杭州，曾從孟晉先生處得到仲容先生的《重校商子境內篇》，載入《解詁定本》附錄；而這個校

148

本當時已歸浙江師範學院，雖是近在咫尺，也沒有能見到而加以採擇。所以，給這個校本作一介紹，不是沒有意義的。

校本同《札迻》一樣，用浙江官書局輯刊《二十二子》覆嚴萬里校刊本作底本(以後引文，都用萬里本)，而以孫星衍(淵如，與孫馮翼同校)、嚴可均(鐵橋)、錢熙祚(錫之、雪枝)三家校本參校，再加上俞樾的《諸子平議》。此外，也用有關的先秦、漢代古書，《太平御覽》、《藝文類聚》、《通典》及一些箋注作爲校釋的材料。先秦、漢代的古書，如《更法》篇用《戰國策·趙策》和《新序·善謀》，《開塞》用《淮南子·泰族》，《靳令》用《韓非子·飭令》，《定分》用《韓非子·外儲說右》等。用《御覽》校的篇目爲《農戰》、《賞刑》、《慎法》，又總目後黏有墨籤，錄《御覽》三(應作"六")百卅八《刑法》引《商君書》一段，這段文章在今本《畫策》內，字句小有異同，當是一時沒有找到出在何篇而暫黏待考的；引《類聚》一條，在《去彊》篇；《禁使》篇中引《通典》。箋注的書兩處引及，《農戰》引《帝範注》，《去彊》引《五百家韓文注》。所用的本子和材料，大概就是這些。校語用朱墨筆寫，據推測，大致是先用朱筆，後加墨筆，從下面的情況可以看出，如：總目後面朱筆從嚴可均校本移錄《羣書治要》所載《商君子·立法》(原誤作"六法")逸文一段和嚴氏按語，後面又用墨筆加校道：

> 錢本亦補此篇於冊末，注云："《治要》引此在《修權》篇前，今《修權》前無逸篇，蓋今之目錄已非唐本之舊矣。故附於末。"

又《兵守》"給從從之不洽而燦之"，先用朱筆校：

> 下"從"字孫本同，鐵橋改"徒"。詒讓案："徒"亦誤，疑當爲"徙"；"洽"當爲"給"。言可徙則徙，不及徙則焚之。

又用墨筆注道：

> 俞改作"給，從而□之；不給，從而燡之"，不如余說之確。

可見墨筆出於後加。卷中凡引俞說，都用墨筆。

校本雖說用三家本合勘，實在只有兩個本子：一個是錢熙祚的校刊本，即《指海》本；一個是管慶祺傳錄的歸安楊峴給陳碩父影寫移錄的嚴可均校本，而嚴氏就是據孫星衍本加校的，孫本、嚴本只是一個本子，見經微室校本移錄的嚴校本自記和管慶祺照錄的陳碩父的楊峴影寫嚴校本的跋文。這就是所謂三家本的實況。

校本各篇多有朱筆旁注字，我曾推定這就是孫本，可以由下列的校例來推證：

1.可均本校改的字經微室校本都用校語標出，不旁注。如《算地》"衣不煖膚，食不滿腸"，校語道："煖鐵橋改暖，腸改腹，注云：'各本作腸，從《意林》改。'"《賞刑》"百里之君而封侯，其臣大其舊"，校語道："其臣孫本同，嚴鐵橋改〔臣爲〕功。"又"堅者被，銳者挫"，校語道："被孫本同，鐵橋改破。"《弱民》"農關地，商物，官法民"，校語道："商物孫本作而致物，鐵橋改而爲商，此奪致字。"凡可均所改都不旁注。

2.錢校本改的字也用校語標出而不旁注。如《賞刑》"文王封於岐周"，校語道："錢校云：'柯本《北堂書鈔》四十六作岐山。'"又"方百里"，校語道："錢校云：'原脫地字，依《書鈔》補。'"又"堅者被，銳者挫"，先用朱筆標明可均校(見上)，再加墨筆校語道："錢校說同。"《弱民》"法枉治亂，任善言多"，校語道："治亂錢本作治衆，校云：'衆原作亂，依下文改。'"也都不旁注。偶爾有一兩處既旁注又出校語的，如《靳令》"故其國多力而天下莫能犯也"，

"莫"下添注"之"字，又加校語道："錢本有之，校云：'之原作不，依《韓子》改。'"蓋由錢、孫本相同之故。

3.孫本和經微室校本的底本（即嚴萬里校刊本）不同的，如若已出於校語，多不再旁注，如《壹言》"若此則國制明而民力竭"，校語道："明下孫本有民字，鐵橋校删。"《慎法》"民愚則易治也"，校語道："民愚民字孫本作曰，鐵橋删去。""民"字和"曰"字都不旁注。但也有既出於校語而又旁注的，如《農戰》"煩言飾辭而無實用"，"無實"二字旁注"章無"，再加墨筆校語道："俞就孫本校之云：'章當作竟，竟猶終，言終無用也。'"《算地》"今夫盜賊上犯君上之所禁，而下失臣子之禮"，"子"字旁注"民"字，再加校語説："孫本民，鐵橋校云：'秦本作臣子。'"《開塞》"求過不求善，藉刑以去刑"，"藉"字旁注"籍"，再加校語云："孫本作籍，鐵橋亦未校改，似誤。"《徠民》"秦之所以彊者，其民務苦而復爵重也"，"彊"字旁注"强"，再加校語曰："强上孫又有一强字，鐵橋删。"這幾條都説明旁注的字就是孫本。

校本所據的，除了底本以外，不過是三個本子，嚴可均既據孫氏校刊本加校，那麼這裏甚多旁注出來的和萬里本（經微室底本）不同的字就是來自孫氏本已可想見；再參之以嚴、錢兩家校改的字絕大多數用校語揭示這個情形，説這些旁注的異文就是孫本，似可不用懷疑。後來我又在浙江圖書館看到所藏孫氏校刊本（敘葉有白文"孫印馮翼"和朱文"臣以父任爲郎"的篆章，當爲最初印本），取以相校，則經微本的朱筆旁注和添注字、鈎乙、圈去的字，百分之九十以上同於孫本，只有下列諸條有歧異：《墾令》"大夫家長不建繕，則農事不傷"，校本"長"字旁注"民"，孫本仍作"長"；又"則誅愚"的"愚"字旁注"憑"，孫本仍作"愚"。《農戰》中的五個"搏"字——"患民之散而不可搏也，是以聖人作壹搏之也"、"搏民力以待外事"、"然後國家可富而民力可搏也"、"惟聖人之治國，作壹搏之

151

於農而已矣”，校本都旁注“摶”字，而孫本仍作“搏”。《開塞》“故效於古者先悳而治”，“悳”字旁注“德”，而孫本作“得”。《靳令》“利出一空者其國無敵”，“空”字旁注“攻”，孫本仍作“空”；又“行罰重其輕者，輕其重者”，“罰”字旁注“爵”，孫本仍作“罰”。《畫策》“國皆有法，而無使法必行之法”，“有”下添注“僭”字，孫本所添之字作“潛”；又“有必走之勢也”，“勢”字旁注“勞”，孫本仍作“勢”。《境内》“覎諫”，“覎”字旁注“規”，孫本則作“規”。《外内》“苟能令商賈技巧之人無繁”，“能”字旁注“人”，孫本仍作“能”；又“入休而富者王也”，校本圈去“王”字，孫本仍有。《君臣》“地廣民衆萬物多”，“民”字旁注“名”，孫本仍作“民”。《慎法》“則霸王之道畢矣”，“霸”字旁注“帝”，孫本仍作“霸”。其中《開塞》的“德”、“得”之異，當是仲容先生筆誤。其餘的歧異，或是孫刻有修板本，嚴可均和經微據本和我所見的本子不同，或是經微校本也偶爾採拾他本或類書箋注的異文，無從明辨，但旁注字絶大多數合於孫本，則是不能推翻的事實。比勘之後，又發見經微校本於字的右上角或右側加朱筆小圈的，也是百分之九十以上同於孫本，僅有少數不合。但何以有的旁注，有的僅加圈，則無義例之可尋。

現在請一述這個校本對治《商子》書的用處。

仲容先生自題此本爲孫、嚴、錢“三家校本合勘定”，這應該是説集三家本而定著其異同，而不是整理出一個最後定本的意思，所以對三家(加上嚴萬里則爲四家)的異同絶大多數是按而不斷，例如《更法》“湯、武之王也，不脩古而興”，“脩”各本作“循”，嚴萬里據《史記索隱》改“脩”，校本旁注“循”字，這只是因孫本作“循”而旁注的，而《開塞》的“聖人不法古，不脩今；法古則後於時，脩今則塞於勢”，校本在兩個“脩”字旁邊注上了“修”字，這也是因孫本作“修”而然；其實這兩篇的“脩”字都是“循”字之誤，仲容先生是不會不曉得的(《禁使》"遇民不修法"校語:"詒讓案:'修'當爲'循'。"《札迻》裏説得更詳細些),然而並沒有下斷語。又如《畫策》"有必走之勢也","勢"字旁注"勞",顯然"勢"是而"勞"非,校本也不加辨正。即此二例,可見校本以存舊校爲主。又,校本引用《御覽》、《通典》各若干則,《類聚》一則,先秦、漢代古書四五種,箋注兩種。揣摩起來,校本較有意識地運用了《御覽》和《通典》,可是沒有博考旁的類書,以前諸家引用的《治要》、《意林》等,在仲容先生自己的校語裏就沒有提到,似乎諸家所引的也沒有覆檢。至於其他的徵引,數量也不多。所以可以説,這個校本在積聚校釋的材料上付出了一定的勞動,然而還只是爲進一步整理《商子》作了準備,而後來寫定的《札迻》,則是以這個校本爲基礎而完成的(校本於嚴萬里本第一卷的大題"商君書卷第一",圈去"君書",改成"子"字;又抹去下面的"西吳嚴萬里叔卿校本"九字。第一頁《更法》篇的嚴萬里六條校語作了增删,如"求使民之道"下萬里校語"秦本范本無求字,元本有",校本在原校語前增"原無求字,嚴叔卿增,校云"十個字;"疑行無成"下萬里校語"《史記》作無名",校本改爲"孫云:'《史記》作名,《太平御覽》人事部引作名,各本作成。'"二十字。又"今吾欲變法以治",校本在"法"字下加注道:"孫胎如云:'各本作法。程本作化,非。'"凡所添改都用墨筆。似乎仲容先生曾企圖寫成一個定本,但纔開頭就沒有繼續下去,因而始終沒有完成)。就《札迻》來看校本,《札迻》有加詳之處,也有訂正之處。如《徠民》"且非直虛言之謂也,不然,夫實曠土,出天寶",嚴萬里校語道:"一切舊本並作'且直言之謂也,不然,夫實壤什虛,出天寶',今案文誼移虛於言上,增非字,改曠土字。"校本則説:

> 詒讓案:疑當作"實曠虛",嚴校未然。

而《札迻》則有更詳細的論證:

> 案此文舊本固多舛互,然嚴校亦不塙。"實壤什虛"當作"實壤虛"。《吕氏春秋·貴卒》篇云:"於是令貴人往實廣虛

之地。”此“實壙虛”與《呂覽》“實廣虛”義同。嚴專輒改竄，
不可據（《漢書·晁錯傳》云：“徙遠方以實廣虛”）。

又如《戰法》“偕險絕塞”，校本謂“‘偕’疑‘倍’之誤”，而《札迻》則
據《禮記·明堂位》的《釋文》訂正“偕”字作“倍”。《徠民》“其寡萌
賈息”，校本説：“疑當作‘其富萌賈息’，‘萌’與‘氓’通，‘賈’當
作‘貸’。”而《札迻》則據《呂氏春秋·高義》訂“寡萌”爲“賓萌”。
可見校本是《札迻》的資糧，而《札迻》比校本更進了一步，校議得
更加精詳了。當然，《札迻》裏的某些條目，也還是不無可商的。

但是不能説有了《札迻》，這個校本就可以廢置不觀。也就是
説，不能僅僅以爲校本是《札迻》的坯子。

首先從朱師轍先生所未及詳悉的兩個問題説起，這個校本提
供了一些校勘源流和評量兩個嚴氏本得失的資料：

1.《解詁定本》記《商子》校勘諸家所見各本，在嚴萬里校刊《商
君書》五卷所據各本下列有葉校本，注云：“《去彊》、《徠民》、《賞
刑》三篇引三條，但嚴氏未言葉氏何人。”今案：校本移録的嚴可
均校孫本自記道：“余復據元板本、明范欽本、葉林宗從秦四麟所
藏舊刻勘正本及魏徵《羣書治要》、馬總《意林》等書重加校定。”而
嚴萬里校刊本總目後面的自記則説：“後又得秦四麟本，頗能是
正謬誤，最爲善本。”則葉氏校本即葉林宗，實即葉校秦四麟本。

2.嚴萬里校刊本和嚴可均校本的先後得失，也可以由此看
到。案嚴萬里就是嚴可均，《解詁定本》凡例已經證明，可不再述。
而萬里本據序成於乾隆五十八年，可均本據自記校於嘉慶十八
年，相距至二十年，確實是兩個不同的校本，也可以無疑。至於這
兩個校本的質量，都不是十分精善的，但萬里本比較平正，可均
本雖然後出，卻頗有偏失。舉其所失，約有三端：

（1）改字無謂 《墾令》“博聞辨慧游居之事”，《説民》“辯慧，

亂之贊也”，可均改“慧”作“惠”，而《農戰》“詩書禮樂善修仁廉辯
慧”則又未改(經微室校本云：“此‘慧’字鐵橋未改，疑奪校。”)，《商子》各本
不作“惠”，古人也不是不用“慧”字，而嚴氏自我作古，改字以就
古雅，這不過是徒事紛更而已。

（2）論斷專輒　《羣書治要》載有《商君子·六法(當作“立法”)》
一段逸文，可均校道：“《羣書治要》載《商君子·立法》、《修權》、
《定分》三篇。今本無《立法》篇，審其文義，似即《更法》篇後半之
佚文，否則《墾令》、《農戰》二篇之後，《去彊》篇之前，當是《立法》
第四，今本第四、五、六之次，皆校者遞改也。”又云：“覆觀之，定
是第四篇，他日刊板當移正。”這個“定是”，可謂武斷。按照《治
要》的次序，至多能説《立法》這一逸篇應在今本第十四篇《修權》
以前的各篇之間，有什麼根據肯定是第四呢？錢熙祚對這段逸文
採取了闕疑的態度(見前)，比嚴氏謹慎多了。

（3）校改謬誤　如《農戰》“善爲國者，官法明，故不任知慮；上
作壹，故民不儉營”，萬里本校道：“秦本作‘不營私’。”案而不斷，
可均逕改作“不營私”。案本篇上文説：“民見上利之從壹空出
也，則作壹；作壹則民不偷營。”“儉營”明明是“偷營”的形近之誤
(《解詁定本》已校出)，可均誤信秦本，殊爲鹵莽。《去彊》“行刑重輕，刑
去事成國彊；重重而輕輕，刑至事生國削”，可均校“重輕”下增“而
輕重”三字。案《説民》：“故行刑重其輕者，輕者不生，則重者無
從至矣：此謂治之於其治也。行刑重其重者，輕其輕者，輕者不
止，則重者無從止(舊本作“至”，萬里本改“止”，是)矣：此謂治之於其亂
也。故重輕則刑去事成國彊；重重而輕輕，則刑至而事生國削。”
“行刑重輕”就是“行刑重其輕者”，“重重而輕輕”就是“行刑重其
重者，輕其輕者”，“輕者”、“重者”指所犯的罪而言，意謂輕罪重
辦，人們連輕罪都不敢犯，更不會犯重罪；輕罪輕辦而重罪才重
辦，人們忸於犯輕罪無所謂，積漸而往，重罪也就無從禁止。這裏

文義本來明白，"重輕"和"重重而輕輕"不能光求文字上的對稱，何況"重輕而輕重"和"重重而輕輕"仍然不成對偶。嚴氏妄增三字，就大失著者之意了。《修權》"賞厚而利（當作"信"），刑重而威（衍文）必，不失疏遠，不違親近"，可均校"違"作"私"。案《賞刑》："昔周公旦殺管叔，流霍叔，曰：犯禁者也。天下眾皆曰：'親昆弟有過不違，而況疏遠乎？'""違"猶避，可證本篇不誤。而且"不失疏遠"指賞而言，"不違親近"指刑而言，改作"私"字，就只能承"賞厚而信"一句，文意失於偏枯了。《君臣》"瞋目扼腕而語勇者得，垂衣裳而談說者得，遲日曠久，積勞私門者得。尊向三者，無功而皆可以得"，可均校在"語勇者得"下增"寵"字，"談說者得"下增"進"字，這又是不知所據的。探嚴校的所由，是因爲他誤把"尊向"二字屬上句讀，就覺得前面兩個"得"字下缺少了賓語，因而臆增了兩個字。其實這裏三個"得"字下面都是蒙上文"民徒可以得利而爲之者，上與之也"而省去"利"字，不必旁生枝節地爲之增補。不過，可均校本究竟也有瑕瑜不掩之處，不能全盤否定，這點留待後面再説。

其次，這個校本裏還有仲容先生自己的出於《札迻》之外的有益的校語。如《開塞》的校語道："詒讓案：《淮南子·泰族》：'商鞅之啓塞。'許注：'啓之以利，塞之以禁，商鞅之術也。'據此，《商子》當本作《啓塞》，漢人避諱改之。"這是先後校《商子》的人所沒有指出的。《賞刑》"昔者周公旦殺管叔，流霍叔"，《通典》（卷一百六十九）引作"昔周公誅管叔，放蔡叔，流霍叔"，校本云："王伯申謂《通典》多放蔡叔三字，乃後人以意增之。説見《經義述聞》三卷，三監條注。"按王引之以爲周室所立監殷之人古説有二，一爲管叔、蔡叔而無霍叔，一爲管叔、霍叔而無蔡叔，到鄭康成才以爲管叔、蔡叔和霍叔三人。以爲是管叔和霍叔的見於《逸周書·作雒》和本篇，《作雒》俗本在"建霍叔於殷"句中增入"蔡叔"二字，和孔晁注不合,證明是後人加入的。《通典》引本篇多出"放霍叔"三字也是後人以意增之。所說很明晰,而除經微室以外,校釋《商子》者就沒有注意到過(《札迻》不收此條,大概因爲不是經微自己見解之故)。《解詁定本》引朱豐芑《經史答問》,以爲本篇"霍叔當爲蔡叔之誤",未免昧於古代傳聞異辭的情實了。《定分》"謹藏其右券木押以室藏之",校本引《韓非子·外儲説右》:"田嬰令官具押券斗石參升之計。""押券"即"右券木押",可供參證。

最後,更其重要的,還是這個校本過錄的孫刻嚴校中一些有用的材料可供後人推溯考證(錢校是個好本子,但已刻爲《指海》本,容易看到,不具論),試舉例如次:

孫星衍校刊本:

《墾令》:"無外交則國勉農而不偷,民不賤農則國安不殆。"後來陶鴻慶校這一處,以爲應作"無外交則國安不殆,民不賤農則農勉而不偷",其實孫本就已如此,不過"殆"字誤作"始"字而已。《徠民》:"今王發明惠,諸侯之士來歸義者,今使復之,三世無知軍事。""歸"字下面范本有兩個闕文,而孫本這裏作"歸德就義",范本既有闕文,則孫本當闕文處多此兩字爲可信。下文説:"今利其田宅而復之三世,此必與其所欲而不行其所惡也,然則山東之民無不西者矣,且直言之謂也(這一句舊本如此,嚴萬里改爲"且非直虛言之謂也",《札迻》已斥其誤)。"我以爲"直言"是"惪"字誤分爲二字("言"字,古文與"心"相似)。"且"通"徂",往也,"且惪"就是往德、歸德。友人洪自明謂,《禮記·郊特牲》:"束帛加璧,往德也。"可作"且惪"的佐證。就這兩處文字看來,其意義無疑是相同的,而"歸德"和"且惪"語意也正好相承,未嘗不可以備一解。這也可以説得之於孫本的啓示("且直言之謂也"下舊本有"不然"二字,王時潤以爲是衍文,案這兩個字當是涉上文"而臣竊以爲不然"句而衍,王校是對的)。

嚴可均校本:

《算地》："小人不避其禁，故刑煩；君子不設其令，則罰行。刑煩而罰行則國多姦，則富者不能守其財，而貧者不能事其業。"經微室校語道："'則'孫本作'欲'，鐵橋校改爲'徵則'二字，'徵'字屬上讀。"案"姦"下的"則"字，范欽本作"欲□"，近於孫本；秦四麟本作"徵則"，見萬里校語。萬里校時删去"徵"字，到可均校時又從秦本，後校是頗有道理的。照可均校，"國多姦徵"的"徵"應訓爲召，"姦徵"猶如《易·繫辭》説的"盜之招也"。細審這裏提到的幾個本子，孫本、范本的"欲"就是秦本的"徵"字之誤，"徵"字俗書作"𢽅"，見《龍龕手鑑》，明人刻書不免參以俗字，如本書中的"規"有從俗作"䂓"的，孫、范的"欲"也正是"𢽅"的形近之誤。可均校雖然没有明徹"徵"、"欲"的關係，但能從秦本而作了恰當的斷句，却是可供參採的。《開塞》："故以王天下者并刑，力徵諸侯者退惪。""以"下脱去一個字，孫本作"愛"，可均改"智"。按上文説："民愚則知(孫本都作"智"，下同)可以王，世知則力可以王。民愚則力有餘而知不足，世知則巧有餘而力不足。民之生，不知則學，力盡而服。故神農教耕而王，天下師其知也；湯、武致彊而征，諸侯服其力也。夫民愚，不懷知而問；世知，無餘力而服。"一路都以"知"、"力"對言，自然以嚴校爲確。後來陶鴻慶、簡書也都補"知"字，同嚴校不謀而合。《解詁定本》却歷舉許多本子作"愛"而斷以爲是；嚴校爲朱氏所未見，陶校却是見到的，而並未採用，可謂疏於抉擇了。同篇："吾所謂利者，義之本也；而世所謂義者，暴之道也。""利"字可均校改作"刑"，從這幾句的前頭幾句看來，改"刑"是很精當的，後來簡書校也一樣。

仲容先生之後，我所見到的，有陶鴻慶、王時潤、簡書、朱師轍諸家，都治《商子》(近出楊樹達《積微居讀書記》内，也有《商子》校語)，各有發明，也互有得失。而諸家都没有見到過這個校本，其中勝處未經抉發。我早年撰寫《商君書錐指》，曾於一九四八年借此本讎校，粗知梗概。現在重檢一過，如見故交，因作此跋以告同好。

一九六三年三月九日

# 讀《韓非子集解》

　　長沙王先慎撰《韓非子集解》，舊注而外，所採録者，高郵王氏、元和顧氏、德清俞氏、瑞安孫氏與王益吾諸家。余少讀是書，竊有校議，今付繕寫，以俟通人。王氏書自謂用乾道本。案：乾道本有虞山錢氏述古堂影鈔本，後歸黃蕘圃；又有夏邑李氏所藏刻本，黃氏取以校影鈔本者也。若王氏所據，蓋吳山尊據李本覆刻者，與原刻鈔本並不無小異。余以《四部叢刊》影印述古堂本勘之，得一二事，著於篇。又劉申叔《左盦集》有《韓非子斠補敍》一篇，北平《北海圖書館月刊》有楊遇夫《積微居讀書記》，余所見者止於《解老》篇。二君之説，間亦附引而獻疑。總之以《集解》爲質，因命曰《讀〈韓非子集解〉》。

　　此余二十四歲所述，自今觀之，似無甚謬。若《外儲説右下》"訾之人二甲"條讀"訾"爲"貲"，得出土文物而益信於三十餘年之後，竊用自喜云。1979年11月附記。

## 初見秦

**天下又比周而軍華下。**

　　顧廣圻曰："周當作意。下文云：'天下皆比意甚固。《（戰國）策》兩意字皆作志。'"

禮鴻案："比周"同義連文。《論語》："君子周而不比，小人比而不周。”“比周”對文則義異，連文則義同，周猶比也。《荀子·彊國》篇："陶誕比周以爭與。"《成相》篇："比周還主黨與施。"楊倞注"爭與"云："與，謂黨與之國。"《成相》篇亦以"比周"與"黨與"並説。此云"天下比周"，正謂諸侯相爲黨與以禦秦也。下文"比意"則謂欲比周之意，即由此文"比周"生出，不當據彼以改此，甚明。"天下皆比意甚固"，當依俞樾説刪"皆"字。

# 存　韓

**從韓而伐趙，趙雖與齊爲一，不足患也。二國事畢，則韓可移書定也。**

乾道本下"韓"字作"轉"。俞樾曰："字之誤。趙本改轉爲韓，是也。韓未聞其將伐趙，秦何得從韓以伐趙，且秦人伐趙亦何必從韓？疑韓字衍文。"

禮鴻案：俞氏謂"轉"當作"韓"，是也。而疑上"韓"字爲衍文則非。從韓而伐趙者，以韓爲從而伐趙也。上文言："韓事秦三十餘年，秦特出鋭師而韓從之（從王先慎訂）。"故此云從韓伐趙，明秦伐趙則韓爲用矣。下文云："夫攻伐而使從者間也，不可悔也。"間，離畔也。不可悔猶言悔無及。從者即指韓。更足證明此"從"字非衍。《外儲説右上》篇："君有意從之，甚善。"又云："衛君從疑而行。"皆謂衛君使薄疑爲從也。《史記·佞幸傳》："使韓嫣乘副車，從數十百騎，鶩馳視獸。"“從”字用法亦同。後世若李商隱記李賀事言："從小奚奴。"亦是奚奴從賀，非賀從奚奴也。

**非之來也，未必不以其能存韓也爲重於韓也。**

王先慎曰："非之來秦，爲存韓也。則説雖爲秦，心必爲韓，故云‘爲重於韓’也。”

禮鴻案：此十八字當作一句讀。“爲”字讀去聲，求也。“爲重於韓”，謂求見重於韓也。非若能存韓，則韓重之矣。下文所謂“此自便之計”，是也。王解非。

# 愛　臣

**將相之管主而隆國家。**

孫詒讓曰：“日本蒲阪圓本作‘後主而隆家’，云：‘物茂卿本後作管，隆下有國字。’凌本同。非。《八經》篇：‘家隆劫殺之難。’詒讓案：管主後主並無義，管當作營，形近而誤。營主，謂營惑其主也。《淮南子·原道訓》高注：‘營，惑也。’‘隆國家’當依蒲阪圓本刪‘國’字，‘隆家’言搆諸大夫家使爭鬩，詳後《八經》篇。”

禮鴻案：《商君書·修權》篇：“區區然皆欲擅一國之利而管一官之重。”“管”與“擅”相對，管猶擅也。“管主”猶言“擅主”，“無庸”改爲“營主”。

# 主　道

**故有智而不以慮，使萬物知其處。有行而不以賢，觀臣下之所因。有勇而不以怒，使羣臣盡其武。**

王先慎曰：“當作‘有賢而不以行’，與‘有智而不以慮’，‘有勇而不以怒’文法一律。下文去智去賢去勇，不作去行，是其證。”

禮鴻案：古韻"賢""因"同在真部，"行"在陽部，"行"不與"因"爲韻。此自是變文以協韻。改作"有賢而不以行"，於文則順，而失其韻矣。

# 有　度

**險詐不得關其佞。**

禮鴻案："關"猶入也，納也。《漢書·佞幸傳》："公卿皆因關説。"顏師古注："關説者，言由之而納説。"《尚書大傳》："雖禽獸之聲猶悉關於律。"鄭玄注："關猶入也。"古"入"、"納"同字，關其佞即納其佞也。本書《心度》篇："賞功爵任，而邪無所關。"《六反》篇："親以厚愛關子於安利。"關亦納也。《六反》篇"關"字或本作"開"，非是，蓋"關"俗寫或爲"閞"，與"開"形近，故誤爲"開"耳。

**法所以凌過遊外私也。**

盧文弨曰："遊外二字本作滅。"顧廣圻曰："凌字未詳，過當作遏，衍遊字。"

王先慎曰："過爲遏之誤，顧説是也。一本脱外字，遊作滅，是。凌爲峻字形近而譌，當在法上，傳寫誤倒耳。'峻法所以遏滅外私也'與下'嚴刑所以遂令懲下也'句正相對。今本譌誤，遂不可讀。"

禮鴻案：王氏謂"凌"係"峻"誤，當在"法"上，文義頗合。"過遊外私"，"過遊"二字有誤。《管子·明法》篇此句作"禁過而外私"，尹注云："外，遺也。""外私"即謂"去私"。本書《愛臣》篇："此君人者之所外也。""外"字義亦同。以《管子》校之，此當作"禁過外私"爾。一本作"凌過滅私",蓋已經譌亂竄改。王氏校作"過滅外私",則不解"外"字之義,且與下文"遂令懲下"不對矣。

又案:《荀子·致仕》篇:"凡節奏欲陵,而生民欲寬。節奏陵而文,生民寬而安。"王念孫曰:"陵謂嚴密也,故與寬相反。《富國》篇曰:'其於貨財取與計數也寬饒簡易,其於禮義節奏也陵謹盡察。'陵謹與寬饒亦相反。節奏陵謹,即此所云節奏欲陵也。陵字或作凌,《管子·中匡》篇曰:'有司寬而不凌。'"據石臞之説,則"凌"字不改爲"峻"亦通,"凌法"即謂嚴急之法耳。

# 二　柄

**人主將欲禁姦,則審合刑名,者言與事也。**

舊注:"言,名也;事,則也。言事則相考,則合不可知也。"

禮鴻案:此正文與注皆有誤。注"事,則也""則"字當作"刑","相考"上"則"字衍,"不"字讀作"否"。正文"者"字當作"考",屬下爲句。

# 八　姦

**一曰:在同牀。**

禮鴻案:《戰國策·趙策四》:"郭偃之法,有所謂柔癰(二字據王念孫訂)者,便辟左右之近者及夫人優愛孺子也。此皆能乘王之醉昏而求所欲於王者也。是能得之乎内,則大臣爲之枉法於外矣。"其説即此節之所本。郭偃,晉獻公時掌卜大夫。

**縱禁財，發墳倉。**

禮鴻案："墳倉"當作"積倉"。"禁財"、"積倉"對文，"縱"與
"禁"、"發"與"積"又皆相反爲對。《孟子·梁惠王》篇引《公劉》之
詩而釋之曰："故居者有積倉行者有裹糧也，然後可以爰方啓
行。"朱子注曰："積，露積也。"分積與倉爲二。然趙岐注曰："乃
積穀於倉，乃裹盛乾食之糧於橐囊也。"案：《詩》不可云"乃積倉，
乃裹餱糧"，故上句更加一"乃"字足句耳。當以趙注爲是。《孟
子》之"積倉"，亦即此文之"積倉"也。

# 十　過

**因爲由余請期。**

王先慎曰："請，告也。期，歸期也。既告之，又留由余
不遣，以失其期，使君臣有隙。"

禮鴻案："請期"謂請遲由余之歸期於戎耳。遲其歸期，亦足
以啓戎君之疑矣。《韓詩外傳》云："因爲由余請緩期。"多一"緩"
字，其義更明。王說迂曲。

# 孤　憤

**以歲數而又不得見。**

顧廣圻曰："又當作猶"。

禮鴻案：“以歲數而又不得見”乃倒文，即“而又以歲數不得見”。“又”字不誤。

**其可以功伐借者，以官爵貴之。其可借以美名者，以外權重之。**

王先慎曰：“顧廣圻於其（案：指第二其字）下添不字，云：‘藏本同，今本無不字，誤。’先慎案：借字當在名字下。‘其可以美名借者’與‘其可以功伐借者’句法一律，上不當有‘不’字。‘借’、‘藉’古通。《莊子·應帝王》篇釋文引崔注：‘藉，繫也。’其人可以功伐維繫者，則貴以官爵；可以美名維繫者，則重以外權。”

禮鴻案：顧氏據藏本有“不”字，是也。“借”字亦不當移在下。上文云：“其可以罪過誣者，以公法而誅之。其不可被以罪過者，以私劍而窮之。”正與本文相對。“其可以罪過誣者”與此“其可以功伐借者”句法一律，“其不可被以罪過者”與此“其不可借以美名者”句法一律。然則“不”字當有“借”字不當移甚明，王氏失於比勘耳。“借”即“借與”。《左傳·成二年》：“唯器與名，不可以借人。”即其義也。王氏訓“藉”，亦非。

**臣主之利，與相異者也。**

顧廣圻曰：“與當在相下。”

禮鴻案：“與”讀作“舉”，皆也。顧說非。

# 說　難

所說者出於名高者也，而說之以厚利，則見下節而遇卑賤，必棄遠矣。所說者出於厚利者也，而說之以名高，則見無心而遠事情，必不收矣。

舊注："所說之人意在名高，今以厚利說之，彼則以爲己志節凡下而以卑賤相遇。亦既賤之，必棄遺而疏遠矣。"

禮鴻案："下節而遇卑賤"六字當一氣讀。見，謂所說者見謂如此也。"遇卑賤"與"遠事情"相對，"遇"與"耦"通，(《淮南子‧原道》篇："萬物之化無不遇而百事之變無不應。"《齊俗》篇："欲以耦化應時。"化無不遇，即化無不耦也。)耦猶近也。耦卑賤者，謂說者之說詞近於卑賤耳。舊注以爲所說者以卑賤遇說者，非是。

夫事以密成，語以泄敗。未必其身泄之也，而語及所匿之事，如此者身危。

舊注："所說之人，其所謀事，身雖不泄謀，說者泛語言及所匿，似若說者先知其事，今以發動之。既懷此疑，其身必危矣。"王先慎曰："注誤。此謂有其心而未發，說者及之，故其身危。即下鄭大夫關其思對武公言胡可伐之類。"

禮鴻案："其身"即說者之身。所說者有所謀，而說者說於其前，偶語中之，說者未必泄，而所說者疑之矣。使所說者有所謀，則己必不泄之，安得云未必其身泄之乎？舊注以"其身"爲所說者之身，非是。王氏說亦不憭。舊注云："說者泛語言及所匿，似若說者先知其事。"則甚是。此其所以與下條有別也。

彼顯有所出事，而乃以成他故。説者不徒知其所出而已矣，而又知其所以爲，如此則身危。

盧文弨曰：“‘彼顯有所出事’下《史》作‘迺以自爲也故説者與知焉則身危。’”

禮鴻案：《史記》所引文與此不同，蓋有删節改易。今案：《史記》“自”字本是“有”字，涉上文“欲自以爲功”而誤。張守節《正義》曰：“人主明所出事，乃以有所營爲。説者預知其計，而説者身危。”可證。（司馬貞所見本則已誤）。“乃以成他故”與“迺有以爲也”義雖不異，然“有以爲”與“而又知其所以爲”語勢緊接，頗疑原本《韓非》當據《史記》作“有以爲”，而《史記》“説者與知焉”則據原本删縮，非《韓非》之舊也。

**説不行而有敗，則見疑。如此者身危。**

舊注：“若不行有敗，則羞始生焉。此正危身之道也。”盧文弨曰：“注羞始生羞疑妒之誤。（案：當云疑羞妒之誤）若袁紹之於田豐是也。”王先慎曰：“盧説非。此即下鄰父以墻壞有盜因疑鄰父之類。注羞字即疑字之誤。”

禮鴻案：盧氏校正注文，是也。然注未得韓意，羞妒非所謂疑也。此謂説不行而事敗，則疑説者成其敗以顯己説耳。王氏引鄰父言墻壞有盜，固可備一解，然非確解也。

**夫龍之爲蟲也柔可狎而騎也。**

盧文弨曰：“《文選·袁彦伯〈三國名臣序贊〉》注引柔上有擾字。《史記》無柔字，有擾字，在下句可字之下。”顧廣圻曰：“柔擾同字。”

禮鴻案："柔可狃而騎也"當作"可柔狃而騎也"。"柔狃"一詞，"柔"、"擾"同字。《史記》作"可擾狃而騎也"，即其證。

# 和 氏

**特帝王之璞未獻耳。**

王先慎曰："乾道本特作持。顧廣圻云：'今本持作特。'《新序》云：'直白玉之璞未獻耳。'先慎案：特即直也。持當爲特殘缺字，改從今本。"

禮鴻案：改"持"爲"特"，是。《新序》"白玉之璞"，"玉"乃"王"字之誤，白王即霸王也。本書《亡徵》篇："木雖蠹，無疾風不折。墻雖隙，無大雨不壞。萬乘之主，有能服術行法，以爲亡徵之君風雨者，其兼天下不難矣。""亡徵之君風雨"與"白王之璞"句法相同，乃韓非屬辭妙處。誤作"白玉"，了無意義矣。

# 姦劫弒臣

**則羣下不得盡其智力以陳其忠，百官之吏不得奉法以致其功矣。**

禮鴻案：《羣書治要》引此無第一"其"字，是也。"力"字亦衍。"盡智以陳其忠，奉法以致其功"，文正相對。下文云："盡力以致功，竭智以陳忠。"亦足證此"智"下本無"力"字。

夫有術者之爲人臣也，得效度數之言，上明主法，下困姦臣，以尊主安國者也。

俞樾曰："得字衍文。"

禮鴻案："得"乃"將"字形近之誤，非衍文。

正直之道可以得利，則臣盡力以事主。正直之道不可以得安，則臣行私以干上。

王先慎曰："利當作安。下云'不可以得安'，正反對'得安'而言，即其證。"

禮鴻案："安"、"利"二字互文見義。正直而可以得利，則安在其中矣。正直而不可以得安，安且不可得，尚何利之望？上用"利"，下用"安"，文省而意足如此，王氏乃欲改之乎？

古秦之俗。

禮鴻案："古"疑當作"故"，在"之"字下。下文云："秦民習故俗之有罪可以得免，無功可以得尊顯。"可證。

俱與有術之士有談説之名。

王先慎曰："與讀若爲。《禮記・内則》：'小切之與稻末。'《周禮・醢人》注作"小切之爲稻末"，是其證。此言世之愚學與法術之士皆名爲有術之士，而其實不同也。"

禮鴻案："俱與有術之士有談説之名"當作一句讀。王氏於"士"字讀斷，非是。

**幾不亦難哉？**

顧廣圻曰："幾當在難字下。"

禮鴻案："幾"字通"豈"。"幾不亦難哉？"即"豈不亦難哉？"見《經傳釋詞》。顧校非。

**然則有術數者之爲人也，固左右姦臣之所害，非明主弗能聽也。**

顧廣圻曰："藏本今本人下有臣字。"王先慎曰："人下當有主字，爲音於僞反。"

禮鴻案：人下有"臣"字，是。上文云："有術者之爲人臣也，將效度數之言，上明主法，下困姦臣，以尊主安國也。"彼既將困姦臣，故姦臣害忌之。王説謬。

# 亡　徵

**懷怒思恥而專習。**

王先慎曰："習字疑誤，未詳所當作。"

禮鴻案："專"即《孟子》"管仲得君如彼其專也"之"專"，"習"即"狎習"、"近習"之"習"。文義明白，并無誤字。

**時以行雜公。**

顧廣圻曰："藏本同。今本行作私。誤。按：簡行而貴公者，韓子之家法也。”

禮鴻案：顧説是也。《八經》篇云：“行義示則主威分。”又云：“尊私行以貳主威。”又云：“不得以行義成榮。”本篇又云：“貴私行而賤公功者，可亡也。”韓非或言行，或言行義，或言私行，其義皆同，謂自爲翹異之行，以沽私譽，分主威，而背公家之利者也。

**内困百姓。**

禮鴻案：“困”當作“因”。

# 三 守

**人臣有議當途之失，用事之過，舉臣之情。**

王先謙曰：“舉臣猶言衆臣，若後世言舉朝之比。”

禮鴻案：“舉”讀作“譽”。《管子·任法》篇曰：“世無請謁任舉之人。”《商君書·賞刑》篇：“博聞、辯慧、信廉、禮樂、修行、群黨、任譽、請謁（今本誤作清濁）不可以富貴。”本書《六反》篇：“活賊匿姦，當死之民也，而世尊之曰任譽之士。”“任舉”即“任譽”，是“舉”“譽”通也。本書《南面》篇：“譽臣獨任。”“舉臣”即《南面》篇之“譽臣”，謂私譽所加之臣也。人臣以私譽擅勢，此韓非之所惡也。王氏謂“舉臣”猶衆臣，則與“當途、用事”二者不侔矣。

**愛人不獨利也，待譽而後利之。憎人不獨害也，待非而後害之。**

禮鴻案：《意林》引兩“不”字下並有“得”字，義長。愛人不得獨利,憎人不得獨害,皆指人主而言,謂權操於左右之非譽,而己不得與也。

# 備　內

今夫治之禁姦,又明於此。然守法之臣爲釜鬵之行,則法獨明於胸中而已,失其所以禁姦者矣。

禮鴻案:"治"當作"法","行"當作"所間"二字。

# 飾　邪

雖飢不餓。

禮鴻案:"飢"《意林》引作"饑",當據改。《説文》:"穀不孰爲饑。"

# 解　老

德者内也,得者外也。上德不德,言其神不淫於外也。神不淫於外則身全,身全之謂得,得者得身也。

王先慎曰:"'謂得''得者'兩得字各本作德。案:'身全之謂得','得者得身也',正承上'得者'言之,《御覽》七百二十引正作得,明作德誤,今據正。"

禮鴻案:楊樹達《積微居讀書記》曰:"據此,《老子》'上德不德'當作'上德不得'。"又曰:"'之謂得''得者'二得字皆當作德。"今案，楊説是也。"之謂得"、"得者"二得字各本作德不誤，惟《集解》改之耳。此章《集解》校改多誤，楊氏亦未悉發正。兹逐條訂誤如下方。

## 無功則生有德。

王先慎曰："'生有德'承上'不全''無功'兩者而言，疑'無功'上脱'不全'二字。乾道本有作於。盧文弨云：'藏本、張、凌本有作於，無則字。'顧廣圻云：'今本於作有，誤。'先慎案：作'生有德'者是也。本無而致有之之謂生。《老子》云：'下德，爲之而有以爲也。''有以爲'即所謂'生有德'也。改從今本。"

禮鴻案：王謂"無功"上脱"不全"二字，是也。"則生有德"四字當作"生於德"三字，謂不全無功生於外淫也。（韓非解《老子》，内具謂之德，外求謂之得。本所自具，無待於外，即無所謂得也。德是襃辭，得是貶辭，全章皆當作如是觀。）乾道本、藏本、張本、凌本可據，但"德"字誤耳。

## 德則無德，不德則有德。

王先謙曰："德非病也，'德則無德'文不成義，德上當有'生有'二字。"王先慎曰："乾道本作'不得則在有德'。盧文弨云：'在字疑衍。'顧廣圻云：'藏本，今本得作德。'先慎案：作德是，今據改。在字衍，張榜本無，今據删。"

禮鴻案：此當作"得則無德，不得則有德"。乾道本下句作"不得"，獨爲可據。二王校皆非。

**故曰：上德不德，是以有德。**

禮鴻案：第二“德”字當作“得”。

**中心懷而不諭。**

禮鴻案：“中心”即“忠心”，與下“實心”爲對。《荀子·成相》篇：“中不上達。”俞樾曰：“中讀爲忠，言忠誠之士不能上達也。”《漢張遷碑》：“中謇於朝。”《魏横海將軍吕君碑》：“君以中勇。”並叚“中”爲“忠”。《國語·周語》曰：“考中度衷爲忠。”蓋以“中”“衷”“忠”三字義並通耳。

**實心愛而不知。**

禮鴻案：“愛”讀作“𧝬”。《詩·邶風·靜女》：“愛而不見。”陳奂《詩毛氏傳疏》曰：“《説文》：‘僾，仿佛也。’引《詩》作僾。《方言》：‘掩，翳，薆也。’郭注引《詩》作薆。《説文》竹部：‘𧝬，蔽不見也。’𧝬與薆同。今《詩》作愛者，古文假借字。《烝民》傳云：‘愛，隱也。’”

**前識者，無緣而忘意度者也。**

王先慎曰：“忘與妄通。《左傳·哀二十七年》注：‘言公之多忘。’《釋文》：‘忘本又作妄。’《莊子·盗跖》篇：‘故推正而不忘邪。’《釋文》：‘忘或作妄。’此忘妄古通之證。‘無緣而妄意度’，謂無所因而妄以意忖度之也。《用人》篇：‘去規矩而妄意度。’是其證。”

禮鴻案：王謂“忘”與“妄”通，是也。解作“妄以意忖度”則誤。“意”亦度也，“意度”二字同義連文。“妄意度”三字省之則作“妄意”。《莊子·胠篋》篇云：“妄意室中之藏。”成玄英曰：“起妄心以斟酌度量,有無必中。"

**而民不以馬遠通淫物。**

　　王先慎曰:"乾道本通淫作淫通。顧廣圻曰:'今本作
通淫,誤。'先慎案:顧說非。《禮·王制》疏:'淫謂過奢
侈。'是淫物奢侈之物,謂不以馬遠致奢侈之物也。若作'遠
淫通物',則不辭矣。下文:'得於好惡,怵於淫物。'淫物連
文,是其證。改從今本。"

禮鴻案:《有度》篇:"明主不使其羣臣遊意於法之外。"《管
子·明法》篇作"淫意"。《楚辭·招魂》:"不可久淫些!"王逸注:
"淫,遊也。"是"淫"亦遊也,非奢侈之謂,"遠淫"即遠遊耳。"遠淫
通物"與"戰鬭逐北"相對爲文,顧校是。

**故曰:道理之者也。**

禮鴻案:"者"乃"稽"字之壞文。"故曰道理之稽也""道"字微
逗。此釋上"萬理之所稽也"句,故加"故曰"二字。諸家並失校。

**物有理,不可以相薄。**

　　王先慎曰:"薄,迫也。"

禮鴻案:"薄"讀如"普天之下"之"普"。《説文》:"普,日無光
也。"章炳麟曰:"《天文志》:'日月薄食。'孟康曰:'日月無光曰
薄。'薄正普之借也。"是"薄"、"普"字通用。此言物各一理,此物
之理不能爲彼物之理,惟道能普及萬物耳。王氏訓迫,失之。

**故理之爲物之制，萬物各異理。**

王先謙曰："制上之字衍。"

禮鴻案："故理之爲物之制"句，並無衍文。王氏讀"制"字屬下，以"制"上"之"字爲衍，並非。

**四肢與九竅十有三者。**

王先慎曰："者字緣下而衍。"

禮鴻案："者"當作"具"。下"十有三者之動静盡屬於生焉"句"者"字亦當作"具"。下文"十有三具"兩見，是其證。

# 喻　老

**人心調於馬而後可以進速致遠。**

禮鴻案："進"當作"追"。《難勢》篇云："夫欲追速致遠。"《淮南子·主術》篇："車輕而馬良，雖中工可使追速。"是其證。

**罷朝倒杖而策鋭貫頤。**

顧廣圻曰："《淮南子·道應訓》、《列子·説符》篇作'罷朝而立，倒杖策，錣上貫頤。'按：頮即頤之別體也。"王先慎曰："《御覽》三百六十八引無而字，頮作頤。"

禮鴻案：無"而"字是，《淮南》、《列子》可證。"倒杖策"句，"鋭貫頤"句，杖下不當有"而"字。杖，執也。"鋭貫頤"者，"鋭"字

《淮南》、《列子》作"錣"。《廣雅》："錣，策端有鐵。"舉其物則曰錣，因其銛利則曰銳。"錣"、"銳"古音同屬泰部，聲義亦通也。

# 説林上

**將復立於天子。**

> 王先慎曰："立於二字當衍，《策》無。"

禮鴻案："立於"二字非衍。下文云："魏焉能與小立之。"明"立"字當有。"復立於天子"即復立天子，於字不爲義。《解老》篇："所謂'有國之母'，母者，道也。道也者，生於有國之術。生於（二字依劉師培説補）有國之術，故謂之有國之母。"生於即生，謂有國之術從道生也。本篇下文云："管仲、隰朋從於桓公而伐孤竹。""從於桓公"即從桓公。《難一》篇："今日之勝，在詐於敵。""詐於敵"即詐敵。又云："琴壞於壁，……左右請除之。"下句《淮南子·齊俗》篇作"左右欲塗之"。注云："欲塗師曠所敗壁也。"然則"琴壞於壁"即謂琴撞壞壁，"壞於壁"即壞壁也。《難四》篇："陽虎有寵於季氏，而欲伐於季孫。""伐於季孫"即伐季孫。《左傳·莊二十一年》："鄭伯之享王也，王以后之鞶鑑予之。虢公請器，王予之爵，鄭伯於是始惡於王。"二十四年《傳》則曰："鄭伯怨惠王之入而不與厲公爵。"是"惡於王"即惡王，與《韓非》諸文例同。王氏以後世文法律之，於"從於桓公"、"代於季孫"則刪於字，於"在詐於敵"則改"在於詐敵"，於本篇則輒刪二字，皆非也。

# 説林下

**一人舉踶馬。其一人舉踶馬其一人從後而循之，三撫其尻而馬不踶。此自以爲失相。**

禮鴻案：此文衍六字，脱一"人"字，當云："一人舉踶馬，其一人從後而循之，三撫其尻而馬不踶。此人自以爲失相。"此人即舉踶馬之人。細繹文義自見。王先慎乃謂當移"舉踶馬其一人"六字於"此自以爲失相"上，此字衍文，"舉踶馬其一人"即舉踶馬之一人，紆曲無當。宋施元之注東坡《韓幹馬十四匹》詩引正無此六字，其切證也。

# 安　危

**廢自然雖順道而不立，强勇之所不能行。**

禮鴻案："雖"當作"離"。"廢自然"承上"不令而自然"言之，"離順道"承上"其道順"言之。《荀子·解蔽》篇："與道雖走。"楊注："雖或作離。"是其例也。

# 守　道

**戰士出死。**

王先慎曰："此當有脱字。"

禮鴻案：此當連下"而願爲賁育"爲句，文義明白，并無脫字。《顯學》篇："民之出死而重殉上事。"《荀子·富國》、《王霸》二篇皆云"出死斷亡"。此言民蹈死無顧，願爲勇士也。

**明主之守禁也，賁育見侵於其所不能勝，盜跖見害於其所不能取。**

禮鴻案："見"猶"知"也。《左傳·僖二十八年》："晉侯聞之，而後喜可知也。"杜注："喜見於顏色。"《呂氏春秋·自知》篇："文侯不説，知於顏色。"高注："知猶見也。""知"可爲"見"，則"見"亦可爲"知"矣。言明主之守禁必將使賁育知其所侵者必不能勝，盜跖知其所害者必不能奪，如此，則侵害之途塞矣。害猶侵，變文耳。不可勝者，明主之禁。不可取者，明主之守。

**立法非所以避曾史也。**

顧廣圻曰："藏本、今本'避'作'備'。按：'備'字涉上句而誤。"

禮鴻案：述古堂影抄乾道本亦作"備"，宋刻本作"避"，黃丕烈謂兩本不出一源，是也。《用人》篇云："明主立可爲之賞，設可避之罰。"即此"避"字義。作"避"字是。

# 用　人

**以法教心。**

顧廣圻："此教字誤，未詳所當作。"

禮鴻案："教"當作"效"，效亦示也。上文云："以表示目，以教語耳。"

**人主立難爲而罪不及，則私怨生。人臣失所長而奉難給，則伏怨積。**

禮鴻案：不及，不能也。臣安乎以其能受職，使之而不能，則主怒其臣矣。"私怨"當爲"私怒"，涉下"伏怨"而誤。此承上"明主立可爲之法"、"明主之表易見"兩章言之。前章云："如此，則怒積於上，而怨積於下。"即此文"私怒"、"伏怨"之所本，是其證也。後章云："上無私心，則下得循法而治。""私怒"之私即承此而來。怒不以法，是謂私怒也。

**故聖人極有刑法，而死無螫毒。**

禮鴻案："極"讀作"殛"，"刑"讀如典型之型。"殛有刑法"謂按法行誅，"死無螫毒"無法當其罪，雖死而非過刑也。

# 大　體

**不洗垢而察難知。**

禮鴻案：《治要》作"灑垢"。《説文》："灑，滌也。洗，灑足也。"灑通而洗別。《韓非子》此文本當作"灑"，後人易之耳。

# 内儲説上七術

**是以麗水之金不守。**

> 王先慎曰：“守當作止。”

禮鴻案：不守者，不能守也。不當改作“止”。

**而與王立之焉。**

禮鴻案：“立”讀爲“莅”。《説文》：“埭，臨也。”《老子釋文》云：“古無莅字，《説文》作埭。”《荀子·非相》篇：“談説之術，矜莊以莅之。”《韓詩外傳》五作“齊莊以立之”。此“立”、“莅”相通之證。

**宋崇門之巷人服喪而毀，甚瘠。**

禮鴻案：“崇門”，《莊子·外物》篇作“演門”，陸德明《釋文》曰：“演門，宋城門名。”成玄英疏曰：“東門也。亦有作‘演’者，隨字讀之。”成疏必有所本，蓋宋之東門名曰演門，此文“崇門”之“崇”疑即篆文“東”字形近之誤。

# 内儲説下六微

**六微。**

禮鴻案：“微”讀作“職”，察也。見《制分》篇孫詒讓説。《史記·游俠列傳》：“解使人微知賊處。”“微”字義亦同。下文云：

“此六者，主之所察也。”

**五曰：參疑內爭。**

禮鴻案：“疑”讀爲“儗”，通作“擬”。說曰：“驪姬貴擬於后妻，衛州吁重於衛，擬於君。”即此“疑”字。《說疑》篇云：“孼有擬適之子，配有擬妻之妾，廷有擬相之人，臣有擬主之寵，此四者，國之所危也。”即本篇義。《管子·君臣下》篇：“內有疑妻之妾，此宮亂也。庶有疑適之子，此家亂也。朝有疑相之臣，此國亂也。”與《說疑》篇大同。《賈子·數寧》篇：“卑不疑尊。”《服疑》篇：“近則冀幸，疑則比爭。”義亦同。凡物之勢位相齊者，兩曰“疑”，兩以上曰“參”也。

**足下無意賜之餘隸乎？**

顧廣圻曰：“藏本同，今本隸作瀝。”

禮鴻案：《玉》篇：“瀝，滴也。”“隸”即“瀝”省。

**夷射叱曰，去！**

王先慎曰：“乾道本‘叱曰’二字誤倒，從張榜本改。”

禮鴻案：乾道本不誤。“夷射曰”逗，“叱”逗，“去”句。“叱”乃叱之之聲耳。

**爲近王，必掩口。**

王先慎曰：“爲當作若。”

禮鴻案：爲者，如也。《經傳釋詞》即引此條。

## 君殆去之！

盧文弨曰：“‘殆’當作‘急’。《吴越春秋》作‘王急去之’。”王先慎曰：“‘殆’猶必也。‘君殆去之’謂君必去之也。《吕覽‧自知》篇云：‘座殆尚在於門。’注：‘殆猶必也。’”

禮鴻案：二説皆非是。“君殆”句，“去之”句。殆者，危殆也。急促其詞，所以示其倉皇耳。

## 遺哀公女樂以榮其意。

王渭曰：“‘榮’當作‘熒’，下文‘榮其意’同。”

禮鴻案：“榮”、“營”、“熒”三字通用，皆“嫈惑”字之假借也。《説文》：“嫈，惑也。”《易‧否‧象辭》：“不可榮以禄。”謂不可嫈以禄也。《荀子‧樂論》篇：“弟子勉學，無所營也。”謂無所嫈也。《莊子‧人間世》篇：“口將營之。”謂口將嫈之也。《齊物論》篇：“是黄帝之所聽熒也。”謂聽嫈也。《易象》虞氏本作“營”，可證“榮”之爲“嫈”。王氏未核《易》義，故謂《韓子》作“榮”爲誤，非也。

# 外儲説左上

## 其身體則可。

王先謙曰：“‘身體’當作‘體身’，誤倒。”

禮鴻案：《御覽》四百五十一引“則可”作“可則也”三字，義長。“可則”猶言可法。

### 乘白馬而過關,則顧白馬之賦。

王先慎曰:"顧,視也。古人馬稅當別毛色,故過關視馬而賦,不能辯也。"

禮鴻案:《漢書·鼂錯傳》:"其行賞也,非虛取民財妄與人也,以勸天下之忠孝而明其功也。故功多者賞厚,功少則賞薄。如此,斂民財以顧其功,而民不恨者,知與而安己也。"顏師古注:"顧,儶也。若今言雇賃也。"是則出費用謂之"顧"。《漢書·昭帝紀》:"三年以前所振貸,非丞相御史所請,邊郡受牛者勿收責。"應劭注:"武帝始開三邊徙民屯田,皆與犁牛,後丞相御史間有所請。今敕自上所賜與勿收責,丞相所請乃令其顧稅耳。"又:"三年以前逋更賦未入者皆勿收。"如淳注:"更有三品;有卒更,有踐更,有過更。古者正卒無常人,皆當迭爲之,一月一更,是爲卒更也。貧者欲得顧更錢者,次直者出錢顧之,月二千,是謂踐更也。""顧稅"、"顧更錢"、"顧之"之"顧"義亦同。"顧白馬之賦"者,納白馬之稅也。《韓非子》之意,但謂倪説雖能辯白馬之非馬,及其過關,仍不能免馬稅,初無容心於馬之黃白也。王謂顧視毛色,謬矣。

### 然而士窮乎范且虞慶者。

禮鴻案:"士"當作"出","出"讀作"詘",謂詘窮於辭而無以爲答也。古書"士"、"出"多互譌,見王氏《荀子雜志·大略》篇。

# 外儲説左下

**墾草仞邑。**

舊注:"仞,入也。所食之邑能入其租賦也。"俞樾曰:
"仞當作抌,謂抌造其邑也。作仞者,字之誤。《新序》載此事
正作抌邑,當據以訂正。"

禮鴻案:"仞"讀如"充仞"之"牣",牣邑猶言實邑也。《史記·
殷本紀》:"益收狗馬奇物充仞宫室。"《賈子·君道》篇引《詩》"於
牣魚躍"亦作"仞"。《漢書·司馬相如傳》載《子虛賦》:"若迺俶儻
瑰瑋,異方殊類,珍怪鳥獸,萬端鱗崒,充仞其中者,不可勝數。"
《文選·王融〈三月三日曲水詩序〉》:"盈衍儲邸,充仞效虞。""充
牣"字亦作"仞",是"仞"、"牣"通用之證。舊注及俞説並非。

**魯平公問趙武曰。**
禮鴻案:"魯"當作"晉",《御覽》卷二百六十六引不誤。

# 外儲説右上

**是與獸逐走也。**
禮鴻案:當作"是釋與逐獸也"。

**且無上名。**
禮鴻案:"無"下脱"服"字。下文云:"明主之畜臣,令臣不

得不利君之禄，不得無服上之名。利君之禄，服上之名，焉得不服！"是其證。"無服上名"與"不仰君禄"文亦相對。

**上明見，人備之，其不明見，人惑之。**

王先慎曰："惑字失韻，疑誤。"

禮鴻案：古韻"備"、"惑"同在之部。"備"與下二"惑"字及"匿"字皆韻。

**其知見，人惑之。人知見，人匿之。**

禮鴻案："惑"、"匿"二字當互易。下文云："而有知見也，人且匿女。"是其證。

**誅之則君不安，據而有之。**

禮鴻案："誅之則君不安"句，"據而有之"句。《禮記·檀弓》："君安驪姬。""不安"之"安"即《檀弓》之"安"也。"有"之"有"字讀如"右助"之"右"（今作"佑"）。據者，如《左傳·僖五年》"吾享祀豐絜，神必據我"之"據"。蓋君無左右之媚事趨承，則無以爲樂，故護助之以不行吏之誅也。下文"誅之則人主危"，"危"字乃淺妄所改耳。顧廣圻引《晏子春秋》、《説苑》解此，彼文皆錯亂不可據，今未遑辨正。

# 外儲説右下

**明主者，鑒於外也，而外事不得不成，故蘇代非齊王。**

禮鴻案："明主"當作"人主"。"鑒於外"與下"鑒於上"皆不明主之事，讀説自見，不得云明主也。下文兩言人主，此當與一律。

**故所遇術者如造父之遇驚馬。**

禮鴻案："所遇"二字當作"有"字。説云："令使身逸（此句説見後）且寄載，有德於人者，有術以御之也。故國者，君之車也；勢者，君之馬也。無術以御之，身雖勞，猶不免於亂。有術以御之，身處逸樂之地，而有帝王之功也。"是其證也。

**則馬咸驚矣。**

禮鴻案："咸"讀爲"感"，謂馬感動而馳驚，見良御之技之神也。《易·咸》彖辭曰："咸，感也。"鄭玄、虞翻皆用之。《管子·小稱》篇云："匠人有以感斤欘，故繩可得料也。羿有以感弓矢，故豰可得中也。造父有以感轡筴，故邀獸可及，遠道可致。""感轡筴"與感馬事雖小異，而意則同，足爲《韓子》旁證。説作"轡驚"，亦是"咸驚"之誤。

**桓公巡民而管仲省腐財怨女。**

禮鴻案："怨"讀爲"蘊"。《荀子·哀公》篇："富有天下而無怨財。"楊注："怨讀爲蘊，言雖富有天下而無蘊畜私財也。"《孟子·梁惠王》篇"內無怨女"義亦同，而趙氏無説。案《新序·雜事》篇云："後宮多幽女者，下民多曠夫。"以"幽"代"怨"，是"怨"非怨憤之確證也。《楚辭·九職·愍命》云："叢林之下無怨士兮，江湖之畔無隱夫。""怨""隱"相對，怨亦隱也。怨士，謂失職不見用之士也。

**以田連、成竅之巧，共琴而不能成曲。**

王先慎曰："依上文，琴上當脱鼓字。"

禮鴻案：下文云：“令田連、成竅共琴。”經亦曰“共琴”。王説非。

**造父爲齊王駙駕渴馬。**

禮鴻案：“駙駕”逗，“渴馬”當依下文作“以渴服馬”。

**訾之，人二甲。**

舊注：“訾，毀也，罰之也。”王先慎曰：“注意謂毀其人而罰以甲也。是一訾字而用兩義以申其説矣。案‘訾之人二甲’者，謂量其人二甲也。《國語·齊語》‘訾相其質’高注（案：當云韋注），《列子·説符》‘貨財無訾’張湛注，並云：‘訾，量也。’量財富曰訾，量民之貧富亦曰訾。‘之’猶其也。‘人’謂里人，計里買牛之力，量之可以出二甲，非里中人人二甲也。下文‘屯二甲’即其義。”

禮鴻案：下文明云“人罰二甲”，非一里中人甚明。一説“屯罰二甲”，不必與此相同。此當於“訾之”逗，“人二甲”句。“訾”者，“貲”之假借字。《説文》云：“貲，小罰以財自贖也。”《集韻》平聲五支韻“貲”下引《説文》，文云：“《漢律》：‘民不繇，貲錢二十二。’通作‘訾’。”此訾爲貲借之明證。王氏訓作量，非。

【1976年3月12日新華社訊】 湖北省雲夢縣卧虎地秦墓竹簡云：“斗不正，半升以上貲一甲。”釋者云：“關於統一度量衡的條文規定云云，嚴格規定了對違法者的懲治辦法，一斗相差半升以上，要罰一件鎧甲的錢。”是則貲甲乃秦法之相沿者，可證予説。

**令發五苑之蓏蔬棗栗，足以活民，是使民有功與無功互爭取也。**

禮鴻案：《御覽》九百六十四引作"今發五苑以活民,是使有功與無功争取也"。據此,"令"當作"今","足"字當删去。

**此不必能自給致我魚,我又不能自給魚。**

顧廣圻曰："自當作日。"王先慎曰："《韓詩外傳》、《淮南子》無'致我'二字。蓋本書一本作'自給',一本作'致我',校者識於其下,刊時失删。顧氏不考而改爲日,終不可讀。張榜本無'能自給'三字,亦非。"

禮鴻案：《韓詩外傳》云："受魚而免於相,則不能自給魚。無受而不免於相,則能長自給魚。"《淮南子·道應》篇云："受魚而免於相,雖嗜魚,不能自給魚。毋受魚而不免於相,則能長自給魚。"皆約改《韓子》原文,非其本然,不得引彼校此。此"不必能自給致我魚"句之"能自給"三字明爲涉下文而衍。張榜本删此三字,爲得其是。"不必"當作"必不",則張本未及乙正耳。"人不致我魚"是一層,"我不能自給魚"是一層。合此兩層,文義明白周匝,勝於《外傳》、《淮南》,奚用調停之説爲?

**其子下車牽馬,父子推車。**

王先慎曰："父子衍子字。"

禮鴻案："父"下"子"字當作"下",非衍文。

**請造父助我推車。**

顧廣圻曰："'推車'二字當衍。"

禮鴻案：父子非識造父而知其善御者。"請造父"三字乃《韓子》記事之文，"助我推車"乃《韓子》記言之文。有"推車"二字乃見無術者之不知所措，曷可省哉？

### 令使身逸。

王先慎曰："乾道本'使身'二字倒。顧廣圻云：'藏本，今本"身使"作"使身"。'今據乙。"

禮鴻案：此當作"令身便逸"，"使"乃"便"字形近之誤。王校非。

### 田嬰令官具押券斗石參升之計。

孫詒讓曰："'參升'二字疑衍。"

禮鴻案：孫説是。"參升"即"券斗"二字之誤而衍者。

### 遂避而逸。

禮鴻案："避"即"盤辟"之"辟"。《説文》云："避，回也。"《詩·小雅》："謀猶回遹。"傳訓"回"爲邪，是"避"亦邪也。"避而逸"即上文所謂旁出。

## 難　一

### 凡對問者有因因小大緩急而對也。

王先慎曰："乾道本下'因'字作'問'。顧廣圻云：'藏本同。今本'問'作'因'，誤。按：有當作在，十字一句。'先慎按：顧説非。'問'字涉上文而誤。'因大小緩急而對'，謂因其問之大小緩急而對也，正承上‘對問者有因’而言。若作‘問’字，則文氣不屬，改從今本。”

禮鴻案：顧說是也。“在因問小大緩急而對”者，謂在於因所問之小大緩急而對也。語意極明。王氏忽忘顧說“有”當作“在”，因謂文氣不屬，誤甚。且王氏以“有因”上屬爲句，其何以說“有”字乎？

**乃躬藉處苦，而民從之。**

顧廣圻曰：“‘藉’‘借’同字。”

禮鴻案：“藉”猶“處”也，“藉”、“處”同義連文，古人自有此例。訓“藉”作“借”，無義。

# 難　二

**敗軍之誅以千百數，猶且不止。即治亂之刑如恐不勝，而姦尚不盡。**

顧廣圻曰：“藏本且作北，今本且北兩有，皆誤。”

禮鴻案：“猶且不止”當作“而北猶不止”，與“而姦尚不盡”相對。北者，敗北也。“即”字衍。

**伊尹自以爲宰干湯，百里奚自以爲虜干穆公。**

俞樾曰：“兩以字皆衍文。自，由也。言由爲宰以干湯，由爲虜以干穆公也。《難一》篇：‘故伊尹以中國爲亂，道爲宰干湯。百里奚以秦爲亂，道爲虜干穆公。’道亦由也。與此一律。”

禮鴻案：俞説非也。此本是以爲宰干湯，以爲虞干穆公。《孟子》言伊尹以割烹要湯，語與此同也。而此加兩"自"字者，明伊尹、百里奚之自來，不繫君之索否也。"以"字不得删，"自"字不訓由。下文云："設官職陳爵禄而士自至，君人者奚其勞哉？"此"自"字不訓由之明證也。

**夫曰：言語辨，聽之説，不度於義者，必不誠之言也。**

禮鴻案："不度於義"下脱"謂之窕言"四字。此與下文"夫無山林澤谷之利入多，因謂之窕貨者，無術之言也"相耦。蓋李克之言曰："言語辨，聽之説，不度於義，謂之窕言。"（見上文）難者引而斥之，謂克之此言爲不誠之言也。

**賞厚而信，人輕敵矣。刑重而必，失人不比矣。**

禮鴻案："失"字涉下文"數百不一失"而衍。顧廣圻欲改"失"爲"夫"，並於上句"人輕敵矣"上補夫字，非也。又"比"字趙本作"北"，是也。謂敗北。

**數百不一失。**

顧廣圻曰："藏本同。今本'失'作'人'。按：此當衍。"

禮鴻案：下文言"人莫不然"，即數百不一失也。"數百不一失"與"百數之一"正相反，其義至明。"失"字決不可去。

## 難　三

**庶孽卑寵無藉。**

　　王先慎曰：“‘庶孽卑’句。‘寵無藉’謂所寵之人無借以權勢也。”

　　禮鴻案：審《四部叢刊》影印黃丕烈所得述古堂影鈔乾道本，“寵”字本作“罷”，後乃改“寵”，塗改之迹至顯，乃黃氏據夏邑李氏宋刻本改之。刻本鈔本非出一源，黃氏已著於跋。此即未必刻本是而鈔本非也。“庶孽卑罷無藉”六字一句讀。“罷”、“疲”古今字。“卑”、“罷”一義，“無藉”謂無所憑藉。此當從鈔本，不得作寵而依王氏斷句。

**則有罪者免。**

　　禮鴻案：此當作“有罪者免罰”。“罰”字誤爲“則”，又錯在上耳。

**舜一從而咸包。**

　　禮鴻案：王晫《今世説·捷悟》篇云：“陸麗京誦讀明敏，善思誤書。嘗閲《韓非子》至‘一從而咸危（案此即包字之異文）’，曰：‘是一徙而成邑’也。”今案：《御覽》八十一又一百五十六引《尸子》皆云：“舜一徙成邑，再徙成都，三徙成國。”此陸説之證。《史記·五帝紀》云：“一年而所居成聚，二年成邑，三年成都。”其説小異。

**力之所致也。**

禮鴻案：“力”當作“功”，殘缺。

**又率韓魏之兵以伐趙。**

王先慎曰：“各本‘又率’作‘而從’，今據《御覽》改。《説苑》亦作‘又率’。”

禮鴻案：“而從”二字不誤，説見《存韓》篇。下文云：“從韓康、魏宣而圖以水灌滅其國。”是作“從”字之確證也。《御覽》竄易不足據。

# 難　四

**今不加誅，而使賢者煬己。**

禮鴻案：“誅”字述古堂影鈔乾道本作“知”，是也。此刻者之誤。

**非賢而賢用之。**

禮鴻案：下“賢”字當在“非”字上。“賢非賢而用之”與下“賢誠賢而舉之”對文。“賢非賢”，謂以不賢者爲賢也。

**曰不加知而使賢者煬己則必危。**

顧廣圻曰：“藏本同。今本曰作曰，誤。”

禮鴻案：今本作“曰”，是也。“曰不加知而使賢者煬己則必危”

作一句讀，舉其所難者之説如此也。

# 説　疑

**説疑。**

禮鴻案：顧廣圻曰："'疑'讀爲'擬'。"是也。"説"當讀爲"敓"。《説文》云："敓，彊取也。"今借奪爲之。"説疑"者，奪取其擬也。篇末云："四擬者破。"破即"説"字之義。又《禮記・樂記》云："虎賁之士説劍。"《釋文》："説，吐活反。""説劍"即脱劍，猶去劍也，義亦與"奪去"相成。

**則如師徒之勢。**

禮鴻案："勢"當作"褻"。《説文》："褻，日狎習相嫚也。"《國語・楚語》："居寢有褻御之箴。"韋注："褻，近也。"

**敗法類也。**

顧廣圻曰："藏本同，今本法下有圮字，誤。"

禮鴻案："敗法圮類"與"傷國害民"對文，有"圮"字是。《釋詁》："圮，毀也。"類者，法之別也。《荀子・王制》篇云："其有法者以法行，無法者以類舉。"蓋即後世"律例"之例。統言則不別。《方言》七："類，法也。"

**內構黨與外接巷族以爲譽。**

禮鴻案："外接巷族"，"接"字下文作"攄"，張本又作"攄"，蓋皆譌文，當作"搜"耳。《釋詁》："搜，聚也。"《孟子・告子》篇云：

"五霸者，摟諸侯以伐諸侯者也。"本篇下文又云："構黨與，聚巷族。"正與《雅》訓相合。"摟"字右旁下體近於"接"，上體近於"攄"、"攎"，故誤而岐出，其迹不難求也。

**鎮之以辭令，資之以幣帛。**

禮鴻案："鎮"當作"飭"。《呂氏春秋·制樂》篇云："飭其辭令幣帛以禮豪士。"《韓詩外傳》三："文王飾其辭令幣帛以禮俊士。""飾"與"飭"通。

**爲人臣者。**

　　王先慎曰："乾道本'臣'作'主'。顧廣圻曰：'今本"主"作"臣"。'案：依上下文當作'臣'，今據改。"

禮鴻案：乾道本作"人主"，明明不誤。而依今本，謬之甚者。

**此五者，明君之所疑也，而聖主之所禁也。**

　　顧廣圻曰："'疑'，讀爲'擬'，下同。"

禮鴻案：此"疑"字不讀作"擬"。疑者，止也。《詩·大雅·桑柔》云："靡所止疑。"傳曰："疑，定也。"《儀禮·士昏禮》云："婦疑立於席西。"注曰："疑，正立自定之貌也。"定即止也。"明君之所疑"、"聖王之所禁"二句義同。

# 詭　使

**大臣官人與下先謀比周雖不法行。**

顧廣圻曰：“藏本同。今本無‘與下先謀’、‘雖’五字。”

禮鴻案：“先”當作“先”，字之誤也。《説文》“先”重文作簪。《易·豫》九四：“朋盍簪。”《釋文》云：“簪作戠，叢合也。”然則“先謀”即合謀也。“雖”乃雕字之誤，“雕”即“壅”字。“不法”當作“法不”。今本少五字，乃校者不得其解而刪之耳。

# 六　反

**授之以鼎俎，則罷健效矣。**

顧廣圻曰：“‘俎’字當衍，下句同。”

禮鴻案：“鼎俎”乃以“俎”字足句，如“大夫不得造車馬”之例。刪去“俎”字，非古人屬辭之例矣。

# 八　説

**虎豹必不用其爪牙而與鼷鼠同威，萬金之家必不用其富厚而與監門同資。**

王先慎曰：“而猶則也。而則古通用，見《經傳釋詞》。”

禮鴻案：此文謂虎豹而與鼷鼠同威者，必其不用其爪牙者也。萬金之家而與監門同資者，必其不用其富厚者也。喻人主不以術斷，則國非其有也。“必不用其爪牙而與鼷鼠同威”當一氣急讀，“必不用其富厚而與監門同資”亦然。如王解則兩“必”字贅矣。

# 八　經

**衆諫以效智，使君自取一以避罪。**

王先慎曰：“乾道本‘使’上有故字。顧廣圻云：‘今本無故字。’今據刪。”

禮鴻案：有“故”字是也。“故”字屬上爲句，“智故”連文，乃巧詐也。臣多設諫説，使人主自擇，以避不效之罪，是其用巧詐之術也。《淮南子·原道》篇：“夫鏡水之與形接也，不設知故而方圓曲直莫能逃也。”高注：“知故，巧飾也。”“知”與“智”同。又《覽冥》篇：“道德上通而智故消滅。”注：“智故，巧詐。”《三國志·蜀書·郤正傳》：“奇邪蠲動，智故萌生。”是其證。《荀子·王制》篇：“進退貴賤則舉幽險詐故。”“詐故”猶“智故”也。

# 五　蠹

**雖監門之養不虧於此矣。**

王先慎曰：“《御覽》八十引‘虧’作‘敵’，八百四十九及《北堂書鈔》一百四十三引作‘厭’，並誤。虧，損也。”

禮鴻案：作“敵”作“厭”，皆“觳”字形近之誤。朱駿聲《説文通訓定聲》曰：“觳，叚借爲確。《管子·地員》：‘剛而不確。’字又誤作觳。《莊子·天下》：‘其道大觳。’注：‘無潤也。’”今本《韓子》作觳，當是觳字誤爲“敵”、“厭”等字之後校者不得其義而以意改之。《史記·秦始皇本紀》及《李斯傳》引皆作"觳"。

**身執耒臿以爲民先。**

禮鴻案：《御覽》八十二引"耒臿"作"木畚"，《史記·秦始皇本紀》作"築臿"。今案三文皆誤，當作"耒臿"耳。《説文》木部："耒，兩刃臿也。从木，丫象形。宋魏曰畚也。"蓋耒臿二物同類而微異。《説文》云兩刃臿，即別於常臿之詞。耒爲兩刃，則臿一刃明矣。

**今學者之説人主也，不乘必勝之勢，而務行仁義。**

王先慎曰："乾道本務上有勝字。顧廣圻云：'藏本、今本無"勝"字。按：句有誤。'先慎按：'勝'字衍，今據刪。"

禮鴻案：此當作"勝行仁義"。"勝"與"任"通。《淮南子·詮言》篇："聖人勝心，衆人勝欲。"王念孫曰："勝，任也。言聖人任心，衆人任欲也。《説文》：'勝，任也。''任'與'勝'聲相近。任心任欲之爲勝心勝欲，猶戴任之爲戴勝。"説詳《讀書雜志》。此文本作"勝"字，校者不得其解，疑爲"務"字之誤，因注"務"字於下，故乾道本並存"勝"、"務"，而藏本、今本則遂刪"勝"字矣。本篇上文云："夫垂泣不欲刑者，仁也。然而不可不刑者，法也。先王勝其法，不聽其泣。""勝其法"亦即任其法。

**工文學者非所用。**

王先慎曰："乾道本文上無工字。顧廣圻云：'今本文上有工字。按：句有誤，未詳。'先慎按：有'工'字是。上文'行仁義者非所譽'，與'工文學者非所用'句法一律，明此不當少一字，改從今本。"

禮鴻案：無"工"字是也。上文"行仁義者非所譽""仁"字乃衍文。行義指俠，文學指儒。《八經》篇："行義示則主威分，慈仁聽則法制毀。民以制畏上，而上以勢卑下。故下肆很觸而榮於輕君之俗，則主威分。""行義"之義可知矣。淺人妄增"仁"字，故又於"文學"上增"工"字耳。下文云："爲匹夫計者，莫如修行義而習文學。行義修則見信，文學習則爲明師。"正承此文言之，乃其明證。王氏於彼文反云"行當作仁"，斯由習見"仁義"而不知韓非用詞自別，誤亦甚矣。

## 顯　學

**行無常議。**

顧廣圻曰："藏本同。今本'議'作'儀'，誤。"

禮鴻案：《外儲説左上》篇云："夫新砥礪殺矢，轂弩而射，雖冥而妄發，其端末嘗不中秋毫也。然而莫能復其處，不可謂善射，無常儀之也。設五寸之的，引十步之遠，非羿、逢蒙不能必全者，有常儀之也。有度難而無度易也。"此文"常儀"即《外儲説》之"常儀的"。射準謂之儀。《淮南子·齊俗》篇："夫一儀不可以百發。"複言之則曰"儀的"。引申之凡準度皆曰儀，行準亦曰儀，即此文"行無常儀"是也。乾道本、藏本作"議"，同音通用耳。以作"儀"者爲誤，非通論矣。《解老》篇："立權議之士知之矣。""議"亦與"儀"通。"權儀"謂權衡儀表。《安危》篇云："使天下皆極智能於儀表，盡力於權衡。"是其證也。劉師培以爲《解老》之"議"字涉上文而衍，是亦不知"議"與"儀"通而誤也。

**不道仁義者故。**

俞樾曰："者字古與諸通。《禮記·郊特牲》云：'或諸遠人平?'《儀禮‧士虞禮》注引作'或者遠人乎?'是其證。《廣雅‧釋言》:'諸,之也。''不道仁義者故'即'不道仁義之故',與'不聽學者之言'兩句相對。"

禮鴻案:"者故"乃"智故"之譌。解見《八經》篇。道,由也。俞説非。

# 忠　孝

**古者黔首悗密蠢愚。**

禮鴻案:述古堂影鈔乾道本"蠢"作"惷"。黃丕烈無校,則宋刻本亦作"惷"。《説文》:"惷,愚也。"《禮記‧哀公問》篇:"寡人惷愚冥頑。"又《表記》篇:"其民之敝惷而愚。"作"惷"是。

**今民儇詷智慧。**

王先慎曰:"詷音朽政反,反間也,見《漢書‧淮南王傳》注。近人謂'詷'當作'譎',非。"

禮鴻案:述古堂影鈔乾道本作"詷",黃丕烈無校,是宋刻本亦作"詷"。《玉篇》:"詷,徒貢切,謥詷也。謥,且送切,謥詷,言急也。"《廣韻》義同。然則"詷"謂言之急也。"儇"與"懁"、"獧"通。《説文》:"懁,急也。""獧,疾跳也。一曰:急也。"是儇謂動之急也。儇詷猶云輕躁,(《後漢書‧和熹鄧皇后紀》:"假借威權,輕薄謥詷。"章懷注:"言忿遽也。")與上悗密相對。(孫詒讓云:"悗密,謂忘情而静謐也。")下云:"欲自用不聽上。"即其義矣。作"詷"作"譎"並非。

# 《淮南子》校記

　　武進莊氏校刊《淮南子》,蓋承用錢獻之所校,而盧紹弓之説亦在其中,今無由别白矣。其書但竭三數人之心思學力,未爲甚善。其餘學者讎正是書,則高郵王氏父子爲傑,次有德清俞氏,瑞安孫氏之倫,遞相匡益,咸有可觀。劉叔雅教授甄綜諸家,作爲《淮南鴻烈集解》,世推詳核。余竊讀其書,以爲世所傳宋本,劉君既得見之而又引之,然佳處實未盡採擷。又其書以博綜類書見稱,或謂其斷制有法,實則亦有類書誤文未盡删汰,因或校改失真者。他如顧千里有校語二十許條在王氏書中,劉君一不稱引,則又未詳其故。夫淮南之書,在漢即有許、高異本,爾後轉寫謬誤,往往而是。前修雖多發正,結滯猶未盡通。析疑訂誤,固有俟乎方來者也。余有懷綜緝,未具資糧,讀劉君書,稍有箋記,姑刺取其若干條,就正通學。豈敢踵武前賢,聊依劉書以起其文,自陳管見云爾。鹽城陶小石(鴻慶)有《讀淮南子札記》,涉覽所及,間亦擬議及之。又中國科學院所印長沙楊氏《淮南子證聞》,余因鞅掌,愧未能讀,如有複重,俟異時删削焉。一九五六年七月重寫定。

## 原　道

**游雲夢沙丘。**

　　高注:"沙丘,紂臺名也,在鉅鹿也。"劉文典曰:"《藝

202

文類聚》引作遊雲夢，陟高丘。”

禮鴻案：《類聚》作“陟高丘”，是也，雲夢，楚澤；高丘，楚山。《離騷》：“哀高丘之無女。”王逸注曰：“楚有高丘之山。”宋玉《高唐賦》曰：“巫山之陽，高丘之阻。”即《離騷》之高丘。此脱“高”字，校者輒改“陟”作“沙”耳。又案：下文曰：“釣射鸂鶋。”高注：“鸂鶋，鳥名也。”莊逵吉校曰：“《太平御覽》引作釣射瀟湘，當是異本。”今案：莊説是也。蓋上文之京台、章華與此雲夢、高丘、瀟湘皆爲楚地，是一本也。《山海經·中次十二經》郭璞傳云：“《淮南子》曰：‘弋釣瀟湘。’”與此本同。高注以沙丘爲紂台名，鸂鶋爲鳥名者，是又一本也。高氏所據，其義實短。

## 此齊民之所以形植黎黑，憂悲而不得志也。

王引之曰：“黎黑舊本譌作黎累，今據《文選·詣建平王上書》注改。”俞樾曰：“王氏據《文選》注訂黎累爲黎黑，是也。惟未説植字之義。植當讀爲殖。《管子·地員》篇：‘五殖之狀甚澤以疏，離坼以臞塏。’是殖有臞瘠之義。形殖，謂形體臞瘠也。蓋即從脂膏殖敗之義而引申之耳。”

禮鴻案：《易·大壯》九三：“羸其角。”《釋文》：“馬云：‘大索也。’王肅作‘縲’，鄭、虞作‘纍’，蜀才作‘累’，張作‘藟’。”“累”即“纍”之省。然則“累”與“羸”通。《禮記·玉藻》篇：“喪容纍纍。”鄭注云：“纍纍，羸憊貌。”亦其證也。黎言黑，累言憊，本自不誤。王氏改之，非是。俞氏讀植作殖，訓殖爲瘠，亦不可從。形植即形體。《楚辭·招魂》：“去君之恒幹。”幹與植義一也。若如俞説，則形瘠黎黑，豈成文乎？

終身運枯形於連嶁列埒之門。

高注："連嶁，猶離嶁也，委曲之類。列埒，不平均也。"
洪頤煊曰："《説文》：'庱，屋麗廔也。'《列子·力命》篇：
'居則連欐。'《莊子·徐無鬼》篇：'君亦必無陳鶴列於麗譙
之間。'郭注：'麗譙，高樓也。'皆同聲通用字。《廣雅·釋
室》：'埒，隄也。'高注非。"

禮鴻案："連嶁"謂連延之嶁，"列埒"謂成列之埒。二文相
對，"連"、"列"皆静字，"嶁"、"埒"皆界畔之名。言其綿亘重襲，
故入之者終身不得出也。二家説並未得。又案：高注"類"字當
作"頪"。下文"滇睯（今本作漠睯，依王念孫説改"漠"作"滇"）於勢利"注
曰："不知足頪。"亦作豸旁頁。

# 俶　真

一範人之形而猶喜。

高注："範猶遇也，遭也。一説：範，法也，言物一法效
人形而猶喜也。"俞樾曰："範即犯之叚字。《周易·繫辭
傳》：'範圍天地之化而不過。'《釋文》曰：'範圍，馬、王肅、
張作犯違。'是範犯古字通也。《莊子·大宗師》篇正作'特犯
人之形而猶喜之'；又曰：'今一犯人之形，而曰人耳人耳。'
皆其證也。高注曰：'範猶遇也，遭也。'此説得之。郭象注
《莊子》曰：'人形乃是萬化之一遇耳。'是亦以遇釋範也。
高注又曰：'一説：範，法也，言物一法效人形而猶喜也。'

則望文生義,失之泥矣。"

禮鴻案:《莊子·大宗師》云:"特犯人之形而猶喜之。"王先謙《集解》曰:"犯與范同。"是也。字又作"范"。《荀子·彊國》篇曰:"刑范正,金錫美,工冶巧,火齊得,剖刑而莫邪已。""刑范"即"型笵"。《莊子》下文曰:"今之大冶鑄金,金踊躍曰:'我必且爲鏌鎁。'大冶必以爲不祥之金。今一犯人之形,而曰人耳人耳,夫造化者必以爲不祥之人。今一以天地爲大爐,造化爲大冶,惡乎往而不可哉?""犯"爲型范,其義至明。猶《逍遥遊》篇所謂陶鑄堯舜也。《淮南子》此文本於《莊子》,即"範"字義當與之同。俞氏從高注前説,非是。

**於是在上位者,左右而使之,毋淫甚性;鎮撫而有之,毋遷其德。**

禮鴻案:"使"當作"在","左右而在之"句絶;"有"讀作"宥"。《莊子·在宥》篇曰:"聞在宥天下,不聞治天下也。在之也者,恐天下之淫其性也;宥之也者,恐天下之遷其德也。"《莊子》文即《淮南》所本,是其證也。下文曰:"心有所至,而神喟然在之,反之於虛。"義與此在之同。"左右"讀如《易·泰》象"裁成天地之道輔相天地之宜以左右民"之"左右"。

**抱德煬和,而萬物雜累焉。**

高注:"煬,炙也。抱其志德,而炙於和氣,故萬物雜累,言成熟也。"孫詒讓曰:"雜累無成熟之義。雜疑當作炊。《莊子·在宥》篇云:'從容無爲,而萬物炊累焉。'《釋文》云:'炊或本作吹,同。司馬云:炊累,猶動升也。向、郭云:如埃塵之自動也。'《淮南》書似即本彼文。高訓爲成熟，則與司馬、郭義異耳。"

禮鴻案："炊"、"雜"形聲不近，無緣致誤，孫說殆非是。"雜累"猶"葉累"也。《原道》篇："大渾而爲一，葉累而無根。"《廣雅·釋詁》："雜、葉，聚也。"《説文》："鏶，鍱也。鍱，鏶也。""雜"之爲"葉"，猶"鏶"之爲"鍱"矣。王氏《廣雅疏證》即引《原道》篇"葉累"以證"葉"之爲"聚"。又本篇下文曰："橫廓六合，揲貫萬物。"王氏謂"葉累"、"揲貫"同爲積累之義（説見《主術》篇）。是"雜累"、"葉累"、"揲貫"同義，"揲貫萬物"，即此"萬物雜累"矣。

**若此，則有所受之矣，而非所授者。所受者無授也，而無不受也。無不受也者，譬若周云之龍蓯遼巢彭濞（王念孫改薄）而爲雨，溺沈萬物而不與爲濕焉。**

陶鴻慶曰："所受者當爲所授者，承上非所授而言。"

禮鴻案：陶校未盡。"所受者無授也，而無不受也。無不受也者。"三句當作"所授者無受也，而無不授焉。無不授也者。"此言萬物受於道而道無所受。《莊子·大宗師》篇曰："夫道，自本自根，未有天地，自古以固存。"此所謂無受也。又曰："神鬼神帝，生天生地，此所謂無不授也。"

**然其斷在溝中，壹比犧尊溝中之斷，則醜美有間矣。**

劉文典曰："然其斷在溝中句疑有脱誤。《莊子·天地》篇作其斷在溝中，亦非。惟《御覽》七百六十一引《莊子》作其一斷在溝中，不誤。今本一字誤置比字上，傳寫又改爲壹，義遂不可通矣。"

禮鴻案："其斷在溝中"與"溝中之斷"兩"斷"字正相應。如劉氏改上句爲其一斷在溝中，豈下句亦將云溝中之一斷乎？此兩"斷"字乃由"動"字轉成之名字，謂斬木爲尊之餘材棄在溝中者也。有斬則有斷，有斷則有棄，故棄材曰斷。《書·盤庚中》篇云："乃祖乃父乃斷棄女，不救女死。"是其義也。劉氏據其一以改其二，俱矣。究其所以改之者，則以壹比語不經見，疑爲不可通耳。不知"壹"與"一"皆語助詞，並無實義，王氏《經傳釋詞》舉證甚博。《新序·雜事》篇："老古振衣而起曰：'一不意人君如此也。'"《羣書治要》引作壹，即爲發語之詞，又何疑乎？又案："壹比犧尊溝中之斷"八字當一句讀。《莊子》作比犧尊於溝中之斷，語意尤明。此省"於"字耳。胡適爲劉君作《集解》序，讀"壹比犧尊"爲句，則"溝中之斷"四字成疣綴矣。

# 天　文

**咸池者，水魚之囿也。**

　　劉文典曰："魚本作衡，字之誤也。衡古作奥，與魚形近而誤。水衡，上林之官，故天上亦有水衡之神也。《北堂書鈔》百十五引此正作水衡之囿。"

禮鴻案：《晉書·天文志》："天潢南三星曰咸池，魚囿也。"《隋書·天文志》同。《〈史記·天官書〉正義》曰："咸池三星，在五車中，天潢南，魚鳥之所託也。"說亦與二志合。若是水衡，則二志不得僅言魚囿。是其本作"魚"字甚明。二志皆李淳風所修。李氏之說諸星，則本諸三國時吳太史令陳卓總甘、石、巫咸三家所著星圖，其來古矣。李氏與虞監同時，又爲星曆專家，若爲水衡之誤，不容不知。此恐《書鈔》傳寫之誤，劉氏以改《淮南子》，未爲確據。

**涒灘之歲。**

高注："涒，大；灘，修也；言萬物皆修其精氣也。"桂馥曰："兩修字皆寫誤，並當爲循。高注《呂氏春秋·序意》篇'歲在涒灘'云：'涒，大；灘，循；萬物皆大循其情性也。'李巡説《爾雅》云：'萬物皆循精氣，故曰涒灘。'"

禮鴻案：桂説非也。《淮南子》注與李巡説並云精氣，則《呂氏春秋》作情性非是。李巡説引見玄應《一切經音義》十七，下尚有一語曰："灘，單，盡也。""單盡"（"單"讀作"殫"）與"循"義不相應，則作"循"亦未可據。今謂"修"字不誤，"灘"、"修"皆乾枯之義，精氣枯竭，義與"單盡"正相應。《説文》"灘"爲"𤄷"之俗體。𤄷下云："水濡而乾也。從水，鸂聲。"引《詩》曰："𤄷其乾矣。"今《詩·王風·中谷有蓷》首章"暵其乾矣"，次章"暵其脩矣"，毛傳曰："脩，且乾也。"陳奐《詩毛氏傳疏》曰："《小箋》（段玉裁《詩經小箋》）云：'唐定本、宋監本、越本、蜀本皆作"修修"，唐石經、宋《集韻》、光堯石經皆作"脩脩"。蓋《毛詩》本用合韻，淺人改爲"消"，又或改爲"脩"，今本《釋文》亦是淺人所改，《集韻》所據《釋文》未誤。'案《中谷有蓷》傳：'脩，且乾。'脩與修通。修修，謂鳥尾勞敝，修修然無潤澤之色，亦且乾之義也。《説文》：'臊，乾魚尾臊臊也。'應劭《風俗通義》説夏馬掉尾肅肅。馬尾肅肅，魚尾臊臊，鳥尾修修，聲義並同也。"是"灘"、"脩"、"修"皆有乾義。乾枯則萎縮，故《釋名·釋飲食》篇云："脩，縮也，乾燥而縮也。"修其精氣，謂精氣乾枯萎縮也。且試就上下文注義案之。攝提格，言萬物承陽而起。單閼，陽氣推萬物而起，陰氣盡止。執徐，伏蟄之物皆散舒而出。大荒落，萬物熾盛而出，霍然落落大布散。敦牂，言萬物皆盛壯。協洽，言陰欲化，萬物和合。以上六名，言萬物承陽而起，以漸至於盛壯和合也。作噩，萬物皆陊落。掩茂，萬物皆蔽冒。大淵獻，言萬物終於亥，大小深藏窟伏以迎陽。以上三名，言萬物零落以至閉藏也。困敦，言陽氣皆混沌，萬物牙蘗（皆字當在物下）。赤奮若，言陽奮物而起之，無不順其性。則言閉藏之後復生牙蘗，與攝提格言萬物承陽而起相接。循序推移，終則又始。涒灘次協洽和合之後，作噩陊落之前，而爲精氣乾枯，正其序也。高注文義簡奧，桂氏猝不得其説，乃據李巡《爾雅》注及傳寫錯誤之《呂氏春秋》以改之耳。隋蕭吉《五行大義‧釋名》篇引此注作“涒灘大脩也言萬物皆脩其精氣也”，與今本正合，惟“大”、“灘”二字誤倒耳。

# 墜　形

**有神二人，連臂爲帝候夜。**

禮鴻案：“二人”當作“二八”。《山海經‧海外南經》：“有神二八，連臂爲帝司夜於此野，在羽民東，盡十六人。”“盡十六人”乃後人釋“二八”之文。《山海經》文即《淮南子》所本，是其證也。

# 時　則

**餒毒之藥毋出九門。**

高注：“天子城門十二，東方三門，王氣所在，餒獸之毒藥所不得出，尚生育也。兼餘九門得出，故特戒之，如其毋出。”

　　禮鴻案："餧毒"，《禮記·月令》篇、《吕氏春秋·季春紀》并作"餧獸"，是也。此涉高注"餧獸之毒藥"而誤。又高注説非是，辨見《經義述聞》第十四。

## 乃命漁人伐蛟取鼉登龜取黿，令滂人入材葦。

　　　　高注："滂人，掌池澤官也。入材葦，供國用也。"俞樾曰："池澤之官不聞謂之滂人，高注非也。滂人當作榜人。《月令》：'命漁師伐蛟。'鄭注曰：'《今月令》漁師爲榜人。'《文選·司馬相如〈子虛賦〉》：'榜人歌。'張揖曰：'榜，船也。《月令》曰："命榜人。"榜人，船長也。'張所據《月令》即鄭君所謂《今月令》，船長之義，亦必《月令》舊説也。《淮南》書用榜人字，正本《月令》。高注以爲掌池澤官，蓋據《月令》作'命澤人納材葦'，故云然耳，非榜人之本義也。後人因高注池澤之文，疑榜字从木無義，改榜而滂，而古義湮矣。"

　　禮鴻案：此文"漁人"當《月令》"漁師"，"滂人"當《月令》"澤人"。《今月令》"漁師"作"榜人"，非"澤人"作"榜人"。俞氏乃據與此文上句相當之《月令》異文以改下句，殊爲鹵莽。今案《吕氏春秋·季夏紀》作"乃命虞人入材葦"。高氏於彼注云："虞，掌山澤之官。材葦，供國用也。"與此文注同，但山澤池澤小異耳。然則"滂人"亦當作"虞人"，"滂"、"虞"二字形略相近，故轉寫錯誤耳。又材者山之所出，葦者澤之所出，《吕氏春秋》注作掌山澤之官，其義爲長。

# 覽　冥

　　夫全性保真，不虧其身，遭急迫難，精通於天。若乃未始出其宗者，何爲而不成？夫死生同域，不可脅陵，勇武一人，爲三軍雄。彼直求名耳，而能自要者，尚猶若此，又況夫宫天地，懷萬物，而友造化，含至和，直偶於人形，觀九鑽，一知之所不知，而心未嘗死者乎？

　　高注：“九謂九天；一，龜也。觀九天之變，鑽龜占兆，所不知事，亦云然也。”

　　禮鴻案：高注非是。此當讀“觀九鑽”句，“一知之所不知”句。《莊子·德充符》篇曰：“夫保始之真，不懼之實。勇士一人，雄入於九軍。將求名而能自要者，而猶若此，而況官天地，府萬物，真寓六骸，象耳目，一知之所知，而心未嘗死者乎？”即《淮南子》所本。此云直偶於人形，即《莊子》之寓六骸；觀九鑽，即《莊子》之象耳目也。觀者，形觀。九鑽即九竅，《精神》篇所謂人亦有四支五藏九竅三百六十節（今本作三百六十六節，依王念孫説刪下六字）是也。觀九鑽者，謂以九竅爲形觀耳。友人任銘善曰：“觀”即“五官”之“官”。《大戴禮記·文王官人》即“觀人”，“官”“觀”互通。

　　手徵忽怳，不能覽其光。

　　高注：“言手雖覽得微物，不能得其光。一説：天道廣大，手雖能徵其忽怳無形者，不得覽得日月之光也。”

　　禮鴻案：注二説皆晦曲難解。惟據前説，則《淮南子》本作"微"，蓋作"微"者是也。"手徵"二字當爲"玄微"之誤。"玄"字隸書作"**𤣥**"，與"手"形近，因誤爲"手"。覽其光者，"覽"即"覽冥"之"覽"，謂觀覽也。"光"當爲"兆"或"𠦡"之形誤。篆文"光"作兟，與"兆"、"𠦡"皆相近。《説文》"朕"字从舟𠦡聲，"𠦡"即"朕"之省形存聲字也。玄微忽怳不能覽其兆或𠦡者，即上文所云，物類之相應，玄妙深微，知不能論，辯不能解也。

　　予於1948年爲此説，越二十八年，讀《太平廣記》卷一百六十一所引《感應經》，其書引《淮南子》云："陽燧之取火於日，方諸之取露於月，天地之間，玄微忽怳，巧歷所不能推其數。然以掌握之中，引類於太極之上，而水火可立致者，陰陽相感動然之也。"其文與今本大同，而正作"玄微"，予説於是乎驗。1976年2月22日記。

　　《三國志·魏書·管輅傳》注引《輅別傳》載輅與徐季龍論雲龍風虎感應之理曰："君不見陰陽燧在掌握之中，形不出手，乃上引太陽之火，下引太陰之水。"蓋輅所見《淮南子》亦作"手徵"，因以謂不出掌握而能徵召水火，其實乃據誤文耳。

### 其得之乃失之，其失之非乃得之也？

　　　　王念孫曰："非字義不可通，衍文也。"俞樾曰："非上脱未始二字，非下衍乃字。"

　　禮鴻案："也"字通作"邪"，見《經傳釋詞》。《莊子·胠篋》篇曰："將爲胠篋探囊發匱之盜而爲守備，則必攝緘縢，固扃鐍，此世俗之所謂知也。然而巨盜至，則負匱揭篋擔囊而趨，惟恐緘縢扃鐍之不固也。然則鄉之所謂知者，不乃爲大盜積者也？""不乃爲大盜積者也"與"非乃失之也"句法一律，"也"字皆當讀作

"邪"，爲反問之語。王、俞忽忘"也"、"邪"字通，議删議增，並失之矣。俞氏《古書疑義舉例》謂《莊子》"不乃爲大盗積者也"衍"不"字，亦非。

### 熊羆匍匐丘山漸岩。

王引之曰："漸岩乃高峻貌。龍乘風雨，熊羆畏避，則當伏於幽隱之地。山巔高峻，非所以藏身也。漸岩當作之岩。王逸注《七諫》曰：'岩，穴也。'（《莊子·山木》篇："豐狐文豹伏於岩穴。"）言熊羆伏處丘山之穴而不敢出也。下文虎豹襲穴而不敢咆正與此同義。且蚖鱣著泥百仞之中，熊羆匍匐丘山之岩，二句相對爲文，若作漸岩，則義不明而句亦不對矣。漸字蓋出後人所改。"

禮鴻案：王氏據上百仞之中句例改"漸作之"，"漸"、"之"二字，形聲懸殊，無由致誤，王改殊爲專輒。今案：《莊子·在宥》篇曰："賢者伏處大山嵁岩之下。"俞樾曰："嵁當爲湛。《文選·對禪文》李注：'湛，深也。'湛岩猶深岩。因其以山岩言，故變從水者而從山耳。山言其大，岩言其深，義正相應。"俞説是也。此文"漸岩""漸字"義與"漸"同。《荀子·修身》篇曰："知慮漸深。"是漸亦深也。"漸"之爲"漸"，與"嵁"之爲"湛"，變從水之字而從山從石，其比正同。《荀子·勸學》篇："蘭槐之根是爲芷，其漸之滫，君子不近，小人不服。"《大略》篇："蘭茞稾本，漸於蜜醴，一佩易之。"《晏子春秋·雜上》篇："蘭本三年而成，湛之苦酒，則君子不近，庶人不佩；湛之縻（蓋當作糜）醢，而賈匹馬。""漸""湛"之同有深義，猶其同有浸漬之義也。"丘山漸岩"，即《莊子》之"大山嵁岩"，丘亦大也。《漢書·楚元王傳》"丘嫂"，張晏曰："丘，大也。"本書《精神》篇："禍福之至雖如丘山。"高注："丘山，論大。"《莊子·外物》篇曰："大林丘山之善於人也亦神者不勝。""丘山"與"大林"爲對,則丘山亦即大山。此云匍匐丘山塹岩,《莊子》云伏處大山嵁岩之下,義正一律。然則"塹"字不當作"之","岩"字亦不當訓"穴"。古人文字不皆對切,王氏必謂改字而句始協,亦其固矣。

**浮游不知所求,魍魎不知所往。**

> 劉文典曰："《北堂書鈔》五引作浮游不知所來,罔兩不至所往。來往對文,於義爲長。"

禮鴻案:劉説非是。此《書鈔》誤"求"作"來"耳。《莊子·在宥》篇曰："浮游不知所求,猖狂不知所往。"此文正本《莊子》。且"求"與"浮"、"游"二字叠韻,"往"與"猖狂"及"魍魎"叠韻,改"求"作"來",則失甚韻矣。

**故自三代以後者,天下未嘗得安其情性而樂其習俗,保其脩命,天而不夭於人虐也。**

> 王念孫曰:"天而不夭於人虐也天字與上下文義不屬,此因上文天下而誤衍也。《太平御覽》兵部七十引此無天字。"

禮鴻案:天而不夭於人虐,天謂全其天性也。《原道》篇曰:"牛歧蹄而戴角,馬被毛而全足者,天也。絡馬之口,穿牛之鼻者,人也。"又曰:"故聖人不以人滑天。"天而不夭於人虐,即不以人滑天。絡馬口,穿牛鼻,亦人虐矣。"天"、"人"二字正相對待,不可謂衍"天"字。

# 精　神

**以死生爲一化，以萬物爲一方。**

　　俞樾曰："《文子·九守》篇作以千生爲一化，當從之。
言生之數雖有千，而以爲一也。以千生爲一化，以萬物爲一
方，兩文相儷，而意亦相準。且以死生爲一化，義亦未安。
當據《文子》訂正。"

　　禮鴻案：下文有云："終者反本未生之時，而與化爲一體。
死之與生，一體也。"即此文之義。《莊子·德充符》篇稱"以死生
爲一條"，亦與此義同。何云義亦未安也？死生不誤，俞説非是。
又案《雲笈七籤》九十一所載《九守》篇亦作"以死生爲一化"，不
作"千生"，是《文子》作"千生"之本亦轉寫之誤耳。

# 本　經

**民之專室蓬廬無所歸宿凍餓飢寒死者相枕藉也。**

　　禮鴻案：此處文意了戾，當作"民無專室蓬廬所以歸宿"云
云。《主術》篇云："民無掘穴狹室所以託身者。"（《道藏》本如此。）句
法正同。

# 主 術

**故齊莊公好勇，不使鬥争，而國家多難。**

禮鴻案："鬥争"當作"諫争"。此與下"頃襄好色，不使風議"文意一律。作"鬥争"者，涉好勇而誤。

**故千人之羣無絶梁，萬人之聚無廢功。**

禮鴻案："絶梁"無義，"梁"當作"業"，字之誤也。下文曰："民知誅賞之來皆在於身也，故務功脩業，不受賚於君。"以"功"、"業"相對爲文，可證。《吕氏春秋·用衆》篇高注引《淮南記》曰："萬人之衆無廢功，千人之衆無絶良。"其文又異，"良"字又因"梁"字音近而誤。

**是故任一人之力者，烏獲不足恃；乘衆人之制者，則天下不足有也。**

禮鴻案：王念孫謂此文"制"字當作"刑"（《本經》篇"一人之制"條説），今案此"制"字乃"智"字聲近之誤，與《本經》篇無涉。"智"、"力"對文，乃承上文"乘衆人之智則無不任也，用衆人之力則無不勝也"而言，文理極明。上文又曰："乘衆人之智，則天下之不足有也。"陶鴻慶謂下一"之"字衍文，是也。其文正與此同，是其明證。

**人主貴正而尚忠，忠正在上位，執正營事，則讒佞姦邪無由進矣。**

陶鴻慶曰："忠正在上位上字不當有，此承上文毋小大

脩短各得其宜而言，不專指上位言也。蓋涉下文聖人得志
而在上位而衍上字。”

禮鴻案：此文“營”字當作“管”，王氏引之已校正矣。“上位”
“上”字非衍。惟其在上位，故得執正管事也。下文“聖人得志而
在上位”云云，正承此文而申言之，彼之聖人即此文之忠正，熟玩
自明。又此文與上不相蒙，陶氏以爲承上文毋小大脩短各得其宜
而言，亦非。

**人主執正持平，如從繩準高下。**

禮鴻案：繩者所以別曲直，非所以定高下也。“繩準”當作“浣
準”。《齊俗》篇：“視高下不差尺寸，明主弗任，而求之乎浣準。”
《泰族》篇：“人欲知高下而不能，教之用管準，則説。”“浣”、“管”
聲近字通，皆此文當作“浣準”之證也。

**是故臣盡力死節以與君，君計功垂爵以與臣是。故君不能
賞無功之臣，臣亦不能死無德之君。**

禮鴻案：宋本上二句作“是故臣盡力死節以與君計，君垂爵
禄以與臣市”。今案當作“是故臣盡力死節以與君市，君計功垂爵
以與臣市”。今本上句脱“市”字，下句“市”字誤作“是”，又誤屬
下讀。宋本亦有脱誤，而下句“市”字未誤。《韓非子·難一》篇作
“臣盡死力以與君市，君垂爵禄以與臣市”，文義至明，當據以訂正。

**不失小物之選者，惑於大數之舉。**

禮鴻案：陶鴻慶謂“不”字當在“惑”字上，是矣。宋本作“或
於大事之舉”，《治要》引作“惑於大事之舉”，當依宋本及《治要》
作“大事”。篇首“謀無過事”，王念孫據《治要》及《賈子·保傅》

篇、《文子·自然》篇作"舉無過事"，正與此"大事之舉"相應。

**志在直道正邪決煩理挐。**

禮鴻案："直道"當作"直施"。施者，邪曲也。(《齊俗》篇："夫去非者，非批邪施也。"許注："施，微曲也。"《要略》篇："接徑直施。"許注："施，衺。")上文云："直施矯邪。"與此同義。"施""邪"爲類，"煩""挐"爲類，作"直道"則不相類矣。後人習見"直道"，輒妄改之耳。《要略》篇敘此篇曰："其道直施而正邪。"與此全同，是其明證。

**百官脩同，羣臣輻湊。**

王念孫曰："劉本作脩同，云：同一作通。莊本從劉本作同。案作通者是也。《藝文類聚》引此作脩道，道即通之誤。《太平御覽》引此正作脩通，《文子·上仁》篇同。《韓子·難》篇：'百官脩通，羣臣輻湊。'即《淮南》所本。《管子·任法》篇亦云'羣臣脩通輻湊以事其主'。"

禮鴻案：王氏訂"同"作"通"，是也。"脩"當作"條"，字之誤也。"條通"與"輻湊"相對，"脩通"則不對矣。《要略》篇敘此篇云："使羣臣條通而輻輳。"是其證。《莊子·至樂》篇曰："故先聖不一其名，不同其事，名止於實，義設於適，是之謂條達而福持。""福"當作"輻"。"條達"即"條通"，"輻持"即"輻湊"也。成玄英解《莊子》，謂"福德"扶持，非也。《管子》、《韓非子》"脩通"並當作"條通"。

# 繆　稱

**小人之從事也曰苟得，君子曰苟義。**

禮鴻案："苟得""苟義"之"苟"，乃《説文》"苟，自急敕也"之"苟"，義與《墨子·非儒》篇"曩與女爲苟生，今與女爲苟義"同。王念孫《墨子雜志》曰："苟讀爲亟其乘屋之亟。亟，急也。《説文》：'苟，自亟敕也。从羊省，从勹口，勹口猶慎言也（舊本作从包省，从口，口猶慎言也。今依段氏改）。'曩與女爲苟生，今與女爲苟義'者，曩謂在陳蔡時也，今謂哀公賜食時也（具見上文）。言曩時則以生爲急，今時則以義爲急也。案'苟'字不見經典，唯《爾雅》'亟，速也'釋文曰：'亟字又作苟，同，居力反。'此釋文中僅見之字，而通志堂本乃改苟爲急，謬矣。釋文之外，唯《墨子》書有之，亦古文之僅存者，良可貴也。"王氏釋墨義甚明確，而不引《淮南》，則偶疏也。

**含而弗吐在，情而不萌者，未之有也。**

許注："言懷其情而必萌見也。"（今本《淮南》許慎、高誘二家注相糅合，兹從陶方琦説，以《繆稱》等八篇注爲許注。）

禮鴻案：此文"在"字即"吐"字形近誤衍，"情"字當作"慎"。"含而弗吐"與"慎而不萌"句法一律。《俶真》篇曰："繁憤未發萌兆牙蘖，未有形埒垠堮，無無蠕蠕，將欲生興而未成物類。"高注曰："繁憤，衆積之貌。"《俶真》言積而將萌，此言積則未有不萌，其義一貫。《齊俗》篇曰："哭之發於口，涕之出於目，此皆憤於中而形於外者也。"義亦相同，是其證矣。正文"情"字蓋涉許注而誤。

故楚莊謂共雍曰："有德者受吾爵禄,有功者受吾田宅。是二者女無一焉,吾無以與女。"可謂不踰於理乎? 其謝之也,猶未之莫與。

> 許注:"踰,越。謝,謂遣共雍也。莫,勉之也。"陶鴻慶曰:"踰當爲諭,字之誤也。言楚莊謂共雍之言能知道理也。上文論衛武侯云:'通於存它之論者也。'意與此同。"

禮鴻案:陶氏改"踰"作"諭",是也,而所以説之則非。此句當作"可不謂諭於理乎",謂楚莊教諭共雍於道理也。《泰族》篇:"可不謂有術乎?"句法正同。以理諭人,其惠大於爵禄田宅,故曰:其謝之也,猶未之莫與。言其遣之未嘗非與之也。莫與即承上無以與女而言,"莫"乃否詞,許氏訓爲"勉",亦非。

**猨狄之捷來措。**

> 許注:"措,刺也。"

禮鴻案:《周禮·天官·鼈人》:"以時籍魚鼈龜蜃。"注:"籍謂以扠刺泥中,搏取之。"阮氏《校勘記》曰:"《説文》手部:'𢱟,刺也。从手,籍省聲。'《周禮》曰:'𢱟魚鼈。'《禮説》云:'《魯語》:"𦊰魚鼈以爲夏槁,作𦊰。"《莊子》:"冬則𢸃鼈於江,作𢸃。"《列子》:"牢籍庖厨之物,作籍,殷敬順釋文謂籍本作𢱟。"案:作"𢱟"爲正字,作"籍"爲聲借字,《説文》謂𢱟從手籍省聲,故《列子》竟省手作籍也。'"此注"措刺"也,即讀"措"爲"𢱟"。又案:《埤雅·釋獸》:"《淮南子》曰:'虎豹之文來射,猨狄之捷來措。置之於檻曰措。'""置之"句或是高誘注,存參。

# 齊　俗

**無所施其美，亦不求得。**

禮鴻案："美"字疑當作"羨"，謂雖有羨餘，不以施人市恩也。下句云："亦不求得。"謂自足而止，不貪多餘也。兩意正相對。《詮言》篇曰："功蓋天下，不施其美。"與此義別。彼爲伐善施勞之施，此爲施予之施也。

**衣足以覆形，從典墳，虛循撓，便身體，適行步。**

禮鴻案："虛循撓"乃"處煩撓"之誤。下文曰："詆文者處煩撓以爲慧。"是其證。"從典墳處煩撓"六字乃非毀儒者之辭，與上下文義不屬，明爲錯簡，特不知其原處耳。

**夫一儀不可以百發。**

　　許注："儀，弩招顏也。射百發遠近，不可皆以一儀也。"

禮鴻案：注"招顏"當作"招質"。宋本"顏"作"頭"，亦非。《楚辭·大招》："昭質既設，大侯張只。"王引之曰："昭讀爲招，招質，謂射埻的也（埻通作準）。《吕氏春秋·本生》篇曰：'萬人操弓，共射一招。'高注曰：'招，準的也。'《小雅·賓之初筵》篇：'發彼有的。'毛傳曰：'的，質也。'《荀子·勸學》篇曰：'質的張而弓矢至焉。'是埻的謂之質，又謂之招，合言之則曰招質。《魏策》曰：'今我講難於秦，兵爲招質（謂以趙兵爲秦之招質也）。'是其明證也。"射埻的謂之"招質"，亦謂之"儀"，亦謂之"儀的"。《韓非子·外儲説左上》篇曰："新砥礪殺矢，彀弩而射，雖冥而妄發，其端未嘗不中

秋毫也。然而莫能復其處，不可謂善射，無常儀的也。設五寸之
的，引十步之遠，非羿、逢蒙不能必全者，有常儀的也。"是也。故
許以"招質"訓"儀"。

**故狐梁之歌可隨也，其所以歌者不可爲也；聖人之法可觀
也，其所以作法不可原也；辯士言可聽也，其所以言不可形也；滫
均之劍不可愛也，而歐冶之巧可貴也。**

禮鴻案：辯士下脱"之"字。又滫均之劍不當云"不可愛"，此
當云：滫均之劍可貴也，而歐冶之巧不可受也。"不可受"與"可
貴"互錯，"受"又誤作"愛"，則句法與上相左，而義亦不可通矣。

**士之伉行也。**

禮鴻案：上云："人才之隆也，人智之美也。"下云："人巧之
妙也。"則此當云"人行之伉"也，句法乃一律。

# 道　應

**玄玉百工。**

許注："三玉爲一工也。"俞樾曰："三玉爲一工，他無所
見，疑本作玄玉百珏，注本作二玉爲一珏也。《説文》珏部：
'二玉相合爲一珏。'是也。莊十八年《左傳》：'賜玉五珏。'
僖三十年《傳》：'納玉於王與晉侯，皆十穀。'襄十八年《傳》：
'獻子以朱絲系玉二穀。'《國語·魯語》：'行玉二十穀。'《穆
天子傳》：'於是載玉萬穀。'杜預、韋昭、郭璞注並以雙玉説
之，穀即珏之或體。是古人用玉率以珏計，未聞其以工計

也。蓋珏字闕壞而爲玨，後人因改爲工，又改高注二玉爲三玉，以別異於珏耳。”

禮鴻案：注“三”字當作“二”，宋本正作“二”，可據以訂正。原本《玉篇》零卷工部云：“《淮南》：‘玄玉百工。’許叔重曰：‘二玉爲一工。’”即引《淮南子》此文及許注也。段玉裁注《説文》珏部曰：“按《淮南子》書曰：‘玄玉百工。’注：‘二玉爲一工。’工與珏雙聲，百工即百珏也。”雖引注與今本異，而與宋本、《玉篇》正合，其説確而可據。竊謂《説文》説玉字云：“象三玉之連。”“工”字蓋象二玉之連，乃“珏”之初文，與工巧字各異也。俞氏非不讀段注者，而不用其説，亦偶疏爾。


**願以技齎一卒。**

　　許注：“齎，備。卒，足也。”莊逵吉曰：“《御覽》作‘技該一卒’，注：‘該，備也。卒，一人。’”

禮鴻案：《玉篇》：“齎，備也。”蓋即本許氏《淮南》義（《玉篇》引《淮南》注皆用許氏）。《御覽》作“該”，非是。


**若我南游乎岡㝩之野。**

禮鴻案：王念孫引此作“罔㝩之野”，説曰：“舊本罔誤作岡，考《論衡》、《蜀志》注、《太平御覽》及洪興祖《楚辭補注》並作罔㝩，今據改。”今案：王改非也。《莊子·應帝王》篇曰：“游無何有之鄉，以處壙埌之野。”“岡㝩之野”即“壙埌之野”也。字又作“㝩”，作“㝗”。《説文》：“㝩，屋㝩㝗也。”《方言》郭注：“㝗㝩，空貌。”是也。不當作“罔”甚明。

**此江中之腐肉朽骨棄劍而已。夫善載腐肉朽骨棄劍者，伙飛之謂乎！**

俞樾曰："己乃人己之己，己上當有全字。《呂氏春秋》正作棄劍而全己。載當作哉，聲之誤也。哉下脱不以二字。《呂氏春秋》正作'不以腐肉朽骨而棄劍者其次非之謂乎'。"

禮鴻案：呂氏文迴穴無義，"善哉"上著"夫"字，尤不成文法，豈足據乎？《淮南子》文實不誤，"已"乃"已止"之"已"，非"人己"之"己"，而已，謂如此而已也。其曰此江中之腐肉朽骨棄劍而已者，乃承上文與枻人問答而言，言陽侯之波，兩蛟挾船，必不得活，則伙飛身且爲江中之腐肉朽骨，劍且爲棄劍，何惜此身此劍，不與蛟爭頃刻之命，猶有可冀乎？"載"乃因利乘便之意，猶今言利用也。《漢書》董仲舒對策曰："身寵而載高位，家温而食厚禄，因乘富貴之資力，以與民爭利於下。"顏師古注："載猶乘也。"《漢書》"載"字義與《淮南子》此文同。言善用之則爲生人而有其劍，不善用之則爲腐肉朽骨棄劍而已。文義本自曉暢，俞氏乃據呂書誤文以改之，甚未思也。

**故大人之行不可掩以繩。**

俞樾曰："掩字無義。高注曰：'掩猶揮也。'義亦未詳。掩乃扶字之誤。《管子·宙合》篇曰：'千里之路，不可扶以繩。'是其證也。下文：'此所謂筦子梟飛而維繩者。'王氏念孫引陳觀樓說，謂當作'此筦子所謂鳥飛而準繩者'。按鳥飛準繩，本《管子·宙合》篇，其曰'千里之路不可扶以繩，萬家之都不可平以準'，即說鳥飛準繩之義也。然則此云大人之行不扶以繩亦本《管子》，掩字之誤無疑矣。《宙合》篇又曰：'夫繩扶撥以爲正。'即此扶字之義。因扶字壞闕，止存扶形，淺人遂以意補成掩字耳。"

禮鴻案：孫詒讓説《宙合》篇，謂以聲類校之，疑"扶"當與"輔"通，舉《大戴禮記·四代》篇"巧匠輔繩而斲（當作巧匠不輔繩而斲）"爲證（詳見《札迻》），其説是也。然俞氏據《管子》以校此文，義雖甚允，而實未確。《兵略》篇曰："是故扶義而動，推理而行，掩節而斷割。"以"扶""掩"並言，則"掩"與"扶"義近。《説山》篇："撒不正而可以正弓。"高注曰："撒，弓之掩床。"楊倞注《荀子·性惡》篇曰："排撒，輔正弓弩之器。"輔正弓弩之器以"掩"爲名，則以繩直輔曲亦可云"掩"矣。此"掩"字不當改。

# 氾　論

## 故變古未可非，而循俗未足多也。

高注："循，隨也。俗，常也。"

禮鴻案：正文及注"俗"字皆當作"咎"，字之誤也。"咎"與"舊"通。"咎犯"即"舅犯"，《道應》篇屈宜若，"若"爲"咎"字之誤，屈宜咎即屈宜臼。"舅""舊"皆從臼聲，故"咎"與"舅"通，又與"舊"通矣。變古未可非，而循舊未足多，正承上文"苟利於民，不必法古；苟周於事，不必循舊"而言。彼文注曰："舊，常也。《傳》曰：'舊不必良。'舊或作咎。"此注云："咎，常也。"亦正相應。

## 《詩》、《春秋》，學之美者也。

禮鴻案："美"當作"缺"，字之誤也。下文曰："以《詩》、《春秋》爲古之道而貴之，又有未作《詩》、《春秋》之時；夫道其缺也，不若道其全也。"即承此而言。

**湯武救罪之不給，何謀之敢當？**

王念孫曰："當字義不可通，《羣書治要》引作何謀之敢慮，是也。"俞樾曰："當字無義，《羣書治要》作慮，然謀亦慮也，何謀之敢慮義亦難通。當疑蓄字之誤，言救罪且不給，不暇更蓄他謀也。"

禮鴻案："當"字不誤。"當"讀爲"嘗"，言何謀之敢嘗試也。

**爲軸之折也，有如轅軸其上以爲造，不知軸轅之趨軸折也。**

禮鴻案：此有誤衍，原文當云："爲軸之折也，有加轅軸上以爲造，不知轅之趨軸折也。""有"讀爲"又"。"造"讀如"蓮"，輔貳之意。

# 詮　言

**此兩者常在久見。**

禮鴻案："久"當作"不"，"常"讀作"尚"。本篇"貴"、"尚"字通以"常"爲之。上文："常無禍，不常有福；常無罪，不常有功。"俞樾已言之。下文："國以全爲常，身以生爲常。""常"亦通"尚"。"此兩者常在不見"乃承上文而言，"兩者"謂使人不能用其知於己，不能用其力於己也。言欲如此，則尚在不見。不見則彼莫測我之所以，而不能用其智力於我矣。下文曰："故君賢不見，諸侯不備；不肖不見，則百姓不怨。"又承此而言之。又曰："聖人內藏，不爲物倡。"(今本倡上有"先"字,依俞樾説删。)亦此義也。校者不知"常"當讀"尚",謬謂"常""久"對文,改"不"作"久",而大失書旨矣。

**故不得已而歌者,不事爲悲;不得已而舞者,不矜爲麗。歌舞而不事爲悲麗者,皆無有根心者。**

禮鴻案:"矜"當作"務",字之誤也。《兵略》篇:"今天下皆知事治其末,而不知務脩其本。"《泰族》篇:"夫指之拘也,莫不事申也;心之塞也,莫知務通也。"又曰:"今不知事修其本,而務治其末。"皆以事務對文,是其證也。"歌舞而不事爲悲麗者"句"不"字衍。

**故位愈尊而身愈佚,身愈大而事愈少。**

禮鴻案:身愈大而事愈少,義不可通,"身"字誤也。宋本作"宫","宫"乃"官"字之誤。上文曰:"處尊位者如尸,守官者如祝宰。"與此並以官位相對,是其證。

**生有以樂也,死有以哀也。**

禮鴻案:"生"宋本作"性",是也,當據改。"死"字衍。"性有以樂也有以哀也"作一句讀。下云:"今務益性之所不能樂,而以害性之所以樂,故雖富有天下,貴爲天子,而不免爲哀之人。"正承此句而言,豈云死而後哀哉?"性"誤作"生",校者乃輒加"死"字耳。

**席之先蘿席,樽之尚玄酒,俎之先生魚,豆之先泰羹。**

王念孫曰:此本作席之上,先蘿簟;樽之上,先玄酒;俎之上,先生魚;豆之上,先泰羹。席之上三字連讀,下三句並同。後人不曉文義而以意刪之，或刪上字，或刪先字，斯爲謬矣。《藝文類聚》服飾部上、《太平御覽》服用部十並引此"席之上先藋簟，樽之上先玄酒"，《初學記》器物部引此"豆之上先泰羹"，是其證。

禮鴻案：《荀子·禮論》篇曰："尊之尚玄酒也，俎之尚生魚也，豆之先泰羹也，一也。"《大戴禮記·禮三本》篇、《史記·禮書》文大同，皆以五字成文。王說之誤蓋不待辨。"藋"當作"藋"。

# 兵　略

**有逆天之道帥民之賊者，身死族滅。**

　　俞樾曰："帥字義不可通，《呂氏春秋》作衛，是也。當由衛誤作帥，因改爲帥耳。"
禮鴻案：帥者，帥循，非誤字。《國語·魯語》："幕能帥顓頊。"韋昭注："帥，循也。"是其義也。帥民之賊猶言從民之賊，義極易曉。《呂氏春秋》"衛"字正當作"衛"。俞說殊謬。

**夫射儀度不得，則格的不中。**

　　許注："格，射之椹質也。的，射準也。"
禮鴻案：正文及注"格"字皆當作"招"，說見《齊俗》篇。

**斬首之功必全。**
禮鴻案："全"字無義，當作"㞷"，古文"封"字也。

# 説 山

**以火烟爲氣,殺豚烹狗。**

高注:"以火烟爲吉凶之氣,殺牲以禳之,惑也。"

禮鴻案:"氣"當作"氛"。《左傳·昭公二十五年》:"喪氛也。"杜注:"氛,惡氣也。"惡氣故須禳之,若氣則無分於善惡,非其義矣。此涉注吉凶之氣而誤。

# 説 林

**毋賞越人章甫。**

高注:"賞,遺也。章甫,冠。越人斷髮,無用冠爲。"

禮鴻案:正文及注"賞"字皆當作"資",字之誤也。《莊子·逍遥遊》篇曰:"宋人資章甫適諸越,越人斷髮文身,無所用之。"即《淮南子》所本,是其證也。《周禮·天官·外府》:"共其財用之幣齎。"《掌皮》:"歲終則會其財齎。"鄭司農注並曰:"齎或爲資。"是資與齎通。《說文》:"齎,持遺也。"故高注曰:"資,遺也。"

**以兔之走,使犬如馬,則逮日歸風。及其爲馬,則又不能走矣。**

劉文典曰:"《御覽》九百七引作'以兔之走,使大如馬,則逐日歸風。及其爲馬,則不走矣'。實較今本爲長。"

禮鴻案："犬"字宋本及王氏《雜志·覽冥》篇"追猋歸忽"條所引並作大。然兔大如馬，何以必其逮日歸風？及兔爲馬，走不速則或然，何遽不能走？皆不可解。今謂此字仍當作"犬"，"如馬"二字乃"加鶩"之誤。《商君書·定分》篇云："一兔走，百人逐之，非以兔爲可分以爲百，由名分之未定也（自爲至定十二字據《羣書治要》補）。賣兔者滿市（兔字據《治要》補），而盜不敢取，由名分已定也。故名分未定，堯、舜、禹、湯且皆如驁而逐之。""如驁"《治要》及《長短經》並作"加務"，"務"即"驁"之省文，"驁"乃"鶩"之別體，"如"則"加"字之誤也。加鶩者，謂加力馳逐也。此言兔逸而犬追，則犬必加力而能疾速矣。若犬爲馬，則馬無情於逐兔，故不走也。使犬加鶩，使乃俾使之使，非假使之使。《主術》篇曰："華騮綠耳，一日而至千里；然其使之搏兔，不如狼契（今本作豺狼，依王引之說改，狼契皆犬也），伎能殊也。"正與此文同義。

**轂立，三十輻各盡其力。使一輻獨入，衆輻皆棄，豈能致千里哉？**

俞樾曰："《文子·上德》篇作轂虛而中立，是此文轂下脫虛而中三字。一輻《文子》作一軸，亦當從之。蓋一軸在轂中，三十輻在轂外，若一軸獨入，三十輻皆棄，即不成爲輪矣，故不可以致千里也。"

禮鴻案：俞氏補"虛而中"三字，是也，改"輻"爲"軸"則非。此言事有用衆而成偏任而廢者，"三十輻各盡其力"與"一輻獨入"兩"輻"字與"各""獨"二字語意皆緊急，豈有誤乎？俞氏改"輻"爲"軸"，蓋由"入"字推斷之，以爲軸可以入轂，輻不可以言入耳。不知下文云："輻之入轂，各値其鑿。"輻自可云入。彼文之"輻"，豈亦可改作"軸"乎？

**涔則具擢對。**

高注："擢對，貯水器。"

禮鴻案：注以擢對爲貯水器，他無可徵，殆非也。"擢對"當作
"擢泭"，"泭""對"形近而誤。《説文》，"泭，編木以渡也。"《詩·漢
廣》傳："方，泭也。"釋文曰："泭，本亦作柎。""柎"與"對"字形尤
相近。擢者，《漢書·元后傳》："輯濯越歌。"顏師古注："輯與楫
同，濯與櫂同，皆所以行船也。"《釋名·釋船》曰："在旁撥水曰櫂，
櫂，濯也，濯於水中也，且言使舟櫂進也。"是"濯""擢"皆與"櫂"
同，具擢泭者，即具舟楫耳。宋孔平仲《談苑》卷二述江南民諺云：
"夏雨甲子，乘船入市。"解之曰："乘船入市者，雨多也。"其意正與
《淮南》同。

**晉處父伐楚以救江。故解捽者不在於捌格，在於批伉。**

高注："批，擊也。伉，推擊其要也。"王引之曰："伉與
伉皆抏字之誤也。(隸書尤字或作冘，冘字或作冘，二形相似，故抏字右邊
或誤爲冘，或誤爲冘，其左邊手旁又誤爲人旁，故藏本作伉，劉本作伉也。《列
子》：'攦拟挨抏。'《釋文》：'抏一本作抗。'此尤誤爲冘之證也。俗書沈字作
沉，此尤誤爲冘之證也。)注内推字當爲椎。《方言》曰：'拟、抏，椎
也。(郭璞曰："抏都感反，亦音甚。"今本《方言》椎字亦誤作推，《一切經音義》
卷四、卷八所引並作椎，今據改。)南楚凡相椎搏曰拟，或曰攦。'《列
子·黃帝》篇曰：'攦拟挨抏。'《説文》：'椎，擊也。搃，反
手擊也。抏，深擊也。'搃與批同。故高注曰'批，擊。抏，
椎'矣。或謂：《史記·孫子傳》：'夫解雜亂糾紛者不控捲，
救鬥者不搏撠，批冘擣虛，形格勢禁，則自爲解耳。'語意略
與此同。此言批抏，即《史記》之批冘。今知不然者，《史記》

批亢擣虛，是謂批其亢，擣其虛《日知錄》曰："亢與《劉敬傳》搤其亢之亢同，謂喉嚨也。"）；此文捌格、批扰皆兩字平列，與《史記》義異。且高注訓扰爲椎，則非亢字明矣。"

禮鴻案：或引《史記》爲説者是也。王氏謂"捌格""批扰"皆兩字平列，實非。《淮南子》之"捌格"、"批亢"與《史記》之"控捲"、"搏撠"、"批亢"、"擣虛"凡六詞，詞例皆同，謂捌其格，批其亢，控其捲，搏其撠，批其亢，擣其虛也。《説文》無"捌"字，《廣韻》以"捌"爲無齒杷；非此文之義，其字從手從別，乃以手分解耳。格者，人相鬥，以手枝格之處。言欲解鬥者，不在於格處解之，當批其亢，則自解耳。（《史記》控捲之捲即《淮南子·要略》篇"使之無凝竭底滯捲握而不可散"之捲。搏撠之撠，《玉篇》曰："撠，搹，持之也。"皆謂糾結不可解之處。解《史記》者多誤。）且"亢"與"江"合韻，改"扰"則失韻矣。高注云云，玩擊其要也一語，明係總上批擊亢推而言，以"要"代"亢"字，則"亢"字不得爲"動"字，而解如《方言》之椎矣。疑注本作"亢，膑。"《類篇》："膑，胡溝切，咽也。"即"喉"之異文，與《日知錄》所舉"搤其肮""肮"字同義。俗書"侯"或作"侯"，與"隹"相似；月旁又爛挩左邊一筆，故"膑"誤作"推"耳。又案：《廣雅·釋言》："扒，擘也。"王氏疏證引《淮南子》此文，云："此言解捽者不在分別架格，但擊其要則捽自解也。捌與扒同。"則亦不以"捌格"兩字平列。父子一家之説而不同，當從《疏證》爲是。

# 人　間

**積力而受官。**

王念孫曰："積力本作量力，此後人以意改之也。下文云：'辭所不能而受所能。'正所謂量力而受官也。若改量力爲積力，非其旨矣。《初學記》政理部、《白帖》四十九、《太平御覽》治道部十四引此皆作量。"

禮鴻案："量"字意極顯明，無緣意改作"積"，"積"字不誤，"積"猶"程"也。《禮記·儒行》篇曰："儒有内稱不辟親，外稱不辟怨，程功積事，推賢而進達之。"以"程""積"並言，是"積"與"程"同義也。又曰："鷙蟲攫搏，不程勇者。引重鼎，不程其力。"鄭注："程，猶量力。"是"積力"即"程力"，"程力"即"量力"也。《初學記》諸書所引，乃習見"量力"者輒改之耳。

### 此所謂徐而馳遲於步也。

禮鴻案："徐"下脱"速於疾"三字。"徐速於疾"與"馳遲於步"文相對。"徐"與"疾"，"馳"與"步"，又於句中自爲對也。

### 百射重戒。

高注："射，象也。"

禮鴻案："射"讀如"凡事豫則立"之"豫"。《孟子·滕文公》篇釋三代學名，皆以聲訓，曰："庠者，養也；校者，教也；序者，射也。""序""豫"皆从"予"得聲，"序"可爲"射"，則"射"可爲"豫"矣。《儀禮·鄉射禮》："豫則鈎楹内。"鄭注："豫讀如成周宣謝災之謝。""豫"可爲"謝"，則"射"亦可爲"豫"矣。《爾雅·釋詁》"射""豫"同訓爲"厭"，即"射""豫"義通。高注"射，象也"，"象"即"豫"之殘字。

### 爲大室以臨二先君之廟，得無害於子乎？

陶鴻慶曰："子蓋孝之壞字，或子下奪道字。"劉文典曰："《御覽》百七十四引《新序》子作孝，於義爲長。"

禮鴻案：“子”字不誤，亦不如陶氏説有奪文。子即子道，實詞虛用，無足異者。《氾論》篇説周公之事文王曰：“行無專制，事無由己，身若不勝衣，言若不出口，有奉持於文王，如將不能，恐失之，可謂能子矣。”下文又説之曰：“可謂能武矣。”“可謂能臣矣。”以子臣與武對言，明“子”字可虛用也。劉氏不引《氾論》以通此文之義，顧據《御覽》所引《新序》委曲以議此文之短，可謂舍其近而求諸遠者矣。

**而以勝惑人之心者也。**

禮鴻案：“勝惑”二字義不相屬，“勝”當作“務”，字之誤也。“務”讀爲“瞀”。《商君書·靳令》篇曰：“國以六蝨授官予爵，則治煩言生，此謂以治致治，以言致言；則君務於説，官亂於治（今本作“言官亂於治邪”，“言”字“邪”字衍）。”“務”與“亂”對，亦借爲“瞀”。

# 脩　務

**鑿龍門。**

高注：“龍門本有水門，鯑魚游其中，上行，得上過者便爲龍，故曰龍門。”莊逵吉曰：“鯑一本作鮪字。”

禮鴻案：注“鯑”字無以下筆，作“鮪”字亦非。此當作“鮪”。《氾論》篇：“牛蹏之涔，不能生鱣鮪。”高注曰：“鮪，大魚，亦長丈餘。仲春二月，從西河上，得過龍門便爲龍。先師説云也。”《漢書·司馬相如傳》李奇注曰：“周洛曰鮪，出鞏山穴中，三月遡河上，能度龍門之限，則得爲龍矣。”《水經·河水注》：“《爾雅》云：‘鱣，鮪也。’出鞏穴，三月則上渡龍門，得渡爲龍矣。否則點額而

234

還。”並其證也。

**奉一爵酒，不知於色。**

　　高注：“言其輕也。”劉文典曰：“《御覽》四百六十九、
七百六十一引於色並作於邑。”

　　禮鴻案：不知“於色”猶不見於色，言顏色不變也。《左傳·昭
公二十八年》：“晉侯聞之，而後喜可知也。”杜注云：“喜見於顏
色。”顧炎武《杜解補正》曰：“古人多以見爲知。《呂氏春秋》：‘文
侯不悅，知於顏色。’注：‘知猶見也。’”顧氏所引《呂氏春秋》見
《自知》篇。《呂氏春秋·報更》篇：“齊王知顏色。”注：“知猶發
也。”知字義皆同。作“於邑”則義不相屬，非也。

**若夫以火熯井，以淮灌山，此用己而背自然。**

　　禮鴻案：“淮”當作“甕”，字之誤也。《論衡·順鼓》篇：“夫大
山失火，灌以甕水。”孫詒讓曰：“壅當爲甕，形聲之誤。”即其證也。

**山峒之琴，澗梓之腹，雖鳴廉脩營，唐牙莫之鼓也。**

　　高注：“唐猶堂。”

　　禮鴻案：寶山金其源《讀書管見》曰：“《國策》中山‘趙倉
唐’，《漢書·人表》作‘趙倉堂’，是‘唐’、‘堂’古通。《韓詩外傳》：
‘孔子學琴於師堂。’則唐謂師堂，牙謂伯牙也。”今案金説是也。
枚乘《七發》曰：“龍門之桐，斫斬以爲琴，使師堂操暢，伯牙爲之
歌。”枚叔與淮南同時，同以堂牙爲善琴之人，最爲明證。

# 泰　族

**故聖人懷天氣，抱天心。**

　　俞樾曰："《文子·精誠》篇作'懷天心，抱地氣'，是也。上文云：'故聖人者懷天心。'則此文亦當作懷天心矣。懷天心之文既與《文子》同，則下句亦當作抱地氣矣。傳寫誤耳。上文'故聖人者懷天心'下疑亦當有抱地氣三字，今闕此句，則文義不備。"

禮鴻案：《要略》篇曰："《泰族》者，所以覽五帝三王懷天氣，抱天心，執中含和，德形於内。"與此文正同，明俞説非是。合而爲一，則曰懷天心；開而爲二，則曰懷天氣，抱天心；義本無乖剌也。

**乃立明堂之朝。**

禮鴻曰：此句上脱"仰□天□"一句。上文提綱三句曰："仰取象於天，俯取度於地，中取法於人。"下文三節分疏，其二節之首，曰"俯視地理"，曰"中考乎人德"，則此有脱句可知。

**是以天心動化者也。**

　　俞樾曰："天心動化本作無心動化，因無字作无，故誤爲天耳。《文子·上仁》篇亦作天心，誤與此同；而《精誠》篇云：'一言而大動天下，是以無心動化者也。'無字不誤，可據以訂正《上仁》篇，即可以正《淮南子》矣。"

禮鴻案："以天心動化"，即上文所謂"因天之威"。上文又曰：“故聖人者，懷天心，聲然能動化天下者也（聲然之聲即《孟子》仁言不如仁聲入人之深之聲，言其感應之速如聲出響隨也。俞氏改作“馨”字，非是）。”此云“以天心動化”，文義全與彼同。上文又曰：“一言聲然，大動天下，是以天心哃嗋者也。”此即《文子·精誠》篇所本，是《精誠》篇“無”字乃“天”字之誤，而《淮南》皆不誤，至明。俞氏所改，可謂以不狂爲狂矣。

**故舜深藏黄金於嶄岩之山。**

禮鴻案：“之”當作“丘”。之字隸書或作“乄”，與“丘”形相似，故“丘”誤作“之”。《文選·郭有道碑文》：“棲遲泌丘。”李善注：“《毛詩》曰：‘衡門之下，可以棲遲；泌之洋洋，可以療飢。’”王念孫曰：“毛以泌爲泉水，此言泌邱，則與毛傳異義。案《廣雅》曰：‘邱上有木爲柲邱。’此碑云：‘棲遲泌邱。’而《周巨勝碑》亦云：‘洋洋泌邱，於以逍遥。’又束晳《元居釋》曰：‘學既積而身困，夫何爲乎祕邱？’《抱朴子》云：‘厠高潔之條貫，爲祕邱之俊民。’泌柲祕字異而義同。蔡邕、張揖、束晳、葛洪並以泌爲邱名，與毛説異，蓋本於三家也。”然則《詩》“泌之”或作“泌丘”，是“之”、“丘”相誤之例也。“嶄岩丘山”即《覽冥》篇之“丘山嶄岩”，説見前。

**故民知書而德衰，知數而厚衰，知券契而信衰，知機械而實衰也。**

許注：“實，質也。”

禮鴻案：正文及注“實”字宋本皆作“空”，作“空”者是也。“空”與“矼”義同。《莊子·人間世》篇：“德厚信矼，未達人氣。”《釋文》云：“徐古江反，崔音控。簡文云：‘慤實貌。’”《莊子》之“德厚信矼”，即此文的“德厚信空也”。“空”字重言則曰“空空”。

《呂氏春秋·下賢》篇："空空乎其不爲巧故也。"高注："空空，愨也。"字又從心作悾悾。《廣雅·釋訓》："悾悾，誠也。"王氏疏證曰："《論語·泰伯》篇：'空空而不信。'包咸注云：'悾悾，愨也。'《大戴禮·主言》篇曰：'大夫忠而士信，民敦，工璞，商愨，女憧，婦空空。'空與悾通。《論語·子罕》篇：'有鄙夫叩於我，空空如也。'亦謂鄙夫以誠心來問也。故《釋文》云：'空空，鄭或作悾悾。'皇侃疏以空空爲無識，失之。"據此，"空"與"矼"，"空空"與"悾悾"，其義一也。許氏訓"空"爲"質"，"質"與"誠"愨亦一義。今本《淮南子》作實者，校者不達假借之義而臆改之也。

# 要　　略

**雖未能抽引玄妙之中才，繁然足以觀終始矣。**

禮鴻案："才"字句絕，"才"讀爲"哉"。《説文》："才，艸木之始也。哉，言之間也。"《爾雅·釋詁》："初、哉，始也。"解者謂《爾雅》以"哉"爲"才"，此則以"才"爲"哉"也。《書·舜典》"往哉汝諧'，《張平子碑》作"往才汝諧"，是"才""哉"相通之證。《俶真》篇曰："雖有所小用哉，然未可以保於周室之九鼎也。"《説林》篇曰："聖人之於道，猶葵之與日也。雖不能與終始哉，其鄉之誠也。"句法與此同。玄妙之中又見下敘《俶真》篇語。(《詮言》篇："雖不能必先載馬力必盡矣。"宋本"載"作"哉"，疑亦當從宋本作"哉"，而於"哉"字絕句。)

**贏坢有無之精。**

許注："贏，繞匝也。坢，靡煩也。"

禮鴻案：正文及注"垺"字疑皆當作"捋"。《廣韻》："捋，摩也。"注"靡煩也""靡"字宋本作"摩"，"摩"乃正字，"靡"則聲同假借字也。煩者，《詩·周南·葛覃》篇："薄汙我私。"傳云："汙，煩也。"箋云："煩，煩挼之，用功深。"《考工記·鮑人》："進而握之，欲其柔而滑也。"注云："謂親手煩挼之。"《詩》釋文引阮孝緒《字略》云："煩挼猶捼莎也。"字又作"撋"。《玉篇》、《廣韻》並云："撋，撋捼也。"《說文》："捼，摧也。一曰：手相切摩也。"是"摩""煩"皆捼莎之意，以注義證之，可知"垺"當作"捋"矣。

（《玉篇》、《廣韻》並云："撋，摧物也。"與《說文》捼前一義合。）

# 讀《論衡集解》

王仲任書，前人致力者鮮，故脫亂相尋。又其文煩蕪，讀之不易猝解，余每苦之。及讀劉盼遂先生《集解》，其自序云"發正無慮數百千事"，可謂勤矣。然校釋之難，自魁儒碩學如高郵王氏、瑞安孫氏，不能無失。管見所及，録以別紙。都六十餘事，冀與讀仲任書者商榷之。

## 逢　遇

**生不希世準主，觀鑒治内，調能定説，審詞際會，能進有補瞻，主何不遇之有？**

> 劉盼遂曰："此文譌誤特甚，今爲正之如下：'生而希世準主，觀鑒治亂，託能定説，審伺際會，進能有補，則主何不遇之有？'古不字與而形近致譌。亂古作亂，殘刓爲内。託能即下文進身而託其能之意，託以音譌爲調。伺譌爲詞。'則主何不遇之有'七句爲句，後學因則居補下，遂改爲瞻，難於句讀矣。"

禮鴻案：劉氏改"内"作"亂"，"内"、"亂"二字形不相近，謂爲殘刓致誤，未可信。"治"、"内"二字不誤。《管子・小取》篇："公喜内而妬，豎刁自刑而爲公治内。"《韓非子・十過》篇亦稱"豎刁自獳以爲治内"，是治内乃閹官之名（《周禮・冢宰・序官》内豎，

240

孫詒讓《正義》亦引《管子》文，謂内豎或亦以奄爲之），乃人主之所最狎習者，今欲希世準主，固必以是爲階矣。又案："審詞"疑當作"審詷"，"詷"者偵察之意，字形於"伺"爲更近。"能進有補"四字，據下文當作"進能有益，納説有補"八字，劉氏但乙正"能進"二字，亦爲未盡。

<h1 style="text-align:center">累　害</h1>

　　故三監讒聖人，周公奔楚；後母毀孝子，伯奇放流。當時周世，孰有不惑者乎？後《鴟鴞》作而《黍離》興，諷詠之者乃悲傷之。

　　禮鴻案：先師徐益修先生《詩經今古文篇旨異同》云："《韓詩外傳》八：'趙蒼唐爲魏文侯子擊使於文侯，曰：好《黍離》與《晨風》。文侯曰：怨乎？曰：非敢怨也，時思也。'《太平御覽》兩引《韓詩》，謂《黍離》伯封作（《人事部》一百一十，《百穀六》）。陳思王《令禽惡鳥論》云：'昔尹吉甫信後妻之讒，而殺孝子伯奇。弟伯封求而不得，作《黍離》之詩。'（《御覽·羽族十》）《後漢書·郅惲傳》：'及長，理《韓詩》。後令惲授皇太子《韓詩》，侍講殿中。惲乃説太子曰：吉甫賢臣，及有纖介，放逐孝子。'"然則《論衡》以《黍離》之興由伯奇放流，乃用《韓詩》説也。"周世"疑當作"同世"。

　　或曰：言有招患，行有招恥，所在常由小人。

　　禮鴻案：據上下文，"所在"上當脱"患恥"二字。又《荀子·勸學》篇云："故言有召禍也，行有招辱也，君子慎其所立乎！"此或説之所本。

# 幸　偶

**立岩墻之下，爲壞所壓；蹈坏岸之上，爲崩所墜。輕遇無端，故爲不幸。**

禮鴻案：此正所謂行險以徼幸也。"不幸"當作"徼幸"，涉上下文多"不幸"而誤耳。

**舜尚遭堯受禪，孔子已死於闕里。**

　　劉盼遂曰：已字疑誤，與上下不應。

禮鴻案：已者，終也，卒也，竟也。"已死於闕里"即卒死於闕里，惜其卒無所遇耳。"已"字不誤。

**以聖人之才，猶不幸偶。庸人之中，被不幸偶禍必衆多矣。**

　　劉盼遂曰："庸人不幸偶，不必有禍。此禍當爲𤏳之假字。《說文》：'𤏳，逆惡驚詞也。讀若楚人名多伙。'《廣韻》三十四果韻，𤏳與禍、伙同屬胡火紐。則《論衡》之禍爲𤏳之假，用爲發語之詞，明矣。"

禮鴻案："偶禍"二字當連讀，與"被不幸"相對爲文。前文言"無德受恩，無過偶禍"，此"偶禍"連讀之證。偶者，遭遇遭值之意。以"幸偶"連文，則主言得福之意；以"偶禍"連文，則主言遇禍之意。劉氏但見"幸偶"之相連，不睹"偶禍"之相屬，非也。

# 無　形

**夫蟲蛇未化者不若不化者。**

禮鴻案：此言蟲蛇化魚鼈，人則食之，壽命不長，非其所冀，是其化者不如不化也。未化之未不當有，涉下文"蟲蛇未化，人不食也"句而誤衍耳。

**雖身之不化，壽命不得長，非所冀也。**

禮鴻案："不化""不"字衍文。下文云："徒變其形，壽命不延，其何益哉？"與此文義同，可證。

# 率　性

**善則養育勸率，無令近惡；近惡則保輔禁防，令漸於善。**

禮鴻案：第二"近"字衍文。

**初生意於善，終以善；初生意於惡，終以惡。**

禮鴻案：兩"意"字乃"患"字形近之誤。"患"讀作"串"，串者習也，謂習於善習於惡也。《詩·大雅·皇矣》"串夷載路"傳："串，習也。"釋文云："或本作患。"是其證也。

# 骨　相

**故范蠡、尉繚，見性行之證，而以定處來事之實。**

禮鴻案：《漢書·谷永傳》：“臣愚不能處也。”顔師古注：
“處謂斷決也。”

# 本　性

**情有好惡喜怒哀樂，故作樂以通其敬。**

悼廣曰：“敬疑和字之誤。《莊子·天下》篇：‘樂以道
和。’又《荀子·樂論》篇於樂與和之説尤多，不應王氏獨
異也。”

禮鴻案：若本是“和”字，則無緣誤爲“敬”，悼廣之説不足
信。疑“敬”乃“欲”字形近之誤。蓋人生而有欲，若强而制之，或
縱而任之，皆足以爲亂，故作樂以疏通之，使之和而不流。故《荀
子·樂論》篇云：“樂者，樂也。君子樂得其道，小人樂得其欲。
以道制欲，則樂而不亂；以欲忘道，則惑而不樂。故樂者所以道
欲也。”《禮記·樂記》論樂之本云：“人生而靜，天之性也。感於
物而動，性之欲也。物至知知，然后好惡形焉。好惡無節於內，
知誘於外，不能反躬，天理滅矣。夫物之感人無窮，而人之好惡
無節，則是物至而人化物也。人化物也者，滅天理而窮人欲者
也。於是有悖逆詐僞之心，有淫泆作亂之事。是故强者脅弱，衆
者暴寡，知者詐愚，勇者苦怯，疾病不養，老幼孤寡不得其所，此

大亂之道也。"皆推本於樂之制欲節欲。夫縱欲而至於强脅弱，
衆暴寡，知詐愚，勇苦怯，疾病不養，老幼孤寡失所，斯人失其欲
矣。故欲之節也，乃欲之所以通也。故曰"作樂以通其欲"也。

# 物　勢

**凡萬物相刻賊，含血之蟲則相服，至於相啖食者。**

禮鴻案："則相服"當作"相勝服"。"則"字即"勝"之殘刓而
倒在"相"上者。相刻賊，相勝服，相啖食，句法一律。作"則相
服"，則不協矣。上文云："五行之氣相賊害，含血之蟲相勝服。"
是其證也。下文"相勝服"之語又兩見。

**若人之在世，勢不與適，力不均等，自相勝服。以力相服，則
以刃相賊矣。**

禮鴻案：《漢書·韓信傳》："大王自料勇悍仁强孰與項
王？"顏師古注："與，如也。""適"讀爲"敵"。與"敵"皆均等之
稱。以力相服上當有"不"字或"非"字，言以力相服，以刃相賊，
兩者必居其一也。

**亦或辯口利舌，辭喻橫出爲勝；或訥弱綴跲，踵蹇不比者
爲負。**

禮鴻案："踵蹇"即"連蹇"。《文選·揚子雲〈解嘲〉》："孟軻
雖連蹇，猶爲萬乘師。"李善注引蘇林曰："連蹇，言語不便利
也。"比者，諧順之意。《韓非子·難言》篇云："言順比滑澤，洋洋
纚纚然。"即此義也。

# 禍　虛

**而諸校尉以下，才能不及中，然以胡軍攻取侯者數十人。**

禮鴻案：《漢書·李廣傳》作"以軍功取侯"。此衍"胡"字，"功"誤作"攻"。

# 龍　虛

**東海之上有薔丘訢。**

薔或作魯。孫人和曰："案薔疑畲字之俗。此沿六朝以來俗書之譌，未經改訂者也。《魏帥僧達造象》以菩爲薔，《齊高叡修佛寺碑》以繪爲繀，《隋寧贇碑》以繪爲繀（《干禄字書》作畲），可以推證。《御覽》四百三十七引《越絕書》（今本《越絕書》脱佚此文），《韓詩外傳》十，並作畲丘訢。《元和姓纂》、《通志·氏族略》，作淄丘訢（《古今姓氏書辨證》云："淄或爲薔"）。《太平廣記》百九十一引《獨異志》作甾丘訢。惟《吳越春秋》作椒丘訢爲異耳。"

劉盼遂曰："薔疑爲蕳。《説文》艸部，蕳爲藺之或體。蕳丘訢，故或本可以作魯矣。《韓詩外傳》十作畲，仲任不妨別有所據矣。"

禮鴻案："薔"乃"畲"之俗，"薔"乃"薔"之譌文，章章甚明。《風俗通義·祀典》篇記蘇秦説孟嘗君之言曰："臣之來也，過於淄上。有土偶人焉，與桃梗相與語。謂土偶人曰：'子，西岸之土也，埏子以爲人。至歲八月，天霖雨，潁水至，則子殘矣。'"兩潁字《戰國策·齊策》作"淄"。又《集韻》平聲七之韻，"薗"俗作"薗"，是"薗"即"薗"字之明證。作"魯"者，形近之誤耳。不當復生岐説。

# 雷　虛

**當冶工之消鐵也，以土爲形。**

禮鴻案："形"讀作"型范"之"型"。

**況聞天變異常之聲，軒輷迅疾之音乎！**

禮鴻案："軒"當作"輕"。張衡《思玄賦》："豐隆輕其震霆兮。"可證。

# 道　虛

**儒書言黄帝採首山銅，鑄鼎於荆山下。**

禮鴻案：此篇以"道虛"爲名，而四言"儒書"，義不相應，疑是"傳書"之誤。蓋"儒"字俗寫或作"傷"，與"傳"形近，故相亂耳。《書虛》篇論延陵季子、顔淵、象耕鳥田、子胥、孔子、魏公子、齊桓公、聶政、高漸離諸事，皆稱"傳書"，而於舜禹巡狩一事獨稱"儒書"，蓋亦"傳書"之誤耳。本篇下文曰："黄帝實死也，傳言升天；淮南坐反，書言度世。"此當作"傳書"之證。

**五帝三王，皆有聖德之優者，黃帝不在上焉。**

劉盼遂曰：“不爲亦之誤。”

禮鴻案：“黃帝不在上”，謂黃帝聖德與四帝三王齊，非有超踰絕特之處。以起下文如聖人不仙，黃帝何爲獨仙之意。劉説非。

**好道之人，恐其或若等之類。**

禮鴻案：“或”讀作“惑”。“惑若等之類”，即惑於此等之類也。（“若”字與“此”同義，見《經傳釋詞》七。）“若等之類”，謂蝦蟆化爲鶉，雀入水爲蜃蛤之類也。言好道之人惑於比類，見蝦蟆與雀能變，謂人亦能變而生羽翼。不知二物之變禀於自然，而人性初無生毛羽之質也。

**其意以爲有求仙之未得，期數未至也。**

禮鴻案：“有”字當作“非”。“非求仙之未得，期數未至”者，仲任探盧敖之意，謂已遇仙（即指若士）而猶未能從之仙去者，以期數未至耳。下文論項曼都事，言其意欲言道可學得，審有仙人，即與此云非求仙之未得同意。

**武帝去桓公鑄銅器。**

吳承仕曰：“去字疑誤。”

禮鴻案：“去”字不誤。去者藏也。《漢書·蘇武傳》：“掘野鼠去屮實而食之。”顏師古注：“去謂藏之也。”又《游俠·陳遵傳》：“性善書，與人尺牘，主皆藏去以爲榮。”顏注：“去亦藏也。”後世加“廾”作“弆”，“去”、“弆”古今字。

# 儒　增

**或時不言，傳則言其不見齒。**

禮鴻案：據上文云："孔子曰：'言不文。'"則此文"或時不言"當作"或時不文"。

# 談　天

**顓頊與之爭，舉天下之兵，悉海內之衆，不能當也。何不勝之有？**

禮鴻案：此數句當在上文"士卒螻蟻也，兵革毫芒也"之下，"安得不勝之恨"之上。何不勝之有，與安得不勝之恨語意正相承接。今錯簡在後，失其次矣。

# 説　日

**夫去百里，不見太山。説日去人以萬里數乎？**

劉盼遂曰："案下文，天之去地，六萬餘里，則此脱一六字。"

禮鴻案：《佚文》篇："《論衡》篇以十數。"劉氏曰："'十數'二字疑誤。《論衡》今存八十四篇，合諸闕佚，當近百篇。則此'十數'疑當爲'百數'二字。百數者，一百內外也。今山東猶行此語法。《自紀》篇云：‘吾書亦才出百，而云泰多。’此亦《論衡》百篇之證。”説與此同。蓋皆非也。以萬里數者，謂以萬里爲單位而計其數也；以十數者，謂以十爲單位而計其數也。數乃動字，故介字以繫焉。萬里數、十數本不誤，劉氏別立一説，違屬辭之法，可謂大誤。《書虚》篇：“鳥爲鸇者以千萬數。”《史記·魏其武安侯列傳》：“後房婦女以百數。”《漢書·元后傳》：“僮奴以千百數。”又：“太子後宮娣妾以十數。”語與《佚文》篇同。《紀妖》篇：“天之去人以萬里數。”尤足證此文非有脱字。

# 答 佞

**夫庸庸之材，無高之知，不能及賢。**

孫人和曰：“案無高之知義不可通，元本之作又，亦費解。疑當作又無高知。”

劉盼遂曰：“高字絶句。宋本之作又，又知不能及賢爲句。孫説非。”

禮鴻案：無高文義缺而不明，劉氏謂無高句絶，非也。後文云：“是謂庸庸之君也，材下知昏，蔽惑不見。”又云：“佞人異行於世，世不能見，庸庸之主無高材之人也。”彼言庸庸者不能知佞，此文謂庸庸者不能知賢，所不知者雖異，而不知同，不知之故亦同。然則此文無高云云，即後文“無高材之人也”句之殘脱。然“無高材之人也”句亦有誤，據“材下知昏”之云，當作“無高人之材也”，乃協。“高人之材”，謂高出他人之材也。據後文以正此文，當於高下補一人字，而讀“無高人之知”句絶，則文義允洽矣。

其危人也非毀之，而其害人也非泊之。譽而危之，故人不知；厚而害之，故人不疑。

禮鴻案："泊"字與"厚"相對，"泊"即"薄"也。《論衡》或以"泊""厚"相對，或以"渥""泊"相對，"渥"亦"厚"也。蓋"薄"者假借字，泊者《説文》所無，字當作"洦"，乃"淺薄"字之本字也。《説文》："洦，淺水也。"水淺則其積薄，淺與薄義相成。《莊子·逍遙遊》篇稱："水之積也不厚，則其負大舟也無力。"水淺爲薄，猶水深爲厚矣。《論衡》言渥泊者非一，姑發例於此。（劉盼遂謂薄本字當作怕。案《説文》作"怕"，無爲也。與厚薄義無涉。）

# 程　材

夫論善謀材，施用累能，期於有益。

禮鴻案：後文云："科用累能，則文吏在前。"作"科用"，是也。《量知》篇云："恒女之手，紡績織紝，如或奇能織錦刺繡，名曰卓殊，不復與恒女科矣。"是"科"猶比也。《超奇》篇云："能差衆儒之材，累其高下。"是"累"猶差也。"科用累能"，謂比其用，差其能，句法與"論善謀材"一律。後人少見"科用"，妄改爲"施用"，則失其義而句法不協矣。

又案：《書解》篇云："折累二者，孰者爲賢？"又云："折累二者，孰爲蕞殘？"（吳承仕曰："蕞當爲蕺。"）折累二者，孰爲玉屑？"三"折累"字，皆"科累"之誤。

輒爲將相所不任，文吏所毗戲。

劉盼遂曰："毗戲疑爲兒戲之誤。毗字或體爲毘，故易與兒互誩。"

禮鴻案：劉説非也。"毗"當讀爲"吡"。《莊子·列御寇》篇云："凶德有五，中德爲首。中德也者，有以自好，而吡其所不爲者也。"郭注："吡，訾也。"《釋文》："匹爾反。"然者"毗戲"即"吡戲"，"吡戲"即"訾戲"也。

# 謝　短

## 秦何起而燔五經？何感而坑儒生？

劉盼遂曰："感爲憾之叚借字，俗作恨。"

禮鴻案：劉説非也。"感"與"起"文相對。"感"即"感發""感動"之"感"，"起"即"興起""緣起"之"起"。何起何感，言何所興起發動也。後文云："倉頡何感而作書？奚仲何起而作車？"句例正同。彼亦可云何憾而作書耶？《論衡》"感"、"起"對文，他篇尚有，無煩臚舉。

# 變　動

## 是故夏末蜻蚑鳴，寒螿啼，感陰氣也。雷動而雉驚，發蟄而虵出，起氣也。

孫人和曰："案疑當作雷動而雉發，驚蟄而虵出。"

劉盼遂曰："起當爲趨之誤，下又脱一陽字。趨陽氣也，與上文感陰氣也爲對句。"

禮鴻案："雉發"不辭，孫説非。此文發蟄不誤。"雉驚"當作"雉雊"，雊驚形近之誤。《御覽》九百十七引《洪範五行傳》云："正月雷微動而雉雊，雷通氣也。"《説文》亦云："雊，雄雉鳴也。雷始動，雉鳴而雊其頸。"則當作"雉雊"審矣。

又案：劉氏謂"起"字下脱"陽"字，是也。謂"起"字當作"趨"，則非。《論衡》每以"起"、"感"對文，其義已説在《謝短》篇。下文："人君起氣而以賞罰。"又："夫喜怒起事而發。"句法並同。劉氏亦改爲"趨"，並非。

《甫刑》曰："庶僇旁告無辜於天帝。"此言蚩尤之民被冤旁告無罪於上天也。

禮鴻案：仲任解《書》，易"辜"以"罪"，而於"旁告"無説。旁亦告之。"旁告"同義複詞。《墨子·尚同中》篇云："己有善，傍薦之；上有過，規諫之；上同義（孫詒讓曰："義當作乎。"）其上，而毋有下比之心。"《魯問》篇云："所謂忠臣者，上有過，則微之以諫；己有善，則訪之於上，而無敢以告外。匡其邪而入其善，尚同而無下比。"兩文義略同。孫詒讓據此謂："傍薦"之"傍"乃"訪"之借字。《祭義》鄭注云："薦，進也。""己有善，傍薦之"，謂己有善則告進之於上也。然則《甫刑》之"旁"即《墨子》之"傍"若"訪"矣。

# 亂　龍

### 二龍低伏。

禮鴻案："低"與"敀"通。《廣雅·釋言》、《玉篇》並云："敀，隱也。"《廣雅·釋詁》："攼，伏也。"王念孫《廣雅疏證補正》以"攼"爲"敀"字之誤，説曰："敀，《玉篇》丁禮切。敀者，伏藏之名。襄二十九年《左傳》：'若泯棄之，物乃垊伏。'《釋文》：'垊音旨，又丁禮反。'《後漢書·馬融傳》：'駭恫底伏。'李賢注云：'底伏，猶滯伏也。'垊底並與敃通。是敃與伏同義。王褒《四子講德論》：'雷霆必發，而潛底震動。'潛底猶潛伏也。伏與隱義相近，故《釋言》又云'敃，隱也。'《論衡·感虛》篇云：'夏末政衰，龍乃隱伏。'即《傳》所云'物乃垊伏'也。敃又通作低，《論衡·龍虛》篇引《左傳》作'物乃低伏'。"王氏説"敃"、"垊"、"底"、"低"四字義通甚明，而引《論衡》不及本篇，故録於此。

# 講　瑞

**如以宣帝時鳳皇體色衆鳥附從安知鳳皇。**

　　劉盼遂曰："安者，於是也，則也。詳王氏《經傳釋詞》。"

　　禮鴻案：劉説非也。"安知"乃"案知"之誤。謂案鳳皇體色衆鳥附從而知其爲鳳皇也。篇首云："儒者之論，自説見鳳皇騏驎而知之。何則？案鳳皇騏驎之象。"與此義正同，是其證也。

# 是　應

**雨濟而陰一者，謂之甘雨。**

　　孫人和曰："濟當作霽，一當作暗。《説文》：'霽，雨止也。''暗，陰而風也。'今霽作濟者，聲之誤也。暗作一者，蓋暗壞爲壹，又轉寫爲一耳。《類聚》二、《御覽》十一，引濟正作霽,一正作曀。"

　　劉文典曰:"《藝文類聚》九十八引作'若甘雨霽而陰翳者',知此濟一爲誤字。"

禮鴻案:《明雩》篇云:"試使人君恬居安處,不求己過,暘(今本作天,誤)猶自雨,雨猶自暘。暘濟雨濟之時,人君無事。"可知《論衡》"雨霽"字自作"濟",非誤也。《爾雅·釋天》:"濟謂之霽。"郝懿行曰:"濟與霽音義同。故《書·洪範》'曰霽',鄭注作濟,云:'濟者,如雨止之雲氣在上也。'《漢書·郊祀志》如淳注:'三輔謂日出清濟爲晏。'是濟霽通也。"蓋"濟"有止義。風止爲"濟",《莊子·齊物論》篇:"厲風濟則衆竅爲虚。"是也。雨止亦爲"濟",則《洪範》鄭注、《漢書》如淳注、《論衡》所言"雨濟"是也。旱止亦爲"濟",則《論衡》所云"暘濟"是也。群書雨止作"霽",乃分別文。類書引《論衡》作"霽",改從易曉耳。豈宜據以議《論衡》之誤乎?

# 自　然

**道家德厚,下當其上,上安其下。**

　　孫人和曰:"當讀爲向。《樂記》:'樂行而民鄉。'《吕氏春秋·音初》篇注:'鄉,仰也。'鄉與向同。"

禮鴻案:讀"當"爲"向",未見其例。"當"字義自可通,"當"爲"當值",情和意愜,無有乖違,則謂之"當"耳。《漢書·師丹傳》:"此先帝聖德當合天人之功也。"王先謙《補注》讀"當"丁浪反。又《王莽傳中》:"上當天心,稱高皇帝神靈。"顏師古注:"稱音尺孕反。""當""稱"義同。

# 感　類

**東海張霸造百兩篇，其言雖未可信，且假以問。**

劉盼遂曰："此十八字爲上文《百兩篇》之附注。"

禮鴻案：仲任問伊尹死，何以天不爲雷雨。應者舉《百兩篇》爲對，謂雖無雷雨，而有大霧，此非天怒之變耶（此非天怒之變也，"也"字讀耶）？仲任因復問，天於成王，何不三日雷雨，以須其覺悟？將問之前，先言《百兩篇》本張霸僞作，不可信據，然今即據應者所引大霧三日之語，以詰天何不雷雨三日，亦足以破《書》家說《金縢》之謬。其文本正文所自有，豈得爲上文《百兩篇》之附注乎？

**豈以周公聖而管仲不賢乎？**

劉盼遂曰："章士釗云：'不爲衍字。'是也。"

禮鴻案：詳考上下文義，仲任之意，謂管仲、周公功相偶，今謂周公死不得以天子禮葬，故天爲之雷雨，然則管仲死不得以諸侯禮葬，天何故不爲之雷雨也？若謂管仲三歸反坫，以人臣僭諸侯之禮，故爲不賢，異於周公之聖，故天之報之也亦異，然則周公亦人臣也，使以天子禮葬，則亦僭禮者也，安得爲聖，天顧以周公不得以天子禮葬而爲之雷雨乎，豈天欲周公僭禮也？"豈以周公聖而管仲不賢乎"一語，乃推應者之意，設辭以起下文，"不"字非衍文。章氏徒以管仲功大，疑其不當以不賢稱；不知不賢之說，當時自有之，下文即明著孔子譏之以爲不賢，豈可抹殺乎？

# 宣　漢

**漢家三百歲，十帝耀德，未平如何？夫文帝之時固已平矣，歷世持平矣。**

　　劉盼遂曰："持平當是治平。《論》例皆作治平。此亦是唐人避高宗諱而改也。本篇專言漢太平之事，故此云治平，作持平則不相應。"

　　禮鴻案：若云唐人避高宗諱改字，則"例"當改作"理"，不作"持"，知避諱之說非也。持者，持續也。謂十帝太平相繼，故曰"持平"。"持平"承"歷世"而言，又與下文"至平帝時，前漢已滅，光武中興，復致太平"相對，文義甚愜，未可議改也。又下文云："今上即命，奉成持滿。""持滿"之"持"，即此"持平"之"持"也。

# 恢　國

**惡其人者憎其骨餘。**

　　禮鴻案：《說苑·貴德》篇、《韓詩外傳》三、《通鑑前編》引《尚書大傳》、《御覽》九百二十引《太公六韜》，並作兩句，字句略異。惟《韓詩外傳》下句與《論衡》全同，其上句曰："愛其人，及屋上之烏。"《論衡》只有一句，則蹣踔不安，宜依《外傳》補上句。又"骨餘"程榮本作"胃餘"，"胃"乃"胥"之俗寫，亦當更正。

# 須　頌

**見者忽然不卸服也。**

劉盼遂曰：“卸爲暇字假借，卸暇聲近而然。”

禮鴻案：“卸”字當讀作“御”。朱校元本正作“御”。《鬼谷子·内揵》篇云：“日進前而不御。”《離騷》：“薋菉葹以盈室兮，判獨離而不服。”“不御”“不服”，合而言之，則曰“不御服”矣。

# 佚　文

**揚子雲作《法言》，蜀富人齎錢千萬，願載於書，子雲不聽。夫富無仁義之行，圈中之鹿，欄中之牛也，安得妄載？**

孫人和曰：“《初學記》十八，《御覽》四百七十二引此文，富下並有賈字，千萬作十萬，聽下有曰字，之行二字作猶，皆是也。今本脱誤，當據補正。”

劉盼遂曰：“夫字是云之誤。”

禮鴻案：《初學記》、《御覽》所引，惟“十”字、“賈”字當據改補。其餘今本皆不誤。夫富賈無仁義之行云云，乃仲任推子雲不聽富賈所請之意而言之，非記子雲之語，不當有“曰”字。“夫”乃發語詞，尤不當改云。下文云：“邪人枉道，繩墨所彈，安得避諱？”亦仲任推班叔皮載鄉里人以爲惡戒之意而言之。兩文辭駢而意偶，於叔皮無“曰”字，於子雲不當有“曰”字明矣。且使誠爲子雲之言，則當言"子無仁義之行"，今言"富賈"，其爲仲任之辭審矣。

# 論　死

**鷄卵之未字也。**

禮鴻案："字"當作"孚"。

# 死　僞

**臭憧於天。**

舊校："〔憧〕一本作爐。"

禮鴻案：《恢國》篇："光武起，過舊廬，見氣憧憧上屬於天。"此"憧"與"憧憧"同，一本非是。

# 紀　妖

**何以知簡子所見帝非實帝也？以夢占知之。樓臺山陵，官位之象也。**

孫人和曰："當作'以夢占之知樓臺山陵官位之象也'。之知二字誤倒。下文云：'以人臣夢占之，知帝賜二笥翟犬者非天帝也。'《御覽》三百九十七引，正作'以夢占之知樓臺山陵官位之象也'。"

禮鴻案："以夢占知之"不誤。上問"何以知"，故此答云"以夢占知之"。"樓臺山陵，官位之象"以下，申言以夢占知之之理，文意甚明。《御覽》孤證，不足爲據。

## 調　時

**今巳酉之家無過於月歲。**

**此則歲冤無罪也。**

禮鴻案："月歲"當作"歲月"。"歲冤無罪"，"歲"下當補"月"字。本篇例以"歲月"並舉，而"歲"在"月"前。

## 譏　日

**治木以贏尸。**

　　劉盼遂曰："贏當裹字之展轉而誤也。裹字從衣從果，俗誤作裸，又或改作裸，裸之正字爲贏，世人少見贏字，因改爲贏矣。贏尸不可解。今世猶謂死者入斂爲裹尸，此語蓋自東京而然矣。《莊子·胠篋》篇：'贏糧而從之。'音義云：'贏，裹也。'此以正字破訛字也。"

禮鴻案：劉氏此條所言皆臆測無徵。若謂"裹"字初訛作"裸"，又訛作"裸"作"贏"作"贏"，既世人少見"贏"字，則誤當至"裸"而止，何由得改爲"贏"？《莊子音義》未嘗明言"贏"誤"裹"正，今言以正字破訛字，將一切訓義皆以正字破訛字乎？今案：《左傳·襄公三十一年》云："我實不德，而以隸人之垣以贏諸

侯。"杜注："贏,受也。"正義曰："賈服王杜皆讀爲盈,盈是滿
也,故皆訓爲受。"釋文："贏音盈。"治木以贏尸,即以棺受尸。
"贏"與"盈"同聲,故字又作"盈"。《論死》篇云："以囊橐盈粟
米。""贏尸""盈粟米","贏""盈"同有實滿之義,亦同有受義。
何乃爲"裹"字之誤乎?

# 詰　術

**端端之日有十邪?**

禮鴻案："端"讀爲"黗"。《商君書·禁使》篇云："清朝日
黗,則上別飛鳥,下察秋毫。"《廣雅·釋器》云："黗,黄也。"端
端,謂日色黄而光明也。

# 實　知

**睹禍亂之前矣。**

禮鴻案："前"乃"萌"字形近之誤。

# 知　實

**言周公能聖,處其下不能知管叔之畔。**

禮鴻案："下"字誤衍。"處其不能知管叔之畔"作一句讀。
處者,斷也。見《骨相》篇説。上文陳賈問孟子曰："周公知其畔
而使,不知而使之與?曰:不知也。"故此云處其不能知管叔之

畔也。今誤衍"下"字，以"處其下"爲句，則義不可通矣。意貴賤
之期數得其時，故貨殖多，富比陶朱。

禮鴻案："期數"二字連讀。《道虛》篇云："其意以爲有（當作
非）求仙之未得，期數未至也。"是"期數"連讀之證。《集解》於
"期"字讀斷，以"數"字屬下讀，誤矣。

**孔子見竅睹微。**

禮鴻案："竅"讀爲"徼"。《老子》："欲以觀其徼。"陸氏《音
義》云："微妙也。"

# 定　賢

**藥囊提刺客，益於救主。**

禮鴻案："益"上當有"無"字。

**張湯文深，在漢之朝不爲賢。太史公序累，以湯爲酷。**

劉盼遂曰："太史公序累五字疑爲太史公《史記》之別
名。今《史記》一百二十二《酷吏傳》有張湯，即仲任所指。
《程材》篇：'太史公序累，置於酷部。'同此。《道虛》篇云：
'太史公記誄五帝，亦云黃帝封禪已仙去。'是又名《史記》爲
太史公記誄矣。累與誄古字通假。惟《超奇》、《案書》、《對
作》等篇，則又作'太史公書'，亦不一致。"

禮鴻案：劉氏於《道虛》、《程材》二篇亦説此意，而此篇説最
詳。然《道虛》篇之文，"五帝"二字，顯然不能下屬，而必當屬
上。屬上則必當爲"記誄"之止詞，而"記誄"爲動字矣。蓋"記

誄""序累"同爲動字,於三篇皆可通。若以"記誄""序累"並"太史公"三字以爲《史記》別名,則於《道虚》篇不可通矣。劉氏此説,殆未可從。《漢書·谷永傳》:"今大將軍不幸早薨,粂親疏,序材能,宜在君侯。"彼之粂序,即《論衡》之序累矣。記誄者,記敘累列也。序累者,比較差次也。

# 書　解

**試使庸人積閑暇之思,亦能成篇八十數。**

禮鴻案:"八十數"無義。"八"當作"以"。《佚文》篇云:"《論衡》篇以十數。"其例則同。

# 案　書

**可褒則義以明其行善。**

禮鴻案:以下句爲"明其惡以譏其操"律之,此當作"明其善以義其行"。

# 自　紀

**及受堯禪,若卒自得。**

禮鴻案:"卒"當作"本"。"卒"字俗書作"卆"作"卒"（見《五經文字》）,"本"字俗書作"夲",形近相亂。《孟子·盡心》篇云:"及其爲天子也,被袗衣,鼓琴,二女果,若固有之。"與此義同。若本自得，即若固有之，"本"猶"固"也。

## 及出萩露。

　　劉盼遂曰："萩字不見於字書，疑爲核露之誤。核露，顯著之義。下文'筆辯以萩露爲通'，亦與此同。"

禮鴻案：《漢書·外戚傳》武帝悼李夫人賦："函荾萩以俟風兮，芳雜襲以彌章。"李奇曰："萩音敷。"孟康曰："荾音綏，花中齊也。夫人之色如春華敷散以從風也。"是則"萩"音義皆同"敷"，非誤字。"函荾"二字連讀。

# 讀《論衡校釋》

余昔肄劉盼遂先生《論衡集解》,爲《讀〈論衡集解〉》一篇,布之《杭州大學學報》。比得讀桐城黃暉《論衡校釋》,竊有匡益,疏之於次。

## 逢　遇

**偶以形佳骨嫻,皮媚色稱。**

> 嫻宋本作蘭,朱校元本同。黃暉曰:"梅膺祚《字彙》艸部引亦作蘭,并云同妍。疑蘭即嫻之俗省字,嫻有作嬾者,故省作蘭。梅氏以爲同妍,恐臆説。"

禮鴻案:"蘭"乃"蘡"字之誤。篆文"蘡"艸下之要中間似今隸"女"字,左右似門字兩旁,故誤爲"蘭"。"蘡"假借爲"妖冶"之"妖"。《淮南子·天文》:"青女乃出,以降霜雪。"高誘注:"青女,天神,青霄玉女,主霜雪也。"(今本"霄"誤"霄",李壁注王荆公和東坡雪詩、陳元靚《歲時廣記》卷三、胡仔《苕溪漁隱叢話》後集卷二十五載《復齋漫録》引作"腰",不誤。)《四部叢刊》影印宋本作"青娸","娸"即"妖"字。《集韻》上聲二十九筱韻"朦裏"之"朦"或作"駚"。是從夭從要之字可互通,而"蘡"可通"妖"也。

又案:《定賢》篇:"或骨體嫻麗。"黃暉曰:"嫻,元本作蘭,朱校同。按《逢遇》篇:'形佳骨嫻。'宋、元本及《字彙》引'嫻'並作'茵',疑元本蘭爲茵之誤。"黄説是也。"茵"亦"蔞"字之誤。

# 幸 偶

**富或累金,貧或乞食,貴至封侯,賤至奴僕,非天稟施有左右也。**

黄暉曰:"稟施疑當作施氣。"

禮鴻案:稟有受義,亦有給授之義,而給義或先乎受。《説文》:"稟,賜穀也。"《漢書·文帝紀》元年詔:"今聞吏稟當受鬻者以陳粟。"顏師古注:"稟,給也。"又《禮樂志》:"人函天地陰陽之氣,有喜怒哀樂之情,天稟其性,而不能節也。"顏注:"稟,謂給受也。"此皆"稟"有授義之證。"稟施"同義連文。黄氏蓋但以"稟"爲"稟受",因疑其誤,非也。《宣漢》篇:"天之稟氣,豈爲前世者渥,後世者泊哉!"此"稟"字亦爲給受。

# 吉 驗

**夫后稷不當棄,故牛馬不踐,鳥以羽翼覆愛其身。**

禮鴻案:"愛"讀作"僾"若"薆"。《説文》:"僾,蔽不見也。"《廣雅·釋詁》二:"僾、蔽,障也。"《爾雅·釋言》:"薆,隱也。"郭注:"謂隱蔽。"邢疏:"薆障即隱蔽也。"《漢書·律曆志上》:"薆昧於未。"顏師古注:"薆,蔽也。""覆愛"即"覆蔽"。

**棄疾弱，抱而入，再拜皆壓紐。**

禮鴻案：事見昭十三年《左傳》，云："共王以璧見於羣望，曰：'當璧而拜者，神所立也。'……平王弱，抱而入，再拜皆厭紐。"據此，"厭紐"即是"當璧"。"厭"訓爲"合"。《國語·周語下》："克厭帝心。"韋昭注："厭，當也。"當亦訓"合"。《呂氏春秋·大樂》："莫不咸當。"高誘注："當，合。"則"合"與"厭"亦可訓"當"。載籍多言"厭當"，如本篇下文云：秦始皇帝常曰：'東南有天子氣。'於是東游以厭當之。"始皇之意，以己爲天子，因東游焉，則天子氣應在己，即不復有干帝位者矣。《史記·黥布列傳》索隱："布以少時有人相云當刑而王，故《漢雜事》云'布改姓黥以厭當之'也。"布之改姓黥，欲以應當刑而王之説以求王，非惡刑而爲此也。"厭當"二字乃同義連文。"厭紐""壓紐"，"壓"與"厭"通，"壓紐"即"當紐"也。《漢書·高帝紀》："於是東游以厭當之。"王先謙曰："《史記》無當字。《索隱》引《廣雅》云：'厭，鎮也。'當者，始皇以其地有天子氣，故往游自當之。"其説"當"字是也，而猶録《索隱》"鎮也"之解，蓋未爲盡當也。

**廣國獨得脱，自卜數日當爲侯。**

> 孫人和曰："《漢書》亦作日，劉敞、周壽昌並謂日當作月，是也。此日字亦月字之誤。"

禮鴻案：劉、周皆謂"日"當作"曰"，孫乃謂二人謂當作"月"，誤甚。周引《漢書·元后傳》"使卜數者相政君"顏注："數，計也，若言今之禄命書也。"劉、周以卜數爲一詞，曰者，卜數之説如此也。何數日數月之云乎？《史記·日者列傳》："試之卜數中以觀采。"《索隱》曰："卜數，數術也，音所具反。劉氏云：

'具數筮之。'亦通。筮必以《易》,《易》用大衍之數也。"據《索隱》
述劉伯莊説,則卜數即卜筮耳。《禮記·王制》:"假於鬼神時日
卜筮以疑衆。"鄭玄注:"今時持喪葬、築蓋、嫁取卜數文書,使民
倍禮違制。"此亦卜數即卜筮之證。斯蓋漢人常語也。

# 偶　會

壊屋所壓,崩崖所墜,非屋精崖氣殺此人也。屋老崖沮,命
凶之人,遭屇適履。

禮鴻案:"遭居適履"義不可通,當作"遭墜適厭","屇"爲
"墜"之殘脱,"履"亦"厭"之形訛。厭義本爲壓,"遭墜適厭"者,
謂適遭崖之所墜,屋之所壓耳。《書虚》篇:"斬湘山之樹而履之。"
愚謂"履"亦當作"厭","厭"即"壓"也,可與此相參。互詳彼文。

# 書　虚

始皇大怒,使刑徒三千人斬湘山之樹而履之。

禮鴻案:"履之"文不成義,"履"乃"厭"字形近之誤。"而"猶
"以"也,見《經傳釋詞》。"厭"即"厭勝"之"厭",猶今云鎮壓也。
謂斬湘山之樹以厭二妃之精也。

# 異　虚

漢孝武皇帝之時,獲白麟,戴兩角而共觝。使謁者終軍議
之。軍曰:"夫野獸而共一角,象天下合同爲一也。"

　　黃暉曰："'戴兩角而共觚'當作'一角戴肉而五趾'。兩肉、共五、觚趾並形近而誤，一字脫，角字誤奪在兩字下，文遂不可通矣。《公羊》哀公十四年傳注：'麟狀如麕，一角而戴肉。'下文云'野獸而共一角'，則不得云戴兩角矣。共觚二字無義。《漢書·終軍傳》：'獲白麟，一角而五蹄。'注：'每一足而有五蹄也。'（《前漢紀》十二同）《史記·封禪書》，褚少孫補《武帝紀》：'獲一角獸，若麃然。有司曰：蓋麟云。'即此事也。後《講瑞》篇、《指瑞》篇並云'一角而五趾'。"

　　禮鴻案：黃說未諦。《漢書·司馬相如傳下》封禪文云："犧雙觡共抵之獸。"服虔曰："犧，牲也。觡，角也。抵，本也。武帝獲白麟，兩角共一本，因以爲牲也。""戴兩角而共觚"，正與相如說同，亦與《漢書·終軍傳》軍對"今野獸並角，明同本也"說通，並角者，有兩角之形而又並爲一也。《論衡》引終軍云"共一角"，亦即並角之意。武帝時所獲獸，傳記或云一角，就其並而言之；或云雙角共觚，就其並而雙觡之形未泯言之，蓋不相悖。若夫五蹄五趾，非所與議也。

# 感　虛

**人形長七尺，形中有五常，有癉熱之病。**

　　癉下舊校曰："一作瘴。"

　　禮鴻案："癉"與"熱"皆病名。《廣韻》上平聲二十五寒韻："癉，他干切，風在手足病。"《史記·扁鵲倉公列傳》有"風癉客脬"、"肺消癉"病。作"瘴者"非。又《漢書·嚴助傳》："南方暑濕，近夏癉熱。"王念孫謂癉熱乃盛熱，此非《論衡》所云癉熱。

# 福　虛

**二軍之衆，並全而歸；兵矢之刃，無頓用者。**

禮鴻案："用"字不可解，乃"周"字之殘缺。"周"讀爲"錭"。《説文》："錭，鈍也。""頓"亦"鈍"也。《漢書·賈誼傳》："屠牛坦一朝解十二牛，而芒刃不頓。"顏師古注："頓讀曰鈍。""頓錭"同義連文。鋒芒摧挫，是謂"頓錭"。上文云："合戰頓兵。"其義亦同；兵者，兵器也。

# 禍　虛

**天地所罰，小大猶發；鬼神所報，遠近猶至。**

禮鴻案：《經傳釋詞》曰："《詩·小星》傳曰：'猶，若也。'猶，猶均也。物相若則均，故猶又有均義。襄十年《左傳》曰：'從之將退，不從亦退。猶將退之，不如從楚，亦以退之。'猶將退，均將退也。""猶發"、"猶至"即"均發"、"均至"也。

# 道　虛

**離衆遠去，無得道之效；慚於鄉里，負於論議。**

禮鴻案："負"亦"慚"也。《後漢書·張步傳》："負負，無可言者!"李賢注:"負,愧也。再言之者,愧之甚。"

**此器齊桓公十五年於栢寢。**

　　黄暉曰:"《史》、《漢》並作十年。劉盼遂《中國金石之
厄運》曰:陳於栢寢,鑄於栢寢也。十五當作卅五。古卅字
作𝗟(智鼎)、𝗨(大鼎、格伯鼎),故易致訛。齊桓公即位之三十五
年,即魯僖公九年,齊桓公會諸侯於葵丘之歲也。《唐闕史》
卷上,裴丞相古器條云:'丞相河東公掌綸誥日,有親表調
授宰字於曲阜者,耕人墾田得古鐵器曰盆,腹容三斗,淺項
庳足,規口矩耳,洗滌之,隱隱有古篆九字。兗州魯生姓魯
曰:齊桓公會於葵丘鑄。'是裴丞相所得鐵器,與《史記》、
《論衡》卅五年陳於栢寢者,殆是一器。"

　　禮鴻案:《唐闕史》記曲阜出古鐵器事,又記劉蛻舍人辨此
器乃近世矯作,其說曰:"按《禮經》:諸侯五月而葬,同盟至。
既葬,然后反虞;既虞,然後卒哭;卒哭,然後定謚。則葵丘之會
實在生前,不得以謚稱之。此乃近世矯作也。"劉君其未見舍人
之說乎,抑故沒而不言也?且《史記》、《論衡》有十年與十五年之
異,今乃據《闕史》所言不可知之鐵器,強馬、王之書以就卅五
年之說,斯不亦違闕疑之旨乎?訓"陳"爲"鑄",復何據也?

# 問　孔

**今宰予雖無力行,有言語。用言,令行缺,有一概矣。**

　　禮鴻案:《詩·鄘風·載馳》疏:"一概者,一端。"《淮南
子·泰族》:"泓之戰,軍敗君獲,而《春秋》大之,取其不鼓不成

列也。宋伯姬坐燒而死，《春秋》大之，取其不踰禮而行也。成功立事，豈足多哉！方指所言，而取一概焉。"一概，猶一端、一節也。仲任謂宰予有言語而無德行，猶有一節，在所當取，其事與《春秋》大宋襄、伯姬略同。《越絕書·越絕篇敘外傳記》："問曰：'子胥妻楚王母，無罪而死於吳，其行始是何義乎？'曰：'孔子固貶之矣。賢其復仇，惡其妻楚王母也。然《春秋》之義，量功掩過也。……昔者管仲生，伯業興；子胥死，伯名成。周公貴一概，不求備於一人。'"其言一概義亦同。

# 非　韓

　　蓋謂俗儒無行操，舉措不重禮，以儒名而俗行，以實學而僞説，貪官尊榮，故不足貴。

　　禮鴻案："尊榮"當與"貪官"相對，而"尊"不能與"貪"對，"尊"本當作"酋"，校者不得其義，輒改之耳。《漢書·敘傳》載班氏《答賓戲》曰："《説難》既酋，其身乃囚；秦貨既貴，厥宗亦墜。"《文選》"酋"作"遒"，李善注引應劭曰："遒，好也。""酋""遒"字通，謂韓非《説難》之書既爲始皇所好，而身乃被囚也。王念孫謂：酋，就也。言《説難》之書既成，而其身乃囚也。案班固以"酋"與"貴"對，則應劭訓"囚"爲"好"爲確。此云貪官酋榮，即貪官好榮，"酋"與"貪"義正一律。訓"酋"爲"好"者，"好""酋"古韻同在幽部，以疊韻爲訓也。王充、班固同爲東漢人，其用語固同也。

**備溺不闚水源，防劫不求臣奸，韓子所宜用教已也。**

黃暉曰：“已疑衍。”

禮鴻案：《集解》作“己”，是也。“己”讀作“誋”，誠也，告也，教也。《説文》：“誋，誠也。”《廣雅・釋詁》三上：“誋，告也。”《淮南子・繆稱》：“可以形勢接，而不可以昭誋。”又：“可以消釋，而不可以昭誋。”高誘注：“昭，道。誋，誠也。不可教導誠人。”字又作“期”作“綦”。《文子・精誠》：“可形接而不可以照期。”昭期即昭誋。宣十二年《左傳》：“楚人綦之脱扃。”杜預注：“綦，教也。”“綦”亦“誋”也，此猶“昭誋”之爲“照期”、“夫己”之爲“彼其”也。“誠”“告”“教”義同，“教誋”同義連文。《吉驗》篇：“若神將教踞之矣。”孫詒讓曰：“踞當爲誋。《説文》言部云：‘誋，誠也。’”孫説是也。即此之教己。

# 刺　孟

**室因人故，粟以屨纑易之，正使盗之所樹築，己不聞知。**

黃暉曰：“故字無義，疑爲攻字形訛。《詩・大雅・靈臺》：‘庶民攻之。’毛傳：‘攻，作也。’”

禮鴻案：“盗”下脱“踞”字。故，已成也，謂因人之故宅而居之。下文云：“今於陵之宅，不見築者爲誰；粟，不知樹者爲誰；何得成室而居之？〔何〕得成粟而食之？”蓋謂必求知築者樹者爲伯夷而居之食之，必無成室成粟之可居可食也。室因人故，正與“得成室而居之”相應。

# 程　材

**見文吏利便，而儒生陸落。**

　　黄暉曰：“陸落雙聲，猶言沉淪也。……王本、崇文本
改作墮落，妄也。”

　　禮鴻案：王本、崇文本未可厚非。“陸”當作“陸”，形近而誤。
《集韻》上聲三十四果韻：“陊、陸、墥，杜果切，《説文》：‘落也。’
或作陸、墥，亦書作墮。”“陸落”即“墮落”、“拓落”、“跅落”、“脱
落”、“託落”。《詩·召南·摽有梅》傳：“盛極則隋落者，梅也。”
《漢書·揚雄傳》：“何爲官之拓落也？”顏師古注：“拓落，不耦
也。”又《武帝紀》元封五年詔：“跅弛之士。”顏注：“跅者，跅落
無檢局也。……跅音土各反。”《晉書·韓伯傳》：“居喪廢禮，崇
尚莊老，脱落名教。”又《慕容暐載記》：“塞表爲平寇之基，徒孤
危托落，令善附内駭。”凡此諸語，並以雙聲相轉；尋其義旨，或爲
不入俗檢，不合事宜；或者見謂疲軟不任；或爲寥落無偶，不見進
用。凡此三義，並皆相因。如《論衡》之“陸落”，則以疲軟不任與
不入俗檢、不合事宜爲主，故與“利便”爲對；然其寥落無偶，則
居可知也。

**奏記言事，蒙士解過。**

　　黄暉曰：“解過，謂指摘過失。《自紀》篇：‘專薦未達，解
已進者過。’一曰：解過疑當作解逅。……蒙士解過，謂遭多
口之士間構也。”

禮鴻案："蒙"當作"薦"，"薦"篆文與"蒙"形近，因誤爲"蒙"。"薦士解過"，即《自紀》篇所云"專薦未達，解已進者過"，"解過"，謂辯解其過也。《自紀》又云："有過不解，亦不復陷。"謂有過不爲之辯解，亦不誣陷之也。解過之義甚明。《效力》篇云："能舉賢薦士，世謂之多力也。然能舉賢薦士，上書白記者，文儒也。"（今本"白"作"日"，從黃暉校作"白"。記下有"也能上書日記"六字，乃衍文，刪。）《效力》篇之"舉賢薦士，上書白記"與本篇所言"奏記言事，薦士解過"意略同，但《效力》不言"解過"耳。

**直言一指，觸犯忌諱。**

禮鴻案："指"讀作"誽"。《説文》："誽，訐也。从言，臣聲。讀若指。"又："訐，面相斥罪。"王筠《句讀》曰："《荀子·不苟》篇：'正義直指，舉人之過惡，非毀疵也。'此即借指爲誽者。"

# 謝　短

**郡言事二府，曰"敢言之"；司空，曰"上"；何狀？**

**著鳩於杖末，不著爵，何杖？**

禮鴻案："何杖"之"杖"當作"狀"，涉上下文"杖"字而誤。"何狀"，言"何故"也。《狀留》篇曰："賢儒遲留，皆有狀故。狀如云何？學多道重也。"是"狀"猶"故"也。"狀留"者，推究賢儒稽留難進之故也。《亂龍》篇曰："夫以象類，有十五驗；以禮示意，有四義。仲舒覽見深鴻，立事不安，設土龍之象，果有狀也。"《定賢》篇云："若董仲舒信土龍之能致雲雨，蓋亦有以也。""有狀"即"有以"，亦即"有故"也。《後漢書·班超傳》："其後行詣相者。曰：

'祭酒,布衣諸生耳,而當封侯萬里之外。'超問其狀。"即問其故也。狀非形相,亦非若今所云情況。

# 効　力

**地力盛者,草木暢茂,一畝之收,當中田五畝之分。**

禮鴻案:"分"讀作"粉"。《廣韻》去聲二十三問韻:"穧、粉,穫也。"《管子·立政》:"歲雖凶旱,有所粉穫。"

**少文之人,與董仲舒涌胸中之思,必將不任。**

禮鴻案:"涌"當作"角"。"角"形訛爲"甬",校者謬加水旁耳。

**故夫文力之人,助有力之將,乃能以力爲功。**

> 黃暉曰:"此言文儒因有力之將相薦舉乃能爲功,作助,失其義也。助元本作因,當從之。宋本、朱校元本並作固,蓋因之誤。"

禮鴻案:"助"非誤字;助者,藉也。《孟子·滕文公上》:"夏后氏五十而貢,殷人七十而助,周人百畝而徹。其實皆什一也。徹者,徹也。助者,藉也。"是"助"爲"藉"也。《説文》:"菹,茅藉也。從艸,租聲。《禮》曰:'封諸侯以土,菹以白茅。'"菹以白茅,即藉以白茅也。《集韻》去聲四十禡韻即以"菹"爲"藉"之或體。從且從昔得聲之字古韻皆在魚部,故義可相通。"助"之爲"藉",猶"菹"之爲"藉"也。且下文云:"有力無助,以力爲禍。"與此文相承,復可改爲無因乎?

**小石附於山,山力能持之;在沙丘之間,小石輕微,亦能自**

安。至於大石，沙土不覆，山不能持。

禮鴻案："覆"如字義不可通，當讀作"腹"；腹，厚也。《禮記·月令》季冬："水澤腹堅。"鄭玄注："腹，厚也。"言沙土不厚，則不能持大石也。

# 別　通

**今閉闇脂塞，無所好欲，與三百倮蟲何以異？**

禮鴻案："脂塞"無義，當作"膈塞"。《説文》："畐，滿也。"字亦通作"偪"作"愊"。《方言》六："偪，滿也。……腹滿曰偪。"《廣雅·釋詁》一上："愊，滿也。""膈塞"即"畐塞"，謂智慮不開通也。

**委積不絏，大用於世。**

　　吳承仕曰："大字上脱無字。《意林》引云：'班固、賈逵、楊終、傅毅之徒，名芳文美，無大用也。'"

禮鴻案：吳説是。委積，謂如班傅之徒皆滯在蘭臺也。絏，猶羈，謂用也，説見余《讀〈漢書·司馬遷傳〉》。

【附】：

《漢書·司馬遷傳》："僕少負不羈之才，長無鄉曲之譽。"顏師古注："不羈，言其材質高遠，不可羈繫也。"王先謙曰："負才，猶言恃才。"案：二説皆誤。負才者，謂負荷天所予之才，即稟賦之意也。《左傳·僖公二十四年》："子犯以璧授公子，曰：'臣負羈絏，從君巡於天下，臣之罪甚多矣。'"馬宗槤《補注》曰："《説文》：'羈，馬絡頭也。'服虔云：'犬繮曰絏。'……當從許慎、服虔説，以羈爲馬繮，絏爲犬繮，猶言服犬馬之勞也。""負不羈之才"，言稟賦駑劣,不任羈紲,故"與無鄉曲之譽"并言。雖令貌爲謙辭,亦猶爲夫謙辭,非爲材質高遠也。《水滸全傳》第一百八回:"蕭某少負不羈之行,長無鄉曲之譽,是孤陋寡聞的一個人。"以"負不羈之行"與"孤陋寡聞"連言,其非美辭可知。爲説部者,蓋爲先得我心矣。

## 狀　留

**且圓物之投於地,東西南北,無之不可,策杖叩動,纔微輒停。**

禮鴻案:《寒温》篇:"夫近水則寒,近火則温,遠之漸微。""漸"宋本殘卷作"纔",朱校同。《廣雅·釋言》:"纔,暫也。"以《寒温》篇異文及《廣雅》與此篇參校,則"纔"即"漸"也。"纔"與"漸""暫"古韻同屬談部,義得互通。此謂圓物以策杖叩之則動,至策杖之力漸微,則其物停也。下文云:"方物集地,壹投而止。""纔微""壹投",義正相反,前爲漸停,後爲立止也。《變動》篇:"李斯、趙高纔殺太子扶蘇,並及蒙恬、蒙驁。"此"纔"爲以次之意,亦即漸之意也。《定賢》篇:"有方,篤劇猶治;無方,亹微不愈。"劉盼遂曰:"亹爲纔之聲母,得叚借爲纔。《三蒼》云:'纔,劣也,僅也。'《漢書》注:'纔,淺也。'故《論衡》以亹微連文。"劉説是也。然《定賢》之"亹微"二字一義,與此篇"纔"爲疏狀之詞異。

## 寒　温

**故曰:"以形逐影,以龍致雨。雨應龍而來,影應形而去。"**

禮鴻案："影應形而去"，"去"當作"至"。"逐影"之"逐"乃致動之詞，謂令影追逐形也。校者不憭"逐"字有此用法，謬謂逐而去之，遂輒改"至"爲"去"，大背書旨。此段方言以類相招之，何容著"去"字乎？

## 變　動

**四十萬之冤，度當一賢臣之痛；入坑堳之啼，度過拘囚之呼。**

禮鴻案："當"合作"尚"，加也。此言秦坑趙卒四十萬，計其冤痛，必加於鄒衍一人也。"堳"當作"埳"。

## 順　鼓

**氣不相兼，兵不相負，不能取勝。**

禮鴻案："負"與"兼"相對，"負"讀作"倍"。"王負"或作"王菩"，見《吕氏春秋·孟夏紀》畢沅校，此"負"與"倍"以聲近而義通之證也。此以"兼""負"相儷，《實知》篇云："未必才相懸絶，智相兼倍也。"則以"兼倍"連文，其義一也。又《恢國》篇曰："酒舍負讎。"黄暉引《吉驗》篇"酒售數倍"，曰："負讀倍。"是也。

## 齊　世

**氣之薄渥，萬世若一；帝王治世，百代同道；人民婚嫁，同時共禮。**

禮鴻案："同時"當作"異時"。"萬世""百代""異時"，言時之不同；"一""同""共"，言氣、治、婚嫁之禮之同。又案：此下雖言男三十而娶以下，乃駁上世婚姻以時之説。

如以上世人民，侗長佼好，堅彊老壽，下世反此，則天地初立，始爲人時，長可如防風之君，色如宋朝，壽如彭祖乎？

禮鴻案：下文云："從當今至千世之後，人可長如莢英，色如嫫母，壽如朝生乎？"以下文證之，此文"長可"當作"可長"。"可"猶"豈"也，説見余《敦煌變文字義通釋》。"可"字作"豈"解，《論衡》多見，如《詰術》篇有二條，姑録其一："火滿天下，水辨四方。火或在人之南，或在人之北。謂火常在南方，是則東方可無金，西方可無木乎？"

至周之時，人民文薄，八卦難復因襲，故文王衍爲六十四首，極其變，使民不倦。

禮鴻案：下文云："至周之時，人民久薄，故孔子作《春秋》，……"兩"至周"相複，此之"至周""周"字當作"商"若殷。《易·繫辭下》："《易》之興也，其當殷之末世、周之盛德邪！當文王與紂之事邪！"此言文王爲重卦，宜在殷之末世也。

# 宣　漢

今百姓安矣，符瑞至矣，終謂古瑞河圖鳳皇不至，謂之未安。

黃暉曰："朱校元本無此四字。"（案：指"符瑞至矣"四字。）

禮鴻案：黃氏無説。今案：仲任雖云"聖主治世，期於平安，不須符瑞"，而實謂漢家符瑞纍積，但不與古瑞重複耳。即以仲任所處章帝之世言之，即有麟、甘露、醴泉、神雀、白雉、紫芝、嘉禾、金出鼎見、離木復合諸瑞（並見本篇），故云"今……符瑞至矣"。下文曰："俗好褒古稱遠，講瑞則（"則"字依黃暉、劉盼遂補）上世爲美，論治則古王爲賢；睹（當作"睹"）奇於今，終不信然。"正與此文言"符瑞至矣，終謂古瑞河圖鳳皇不至"義同。"符瑞至矣"四字當有。

**牛馬珍於白雉，近屬不若遠物。**

禮鴻案：牛馬珍於白雉，承上"周家越常獻白雉，方今匈奴、善鄯、哀牢貢獻牛馬"言之；近屬不若遠物，承上"周時僅治五千里内；漢氏廓土，收荒服之外"言之。"收"字黃暉據《別通》篇"漢氏廓土，牧萬里之外"及《漢書·王莽傳》訂爲"牧"，是也。"遠物"之"物"亦當爲"牧"字。蓋"收"字誤於左旁，"物"字誤於右旁耳。

# 恢　國

**天下以雷雨助漢威敵。**

禮鴻案："下"字當在"雨"字下。

**罪皆在身，不加於上。**

黃暉曰："謂雖不加刑，而流至死。"

禮鴻案：黃説非是。此言驩、共工、三苗與鯀，雖皆有罪，尚不至謀上叛逆，故云"不加於上"也。下文云："怨惡謀上，懷挾叛逆，考事失實，誤國殺將，罪惡重於四子。"正與此相反，足以明之。"怨惡謀上"上當有主名，而今脱之，無從補足。

# 驗　符

**零陵泉陵女子傅寧宅，土中忽生芝草五本。**

黄暉曰：“《御覽》八七三……宅下有內字，無土中忽三字，《類聚》九八引同，司馬彪書亦云宅內。朱校元本忽作內。疑此文原作‘宅內生芝草五本’，土中涉宅字疑衍，今本又改內爲忽，《玉海》一九七引無忽字。”

禮鴻案：此文原作“室中生芝草五本”，“室”字誤分爲“宅土”二字耳。“室中”“中”字或本作“內”，校者旁記異文，屬入“中”字之下，則於文爲複，又一校者遂改“內”爲“忽”，俾文義順適，不審其非原文也。所宜諟正。

**甘露下泉陵、零陵、洮陽、始安、冷道五縣。**

禮鴻案：五縣屬荆州零陵郡，“冷道”當作“泠道”，見《後漢書·郡國志四》。

# 須　頌

**地有丘洿，故有高平。或以钁鋪平而夷之，爲平地矣。**

禮鴻案：“高平”當作“高下”。“高”與“下”相對，不與“平”相對。“洿”即“下”也。《説文》：“洿，濁水不流也。一曰：窊下也。”“平而夷之”當作“夷而平之”。

世見五帝三王爲經書，漢事不載，則謂五三優於漢矣。或以論爲鑵錙損三五，少豐滿漢家之下，豈徒并爲平哉！漢將爲丘，五三轉爲洿矣。

黃暉曰："〔或以論爲〕當作或論以爲。"劉盼遂曰："三五二字宜互倒。上下文皆作五三。五，五帝；三，三王也。"又曰："漢家之下疑當爲漢家之上，上下文皆以土地爲喻故也。"

禮鴻案：劉説"三五"二字當互倒，是。黃説"或以論爲"當作"或論以爲"，非。此文當讀"或以論爲鑵錙"六字句，劉氏《集解》讀不誤。鑵錙者，損益丘洿之器；論者，評斷優劣之資：以論評斷優劣，猶以鑵錙損益丘洿也。下文云："無《論衡》之論，不知優劣之實。"又云："無鴻筆之論，不免庸庸之名。"即此以論爲鑵錙之論也。"少豐滿漢家之下""下"字不誤。此謂向來論者皆以五三爲高，漢家爲下，若得鴻筆之論損高豐下，則高轉爲下，下轉爲高矣。其云"五三轉爲洿"，足明漢家以俗論之故而本爲洿下也。

# 佚　文

使長卿、桓君山、子雲作吏，書所不能盈牘，文所不能成句，則武帝何貪？成帝何欲？

齊燕銘曰："桓君山三字衍。"

禮鴻案："所"猶"若"也，見《經傳釋詞》九。

上書陳便宜，奏記薦吏士，一則爲身，二則爲人，繁文麗辭，無上書文德之操，治身完行，徇利爲私，無爲主者。

禮鴻案："無上書"三字當作"無頌上者"四字，脱"頌"字，"者"字形誤爲"書"耳。仲任評斷五文，以造論著説爲上，以其能頌上恢國，國業傳在千載也。其他五經六藝、諸子傳書、上書奏記、文德之操，皆在所短，以其不能頌上恢國也。於上書奏記則曰無頌上者，於文德之操則曰無爲主者，文正相儷。謂脱"頌"字者，據上文"造論之人，頌上恢國"知之。

# 論　死

人，物也；物，亦物也。物死不爲鬼，人死何故獨能爲鬼？世能别人物不能爲鬼，則爲鬼不爲鬼尚難分明；如不能别，則亦無以知其能爲鬼也。

禮鴻案："世能"句不可通，當作"世能别人不爲物"六字。則"爲鬼不爲鬼尚難分明"，"無以知其能爲鬼"，皆指人言之。"如不能别"，"别"謂别人之不爲物也。

# 死　僞

成王於時縋死，氣尚盛，新絶，目尚開，因謚曰靈；少久氣衰，目適欲瞑，連更曰成。目之視瞑，與謚之爲靈，偶應也。

禮鴻案："連"字無義，當作"遭"字。《論衡》或以適遭連文，如《偶會》篇云："夫人終鬼來，物死寒至，皆適遭也"，或兩句之文，上句用"適"而下句用"遭"，如下文云："偶晉侯之疾適當自

衰，子産遭言黃熊之占。"是也。此云"目適欲瞑，遭更曰成"正與
下文一例，蓋"遭"亦"適"也。"爲靈""靈"下當有"成"字。

**相殺不一人也，殺者後病，不見所殺；田蚡見所殺。田蚡獨
然者，心負憤恨，病亂妄見也。**

> 黃暉曰："宋本憤作懷，朱校元本作性。按：作懷是
> 也。今本作憤，當爲懷字之訛。灌夫、竇嬰已誅戮，田蚡私
> 恨已逞，不得言其尚有憤恨也。恨讀《李廣傳》'豈嘗有恨者
> 乎？'之恨。師古曰：'恨，悔也。'是其義。"

禮鴻案：黃氏釋"恨"如《李廣傳》之"恨"，是也。"憤恨"連用
固非，□恨當爲負之止詞，改"憤"爲"懷"，文義復不愜。竊謂作
"憤""懷""性"皆非是，當作"慊"字。慊者，《集韻》平聲二十五
沾韻："苦兼切，意不足。"《孟子·公孫丑下》："彼以其富，我以
吾仁；彼以其爵，我以吾義；吾何慊乎哉？""心負慊恨"，猶今謂
做了虧心事也。

# 紀　妖

**凡妖之發，或象人爲鬼，或爲人象鬼而使，其實一也。**

禮鴻案："或象人爲鬼"當作"或爲鬼象人"。"鬼象人"，即下
文所云"妖鬼象人之形也"；"人象鬼而使"，即下文所云"此人象
鬼之妖也"。

# 訂　鬼

**夫物有形則能食，能食則便利。**

　　劉盼遂曰："便利謂拉屎撒尿也。《漢書·韋賢傳》：
'狂臥便利，妄笑語昏亂。'師古曰：'便利，大小便也。'黄暉
説爲動作巧便，失之。"

　禮鴻案：劉説是。唐釋義净譯《根本説一切有部毗奈耶雜
事》卷十："有一長者，心懷正信，共無信婆羅門詣逝多林，隨處
觀看。至一樹下，見便利處。婆羅門曰：'長者！沙門釋子極不
净潔；花果樹下，而遺不净。'"唐釋道世《法苑珠林》卷四十四引
《佛説福田經》："復有七法廣施，名曰福田。……七者，造作圊
厠，施便利處。"其言"便利"，與《漢書》、《論衡》同。凡人與物能
食者必有排泄，故云能食者"便利"。

**日食陰勝，故攻陰之類；天昌陽勝，故愁陽之黨。**
　禮鴻案："愁"字無義，蓋"愁"字形近之誤。愁者，傷也；傷
猶攻也。《左傳·文二十年》："兩軍之士皆未愁也。"杜注："愁，
缺也。"陸氏《釋文》："愁，魚觀反，又魚豁反。《方言》云：'傷
也。'"孔疏："愁者，缺之貌。今人猶謂缺爲愁也。沈氏云：《方
言》云：'愁，傷。'傷即缺也。"章炳麟《新方言》二，亦引《方言》
"愁，傷"及《左傳》杜注陸音，又引《説文》"齵，缺齒也"，謂"愁"
"齵"音義並同。惟馬瑞辰《毛詩傳箋通釋》卷二十謂《方言》"愁"
字爲"慈"之誤，所未詳也。然"愁"有傷缺之義，則《左傳》之文具
在，無可疑者。下文云："巫爲陽黨，故魯僖遭旱，議欲焚巫。"焚

巫,即懟陽之黨也。今謂器物之缺口曰"懟子",音魚豁切。

# 四　諱

**問其禁之者,不能知其諱;受禁行者,亦不要其忌。**

　　黃暉曰:"要字難通,宋本作曉,是。"劉盼遂曰:"宋本要作曉,當據以改正。"

　　禮鴻案:宋本未必是,今本未必非。《書·康誥》:"要囚,服念五六日至於旬時。"孔疏曰:"既用刑法要察囚情,得其要辭,以斷其獄。"是則"要"爲勘問審察之義。《易·繫辭下》:"原始要終,以爲質也。"孔疏釋"要終"曰:"要會其事之終末。"實則謂窮究其末耳。此文之"要",當以究察解之。

**夫徒,善人也。被刑謂之徒;丘墓之上,二親也,死亡謂之先。宅與墓何別? 親與先何異? 如以徒被刑,先人責之,則不宜入宅與親相見。**

　　吳承仕曰:"善字無義。善疑當作辠,形近之誤。"

　　禮鴻案:"善"字固無義,作"辠"則與下"被刑謂之徒"語意重複,義亦未安。且"善""辠"形亦不甚近。愚謂"善"字當作"俗"。隸書"俗"作"俗",脫去人旁,校者誤謂"善"之下半,遂增羊頭耳。"俗人"謂凡俗之人,猶常人也。下文云:"若完城旦以下,施刑彩衣繫躬,冠帶與俗人異。"彼之"俗人",即此之"俗人",皆謂常人也。此文之意,謂徒本與俗人同類,先本與親一實,第以被刑之故而本爲俗人者今名爲徒,以死亡之故而本爲親者今名爲先;今徒者雖被刑,未嘗禁其入宅見親,而乃不得升墓祀先,此爲不知類也。

# 卜 筮

**治之善惡，善惡所致也。**

禮鴻案："治之善惡"四字當作"兆數之吉凶"五字，乃與上下文相應。下文云："吉人鑽龜，輒從善兆；凶人揲蓍，輒得逆數。"正承此五字言之。上文亦屢言兆數。後文又曰："夫卜曰'逢'，筮曰'遇'，實遭遇所得，非善惡所致也。善則逢吉，惡則遇凶，天道自然，非爲人也。"此謂兆數之吉凶適與善惡之行逢遇，非爲人之善惡也。此乃仲任駁"兆數之吉凶，善惡所致"之論，與此論鋒相值，尤爲明證。

# 辨 祟

**當風臥濕，握錢問祟；飽飯厭食，齎精解禍。**

黃暉曰："精當爲糈，形之誤也。《莊子·人間世》云：'鼓筴播精。'精亦糈之誤。《文選·夏侯孝若〈東方朔贊〉》注引《莊子》作播糈；《釋文》云：'播精，如字。一音所，字則當作數。'數爲糈之誤。《文選》李善注、《史記·日者傳》徐廣注並云：'糈音所。'《山海經》云：'糈用稌米。'郭注：'糈，祀神之米。'《離騷》：'懷椒糈而要之。'注：'糈，精米，所以享神也。'《説文》貝部：'䝴，齎財卜問爲䝴。从貝，疋聲。讀若所。'䝴，本字；糈，借字；同音相借。"

禮鴻案：黃改"精"爲"糈"，是也。其説與《説文》䝴篆段注同。蓋粞爲專名，賵爲通名，其始以米享神爲粞，其後乃泛稱享神之財爲賵，非有本字借字之別。今案"齎"字又爲"賫"字之誤。《説文》："齎，持遺也。"齎爲持，"齎粞"與"握錢"文正相對。"賫"與"齎"同字，賫寫作"齎"，與"齎"形近，故誤作"齎"。

## 解　除

**身死禍至，歸之於祟，謂祟未得；得祟脩祀，歸之於祭，謂祭未敬。**

禮鴻案：本篇題曰"解除"，其篇首曰："世信祭祀，謂祭祀必有福；又然解除，謂解除必去凶。"據篇題及彼文以觀，則此文二"得"字並當作"解"，解祟即解除也，脩祀即祭祀也，祟即凶也。"解"字草書作"𬨂"，與"得"形近，故誤耳。

## 祀　義

**世信祭祀，以爲祭祀者必有福，不祭祀者必有禍。是以病作卜祟，祟得脩祀，祀畢意解，意解病已，執意以爲祭祀之助，勉奉不絶。**

禮鴻案："祟得脩祀"上篇作"得祟脩祀"，"得"當作"解"，在"祟"字前，"解祟"與"脩祀"文相對也。兩"意解"之"意"字皆當作"祟"，涉下"執意"字而誤。"祀畢祟解，祟解病已"，謂脩祀解祟已畢而病適已；祟解言其事，非謂誠有祟得解除也。

# 實　知

**達聞暫見，卓譎怪神，若非庸口所能言。**

　　黃暉曰："達朱校元本作遠，是也。謂讖緯之書，初聞
　見之，若非庸口所可言者。若作達聞，則與暫見意不類矣。
　《禍虛》篇曰：'始聞暫見，皆以爲然。'《四諱》篇曰：'暫聞
　卒見，若爲不吉。'其文義並同。"

　　禮鴻案：黃引《四諱》篇"暫聞卒見"，是也。"暫"與"卒"皆猝
然之意。今此云"達聞""遠聞"，"達"與"遠"意皆與"暫"不類，
其字並非。"達聞"當作"逮聞"，作"達"若"遠"者，並形近之誤
耳。《玉篇》："逮，疾接切，逮疾走。"斯則"逮"爲捷疾之義，故得
與"暫"字爲類耳。又案：此文之意未終，蓋謂讖緯譎怪，猝然見
者，以爲此非庸口所能言，則歸之所謂前知之聖耳。其意如此，
其文無得而補矣。

**溝有流墊，澤有枯骨，髮首陋亡，肌肉腐絶。**

　　孫詒讓曰：墊當作澌。《四諱》篇云："出見負豕於涂，腐
　澌於溝。"

　　禮鴻案："陋"亡不可解。"陋"蓋"殟"字形近之誤。《玉篇》：
"殟，詞由切，殘也。"

# 知　實

**巧商而善意，廣見而多記，由微見較。其先知也，任術用數，或善商而巧意，非聖人空知。**

禮鴻案："商""意"皆謂揣度之。《說文》："商，从外知內也。"《論衡》即用此義。《書·費誓》："馬牛其風，臣妾逋逃，勿敢越逐，祗復之，我商賚爾。"僞孔傳曰："衆人其有得佚馬牛、逃臣妾，敬還復之，我則商度汝功，賜與女。"然則有所緣以度事謂之"商"也。《漢書·趙充國傳》："勤勞而至，虜必商軍進退，稍引去，逐水草，入山林。"顏師古注："商，計度也。"商軍進退，謂計度漢軍之進退也。後世謂猜謎爲"商謎"，亦此義。

# 定　賢

**或尊貴而爲利；或好士下客，折節俟賢。**

黃暉曰："下或字疑衍。不然，則'或尊貴而爲利'於義無取矣。"

劉盼遂曰："次或字衍文。此處本以'或尊貴而爲利，好士下客，折節俟賢'凡十四字爲一事；闌入一或字，則斷爲兩橛，不可通矣。"

禮鴻案：黃劉說非是。此文十四字正分爲二事，而各以"或"字領之。下文云："信陵、孟嘗、平原、春申，食客數千，稱爲賢君。"即承此"或好士下客，折節俟賢"言之。又下文曰："故賓客之會，在好下之君。”又承此兩文言之：其曰“賓客之會”，承“食客數千”言之；其曰“好下”，承“好士下客”言之也。下文又曰：“大將軍衞青及霍去病，門無一客，稱爲名將。”即承此“或尊貴而爲利”言之。又下文云：“利害之賢，或不好士，不能爲輕重，則衆不歸而士不附也。”又承此兩文言之：其曰“利害之賢”，承“尊貴而爲利”言之；其曰“衆不歸而士不附”，承“門無一客”言之也。蓋謂或好士下客，則衆歸之；或雖處尊貴，能爲利害，稱爲名將，而不好士下客，則衆亦不附；其意甚明。案《史記·衞將軍驃騎列傳》稱衞青懲武帝切齒魏其、武安之厚賓客，不肯招士，霍去病亦放此意；是衞霍皆不招士，故仲任云然。然史稱“大將軍青日退，而驃騎日益貴。舉大將軍故人門下多去事驃騎，輒得官爵；唯任安不肯”，是衞霍未嘗無賓客，仲任云門無一客，亦辭之增耳。

### 袁將軍再與兄子分家財多有以爲恩義。

　　劉盼遂曰：“多字當爲巳字之誤。漢隸多字，作多，與巳形恒似。《談天》篇云：‘女媧多前。’多又爲巳之誤，皆爲形近而致，作巳作己均可。家財己有者，家之財己之有也。家財巳有者，巳與兄子分後之家財也。”

　　黄暉曰：“多字不誤，謂人多以爲恩義之行也。”

禮鴻案：劉氏於“有”字斷句，黄氏於“財”字斷句，皆作兩句讀。今謂“多”字不誤，而劉黄讀及解並誤。此文當讀“袁將軍再與兄子分”爲句，“家財多有”爲句，“以爲恩義”爲句。“再與兄子分”，“分”字下探下文，省“家財”二字也。此謂袁將軍所以能再與兄子分家財者，以家財多有，得以爲恩義也。若如下文韓信寄食，顏淵簞瓢，復何得而分哉？家財多有，正與寄食簞瓢相反。

# 書　解

**賢以文爲差，愚傑不別，須文以立折。**

> 黄暉曰："折疑爲析形誤。"
>
> 劉盼遂曰："折讀爲'折獄制刑'之折及'折衷於夫子'之折，意言斷也。"

禮鴻案：下文有"折累"語，"折累"當作"科累"，説見余《讀〈論衡集解〉》，《程材》篇"夫論善謀才，施用累能，期於有益"條。今此文"折"字，亦"科"字之誤。蓋隸書人持十爲斗，斗之形爲升，與斤相近，故"科"誤爲"折"耳。立科，謂立其科別，若孔門四科之比也。

**使孔子得王，《春秋》不作；長卿、子雲爲相，賦、《玄》不工籍。**

> 黄暉曰："籍字疑涉下答字訛衍。朱校元本工作二。"
>
> 劉盼遂曰："籍字疑當在句首長卿子雲之前。籍亦使也。鈔胥誤置於此，亟宜更正。"

禮鴻案："不工籍"三字當作"不箸"二字，"箸"即"著"也。本作"著"，轉寫爲"箸"，又誤作"籍"耳。"不著"與"不作"文同一例，上文三言著作，此云"不作不著"，即承上文言之。《書解》篇："深於作文，安得不淺於政治？"朱校元本"作"字作"著"，當從之。此云"不作""不著"，與《書解》例同。"工"字蓋涉"玄"字誤衍："玄"與"工"隸書"𡨄"形體相近，衍"玄"字，誤爲"互"，寫者改爲"工"耳。

**蓋奇有無所因，無有不能言；兩有無所睹，無不暇造作。**

禮鴻案："兩"爲"蘭"字形近之誤。《文選·謝靈運〈過始寧墅詩〉》："疲蘭憖艱貞。"李善注引《莊子》曰："蘭然疲（此下脱一"役"字），而不知所歸。"司馬彪曰："蘭，極貌也。""極"如"小極"之"極"，亦疲也。"蘭"謂疲弱無才之人。字本作"蘭"，《説文》云："智少力劣也。"此文之意，謂超奇之士無所感動興起，則無從著書，非其不能有言；疲弱之人無有知識，則不能著書，非其不暇造作也。上文云："有鴻才欲作而無起。""鴻材"即此所云"奇"也，"起"即此所云"因"也。又云："無細知以閒而能記。"（原無"無"字，"閒"作"問"，依黃暉增改。）"細知"即此所云"蘭"也，"閒"即此所云"暇"也。

**古書作者，多立功不用也？**

禮鴻案："也"字乃問詞，義與"耶"同。此舉或説而詰之，言子之説非如此耶；下舉管仲、晏嬰、虞卿、商鞅、陸賈之事以明其説之非。若以"也"爲決辭，失其旨矣。

**遇亂則知立功，有起則以其材著書者也。**

禮鴻案："知"上當有"以其"二字。此承上"蓋材知無不能，在所遭遇"言之。"以其知"與"以其材"文相對。

# 案　書

**夫致旱者以雩祭，不夏郊之祀，豈晉侯之過耶？以政失道，陰陽不和也。**

禮鴻案："不夏郊之祀"五字黃暉據元本"夏郊不之祀"，謂當作"夏郊不祀"，元本衍"之"字，今本後人妄改。黄説未是。"夏郊不之祀"當作"夏郊之不祀"，與"夏郊不祀"句義無以異，明元本"之"字非衍，但"之不"二字誤倒耳。"以政失道，陰陽不和也"當移至"夫致旱者"下；"以雩祭"及其下一"不"字凡四字，當作"不以雩祭不脩"六字。此文之意，謂致旱之因在於政失其道，不在雩祭不脩；故下文云："以政致旱，宜復以政；政虧，而復脩雩治龍，其何益哉?"正承此文而言，其義甚明。

又案：仲任此議，謂寒温旱湛，俱政所致，其咎在人，與其素論迥殊，斯其持論之駁也。黄暉曰："與《寒温》、《譴告》、《治期》之旨相違。"是矣。

# 對　作

**期便道善，歸正道焉。**

禮鴻案："便"疑"復"字形近之誤，"善"疑"義"字形近之誤。"復道義"與"歸正道"相對爲文。劉盼遂讀上"道"字爲"導"，未安。

**俗也不知還，則立道輕爲非。**

禮鴻案："立"當作"去"，謂離道而輕於爲非也。"去"字與"還"字義相應。

**孔子徑庭麗級，被棺斂者不省；劉子政上薄葬，奉送藏者不約；光武皇帝草車茅馬，爲明器者不姦。**

黄暉曰："姦字誤。"

禮鴻案："姦"猶"格姦"，累言曰"格姦"，單言曰"姦"耳。劉師培《古書疑義舉例補》，雙聲之字後人誤讀之例："《書經·虞書·益稷》篇云：'克諧以孝，烝烝義，不格姦。'格，《史記·五帝本紀》作至，此雖古訓，然未得經文本旨。案：'格姦'二字爲雙聲，即'扞格'二字之倒文也。《禮記·學記》云：'則扞格而不勝。'注云：'扞格，堅不可入之貌。'釋文云：'扞格，不入也。'扞格二字倒文則爲格姦。扞從干聲，干格亦一聲之轉。不格姦者，猶言不扞格。言舜處家庭之間無所障塞，即《論語》所謂'在家必達'也。""姦"字古文作"悬"，從心，旱聲，旱又從干聲，則"姦""扞"二字義得相通。"扞"有扞御之義，"姦"字義亦從同。"不姦"者，猶云不能制止耳。

# 自　紀

**賢聖銓材之所宜，故文能爲淺深之差。**

　　黄暉曰："銓當爲詮，謂詮訂材能之宜，以爲淺深之文。材謂讀者之材。"

　　劉盼遂曰："銓當爲輇，形近之誤，猶下文訂詮之誤爲釘銓也。輇者，《説文》車部曰：'輇，蕃車下庳輪也。'由庳輪引申爲凡庳小之義。《莊子·外物》篇：'而後世輇人諷説之徒。'輇人，謂小人也。《論》以輇材與賢聖相對，故下云文有淺深之差。"

禮鴻案："銓"即"銓衡"之"銓"，不煩改"詮"。此謂賢聖之人著書衡量讀者之材，語雅則以深，曉俗則以淺，故有差次也。劉説大誤。

**今殆説不與世同。**

禮鴻案："殆"字無義，蓋"艁"字形近之誤，"艁"即"造"。《對作》篇云："《論衡》實事疾妄,《齊世》、《宣漢》、《恢國》、《驗符》、《盛褒》、《須頌》之言,無誹謗之辭,造作如此,可以免於罪矣。"彼之"造作",即此之"觛"也。本篇下文云:"然則通人造書,文無瑕穢。""觛説"猶"造書"矣。

### 豐草多華英,茂林多枯枝。

黄暉曰:"華英當作落英。豐草落英,正反成義,與茂林多枯枝句法一律。"

禮鴻案:"華"當作"萃",形近而誤。《左傳·成公九年》:"雖有姬姜,無棄蕉萃。""蕉萃"即"憔悴","萃"即"悴"也。

### 度不與俗協,庸角不能程。

角元本作用,朱校同。孫詒讓曰:"用當作甬。庸甬見《方言》。"

禮鴻案:孫校"用"作"甬",是。而所以説之則非。《方言》三:"自關而東,陳、魏、宋、楚之間保庸謂之甬。"《方言》之甬爲傭奴,非此之施。"甬"乃《禮記·月令》"角斗甬"之"甬",量器也。"庸"即"凡庸"之"庸"。上句"度不與俗協"當作"俗度不與協","庸甬"與"俗度"相對成文。謂屈奇之士倜儻之辭非凡俗之度量所可衡量耳。"程",亦量也。

### 士貴雅材而慎興,不因高據而顯達。

禮鴻案:"慎"當作"憤",形之誤也。憤有積滿發動之義。《淮南子·俶真》:"繁憤未發萌兆牙蘖。"高誘注:"繁憤,衆積之貌。"又《齊俗》:"哭之發於口,涕之出於目,此皆憤於中而形於外者也。""憤於中"即"積於中"。凡充實者必外發,故"憤"又有動義。《淮南》兩"憤"字，實已兼發動之義，但《俶真》之"繁憤"，爲有發之勢，未有發之形耳。《左傳·僖公十五年》："亂氣狡憤，陰血周作，張脉僨興，外强中乾。"杜預注："狡，戾也。憤，動也。氣狡憤於外，則血脉必周身而作，隨氣張動，外雖有强形，而内實乾竭。"孔穎達疏："言馬之亂氣狡戾而憤滿，陰血遍身而動作，張脉動起，外雖有强形，而内實乾竭。"杜注"憤"爲"動"，孔疏"憤"爲"憤滿"，"滿"與"動"義實相因也。《左傳》"狡憤""周作""僨興"皆有動義。孔疏"僨興"爲"動起"，"僨興"即《論衡》之"憤興"，"憤興"云者，猶《孟子》"奮乎百世之上"之"奮"，謂有以自立也。作"慎興"無義。

**年曆但記。**

孫詒讓曰："記當爲訖，形近而誤。"

禮鴻案：孫説是。"但"讀作"亶"若"勯"，盡也。《太玄·玄瑩》："君子所以亶表也。"范望注："亶，盡也。"《吕氏春秋·重己》："使烏獲疾引牛尾，尾絶力勯，而牛不可行，逆也。"高誘注："勯讀曰單；單，盡也。"字又作"殫"，無煩舉例。"訖"亦盡也，"勯訖"同義連文。

**上自黃唐，下臻秦漢而來，折衷以聖道，枌理於通材，如衡之平，如鑒之開；幼老生死古今，罔不詳該。**

劉盼遂曰："'上自黃唐'迄'罔不詳該'八句，蓋《論衡》自贊，與此處上下文語氣不貫，疑係錯簡闌入者，應删去，而系以'命以不延'二語，與上'消爲土灰'之語相接。"

禮鴻案：此八句不應删，而應移至上文"垂書示後"之下，即以明所垂者爲何等書也。如此，則"消爲土灰"與"命以不延"語正相接矣。

一九七八年五月

# 大鶴山人校本《清真詞》箋記

周美成詞，稱《清真集》者，宋有淳熙庚子溧水官刻本，首有強煥序，今不傳。又有陳元龍注《片玉集》十卷，劉肅爲之序，士禮居藏本有嘉定辛未紀年，故朱彊村定爲宋本。毛氏汲古閣所刻《片玉詞》上下二卷，補遺一卷，分卷分類次序皆與陳注本異，彊村以爲即強煥序本。今世通行本周詞，唯陳注毛刻二本而已。晚近有大鶴山人鄭文焯叔問校本《清真集》二卷，補遺一卷，唐圭璋丈謂以毛刻爲底本，是也。其分卷題目次序闕數咸與毛刻同，即以毛刻之《片玉詞》題爲《清真集》，非真嘗見淳熙溧陽官刻強序本也。其書雖以毛刻爲底本，而校以陳注本、勞巽卿抄校《片玉詞》本、《樂府雅詞》、《草堂詩餘》、《花庵詞選》、《西泠詞萃》等書，洎宋人筆記，或出之於校語，或徑改本文，而校語中每言汲古作某云云，頗滋人惑。又以陳注本爲元刻，與彊村說異，蓋未見士禮居本劉序紀年也。大鶴以詞名家，尤精於律，所校宜若無餘憾然。然闕失有待彌縫者間亦遇之，視他日所爲《絕妙好詞校錄》蓋不逮焉。繹覽粗竟，爲箋記二十許事，其於原校，或申或駁或補，蓋猶《校錄》之意也。凡鄭校稱元本者，以文不便故，遂仍而不改。於其所不知，蓋闕如也。補遺一卷，則置不議云。顧惟㝏陋，唯重益紕繆是懼，庶有達者，董而正之。一九七八年十月十六日記。

# 卷　上

**【六醜】春歸如過翼。**（十二頁前）

　　案：《文選·張景陽〈七命〉》曰：“浮三翼，戲中沚。”洪邁《容齋四筆》卷十一據李善注而爲之説曰：“蓋戰船也……大抵皆巨戰船，而昔之詩人乃以爲輕舟。梁元帝云：‘日華三翼舸。’元微之云：‘光陰三翼過。’”周詞首言光陰虚擲，次言春歸，春歸即光陰之過，“如過翼”三字蓋即本於微之之詩，非必謂鳥翼也。梁元帝云日華，日華即光陰，又微之所本。寒山詩云：“快榜三翼舟，善乘千里馬。”

**【滿庭芳】憑闌久，黃蘆苦竹，擬泛九江船。**（十五頁前）

　　鄭校：疑泛，元本、汲古本並作擬，今從《雅詞》。

　　案：彊村選《宋詞三百首》亦從《雅詞》，論者是之。愚謂擬有準擬、擬似二義，物之似者謂之擬。《漢書·公孫弘傳》：“臣聞管仲相齊，有三歸，侈擬於君。”顏師古注：“擬，疑也，言相似也。”《後漢書·張衡傳》：“吾觀太玄，方知子雲妙極道數，乃與五經相擬，非徒傳記之屬。”言與五經相似也。梅堯臣《和穎上人南徐十詠金山寺》詩：“山隱衆山殊，寺非諸寺擬。”擬者，比也，似也。白居易《琵琶行》：“住近湓江地低濕，黃蘆苦竹繞宅生。”周詞正謂所居卑濕，與白相同，擬泛九江船，猶云似泛九江船耳。改“擬”爲“疑”，於文似爲徑易，然恐轉失其實矣。

**【宴桃源】塵暗一枰文繡。**（二十四頁前）

　　鄭校：塵暗一枰元本作塵滿一絣。

案：周君采泉以爲“絣”即今之綳，綳者，女紅刺繡以張展繒帛令緊挺能受針之具。禮鴻以爲：戴望舒《小説戲曲論集》釋“捆扒”，引《永樂大典》戲文《小孫屠》“拷打更綳扒”，董解元《西厢記諸宫調》卷四及楊梓《豫讓吞炭》第三折“吊拷捆扒”，《水滸傳》插翅虎枷打白秀英回：“‘兄長，没奈何，且胡亂絣一絣。’把雷横絣扒在街上。”以上凡四例，“絣扒”同“捆扒”，又可單言“絣”，蓋緊綁之義。是則从并从朋之字互通，而“絣”可爲“綳”，周君之説是也。

## 【漁家傲】賴有蛾眉能煖客。（二十五頁後）

鄭校：煖諸本並作煖，疑譌，今從《詞萃》作煖。

案：以酒食餉人曰“餪”，俗以“軟”字爲之，音煖，亦以“煖”字爲之，見《邵氏聞見後録》卷二十九。此云“煖客”，下句即接以“長歌屢勸金杯側”；金杯勸飲，即是“煖客”，“煖”字不誤。改作“緩”字，豈謂緩其愁思乎？是則所謂增文解義矣。

## 休訴金尊推玉臂。（二十五頁後）

案：張相《詩詞曲語辭匯釋》卷五訴條云：“訴，辭酒之義。”凡引十一例，周此詞即其一也。禮鴻案：本卷四十三頁後〔鶴冲天〕云：“慢摇紈扇訴花箋，吟待晚涼天。”此言待晚涼乃吟詩，書間則但摇扇取凉，因却花箋而不用爾。是則“訴”爲辭義，不僅限於辭酒矣。唐孫棨《北里志》鄭舉舉條，有訴釀罰錢事，“訴”亦辭也。

## 【蝶戀花】不見長條低拂酒，贈行應已輸纖手。（二十七頁後）

鄭校：纖手汲古諸本並作先手，勞氏舊鈔本先作纖，今從之。

案：不見長條者，長條已爲前之贈行之人折去，而今欲折以贈行,則已後矣,故曰"輸先手"。若作"纖手",則與"輪"字何涉乎?

**【蝶戀花】**雲壓寶釵撩不起,黃金心字雙垂耳。(二十九頁後)

案:據此詞,"心字"乃爲耳飾。乃知晏幾道《臨江仙》詞曰"記得小蘋初見,兩重心字羅衣","心字"亦此物耳。晏詞"心字"爲一物,"羅衣"又爲一物;"兩重"猶此云"雙垂"。

**【還京樂】**觸處浮香秀色相料理。(三十一頁後)

案:"料理"猶言撩撥,挑誘,言浮香秀色誘引人也。韓愈《飲城南道邊古墓上逢中丞過贈禮部衛員外少室張道士》詩:"爲逢桃樹相料理,不覺中丞喝道來。"言桃樹誘人,觀賞忘情,致不覺中丞之過,與杜詩"仰面貪看鳥,回頭錯應人"同一神理。方世舉注韓詩引《世說》、《齊民要術》,非是。"料理"亦單言"料"。《雲謠集雜曲子·鳳歸雲》詞:"東鄰有女,相料實難過。"用宋玉《登徒子好色賦》東鄰之女登牆窺玉意,"料"即"挑"也。據韓詩,"料"字當讀平聲。至如稼軒《金縷曲》"被疏梅料理成風月",此"料理"爲常義,不與韓詩周詞同。

**【丹鳳吟】**痛飲澆酒。(三十四頁前)

鄭校:飲元本作引。

案:元本此句作"痛引澆愁酒"五字。"愁"字必不可少;"引"字說見下卷《黃鸝繞碧樹》"盛飲流霞"條。

**【水調歌頭】**要合四海遙望,千古此輪安。(三十八頁前)

案:"合"當作"令",汲古正作"令"字。

【花心動】繡枕旋移相就。畫也畫應難就。(三十九頁後)

鄭校：難就與上闋韻復。案宋人詞不忌重韻，如吳夢窗《采桑子》時字，周明叔《點絳唇》去字，集中《西河》水字韻之類，並非踳駁。

案：鄭校是矣，抑此詞上“就”爲遷就，下“就”爲成就，義各不同，其得重叶也尤宜。東坡《送江公著吉州》詩：“忽憶釣臺歸洗耳。”又曰：“亦念人生行樂耳。”自注云：“二耳義不同，故得重用。”與美成是闋同例。

# 卷　下

【解語花】風銷絳蠟，露浥紅蓮，燈市花光相射。(一頁前)

鄭校：元本絳作焰，紅蓮作烘爐，燈作花。

案：此寫上元燈市所見也。宋人以紅蓮爲燈。姜夔《鷓鴣天・元夕有所夢》詞：“誰教歲歲紅蓮夜，兩處沈吟各自知。”夏瞿禪師《姜白石詞編年箋校》云：“紅蓮，謂燈，與前首芙蓉同（禮鴻案：白石同調元夕不出詞云：“芙蓉影暗三更後，臥聽鄰娃笑語歸。”）。歐陽修《六一詞》，《驀山溪・元夕》：‘纖手染香羅，剪紅蓮滿城開遍。’郭應祥《笑笑詞》，《好事近・丁卯元夕》：‘不比舊家繁盛，有紅蓮千朵。’張鎡《南湖詩餘》，《燭影搖紅・燈夕玉照堂梅花盛開》：‘柳塘花院，萬朵紅蓮，一宵開了。’”蘇軾《四十年前元夕與故人夜游得此句》詩：“午夜朧朧淡月黃，夢回猶有暗塵香。縱橫滿地霜槐影，寂寞蓮燈半在亡。”亦足相證。作“烘爐”，則於情事不切矣。

**【六么令】**明年誰健，更把茱萸再三囑。(四頁後)

案：此用杜甫《九日藍田崔氏莊》詩"明年此會知誰健，醉把茱萸仔細看"意，陳元龍注引之，是也。據杜詩"看"字，此"囑"字當爲"矚"字形近之誤無疑。易"看"爲"矚"，以叶韻耳。

**【滿路花】**玉人新間闊，着這情懷，更當恁地時節。(五頁後)

鄭校：着這情懷元本作着甚情悰，與下闋句同。

案：此闋應以"着這"爲是。"着這情懷"者，玉人新間闊之情懷也。"恁地時節"者，上文所描述雪夜凄凉之時節也。這樣情懷，恁地時節，以極言其不堪也。下闋云："蘭房密愛，百種思量過。也須知有我，着甚情懷，但你忘了人呵。""也須知"三句，言其所歡自應知我有甚麼樣情懷也。兩闋意各不同，元本於此闋亦作"甚"字，於義爲短。

**【慰遲杯】**無情畫舸，都不管烟波隔前浦。等行人醉擁重衾，載將離恨歸去。(七頁前)

鄭校：元本前作南。

案：《苕溪漁隱叢話》前集卷二十四引《蔡寬夫詩話》云："'亭亭畫舸繫寒潭，直到行人酒半酣。不管煙波與風雨，載將離恨過江南。'嘗有人客舍壁間見此詩，莫知誰作；或云：鄭兵部仲賢也。"(禮鴻案：陳元龍注即以爲仲賢詩。)周詞全用其語，與南浦無涉，當作"前浦"。前浦者，去程之所經者也。

**【繞佛閣】兩眉愁，向誰行展？**（八頁前）

鄭校：行元本作舒。

案："誰行"即上卷三十頁前《少年游》詞"低聲問：向誰行宿？"之"誰行"，元本此闋"行"作"舒"，寫者妄改之也。又上卷二頁後《風流子》："最苦今宵，夢魂不到伊行。""誰行"、"伊行""行"字義同，"行"猶"邊"也。而《少年游》"誰行"《雅詞》作"誰邊"，亦出妄改。

**【一寸金】波暖鳬鷖作，沙痕退，晚潮正落。**（十二頁前）

鄭校：作《詞譜》作泳，不叶。考《夢窗》、《筠溪》二詞，此句並叶；《夢窗》又一首前後俱叶。《清真》則惟前叶，蓋詞例當以上闋定體耳。

案：此首下闋"情景牽心眼，流連處，利名易薄"，與此"波暖"以下句位相對，而"眼"字不叶。大鶴所云詞例當以上闋定體，謂"鳬鷖"下一字當依《夢窗》、《筠溪》二詞及《夢窗》又一首叶韻耳。此其訂律之精，自無可議，然"鳬鷖作""作"字但能訓起，與波暖意不相接。以《詞譜》作"泳"推之，當是"浴"字耳。上卷二十二頁前《菩薩蠻》詞："浴鳬飛鷺澄波綠。"杜甫《愁》詩："盤渦鷺浴底心性？"則凡於水禽言浴，固自然成文也。

**【浣溪紗】疏籬一帶透斜暉。**（十九頁前）

鄭校：疏籬一帶元本作珠簾一桁。

案：下闋言金屋夜香，則元本"珠簾一桁"爲是矣。

### 【浣溪紗慢】水竹舊院落，櫻笋新蔬果。（二十一頁前）

鄭校：苕溪漁隱引此詞，云：“水竹舊院落，下句舊本作鶯引新雛過。若櫻笋句，與上句有何干涉？”（禮鴻案：此見《叢話》前集卷五十九，文微異。）其所稱舊本未詳所據。但詞例有對起，上下句義自能融會。附記以存異證。

案：漁隱謂“櫻笋”句與上句無干涉，其見卓矣。大鶴惑於詞例有對起，強謂上下句義自能融會。以此闋言之，即令對起之句能融會，奈與下“嫩英翠幄，紅杏交榴火”不相融會何？又奈與全篇不相融會何？愚為斷之曰：漁隱所見舊本，信乎其為舊本，當據以為正。此作“櫻笋”句者，乃以音近致誤。詞例固有對起者，若《清真》上卷四頁後、五頁前《紅林檎近》“咏雪”、“雪晴”二首是也；若《浣溪紗慢》，余檢《宋六十名家詞》，惟美成有此調，其他無可參校，安在其必對起也？

### 【迎春樂】人人艷色明春柳。（二十五頁後）

鄭校：元本艷色作花艷。

案：上卷十九頁後《玉樓春》云：“大提花艷驚郎目。”本卷四頁前《六么令》云：“華堂花艷對列，一一驚郎目。”陳元龍於《六么令》注引梁武帝《襄陽歌》：“大堤諸女兒，花艷驚郎目。”是則“花艷”為美成所常用，且有所本，此當從元本。

### 【虞美人】菰蒲睡鴨占陂塘，縱被行人驚散又成雙。（二十六頁後）

鄭校：《雅詞》縱作疑，又作不。

案：此自傷孤旅，不如睡鴨也。《雅詞》大謬，鄭君不加平議，有污簡牘矣。

**【念奴嬌】淡日朦朧初破曉，滿眼嬌情天色。**（三十頁前）
案："嬌情天色"不詞，"情"當作"晴"。嬌晴，猶嫩晴也。

**【黃鸝繞碧樹】爭如盛飲流霞，醉偎瓊樹？**（三十頁後）

鄭校：盛飲流霞汲古作剩引榴花四字，並以音近譌。注云："《清真集》作盛飲流霞。"元本正同，從之。

案：汲古本是也。凡作"盛飲流霞"之本者，以爲此四字言盛飲酒也。彼特不知"剩"字之義，又不知"榴花"之爲酒耳。唐宋以"剩"爲多，説見張相《詩詞曲語辭匯釋》及余《敦煌變文字義通釋》，無煩舉證。白居易《詠家醖》詩云："猶嫌竹葉爲凡濁，始覺榴花不正真。""榴花"爲酒名灼然無疑。凡美成之言飲酒，如下卷二頁前《鎖陽臺》云："別時無計，同引離觴。"十二頁後《瑞鶴仙》云："有流鶯勸我，緩引春酌。"上卷三十四頁前《丹鳳吟》"痛飲澆酒"，元本作"痛引澆愁酒"，余既以"愁"字必不可少，著之本條之下矣；乃若"痛飲""痛引"，以《鎖陽臺》、《瑞鶴仙》校之，則亦"引"字爲是。彼三"引"字，與此闋"剩引"字而爲四，其語出於古之引滿。《漢書·敘傳》云："引滿舉白。"又杜甫《晚宴左氏莊》詩："看劍引杯長。"其義皆同。然則"剩引榴花"，字字可解，字字允愜，且"榴花"與"瓊樹"相對切，而乃謂爲譌文，得乎？大鶴未知俗語剩之爲多，於"榴花"又失考，遂踵前人之謬；校詞雖細事，猶有甚難者在夫！

# 《梨園按試樂府新聲》校記

《梨園按試樂府新聲》上中下三卷，中華書局1958年版，内容提要云："原書已不多見，商務印書館曾據鐵琴銅劍樓瞿氏藏元刊本影印，收在《四部叢刊》三編集部，單行較少，所以依然流傳不廣，而且原書字迹漫漶、模糊不清的地方很多，個别字句也有脱漏或訛誤的，讀時極不方便。現經隋樹森先生集多種曲集詳爲校訂，附列簡明校記，並將各曲加句讀，使其面目清楚，極便閲讀。"案：隋先生的校本確甚精審，但校勘和斷句也間有欠妥之處，漏校也在所不免。我於曲學無所知解，文字上則粗有管見，略記於下，以就正於方家。書中有些通借字，如"承望"（18頁）寫作"成望"，"散誕"（91頁）寫作"散但"，以及雖爲誤字而較易識别者，不盡記録。有些詞，如"懷躭"並非"懷胎（26頁）之誤，而須解釋的，這裏也不入録。

## 卷　上

**馬致遠【雙調行香子】套【清江引】青雲興盡王子猷，半路裏乾生受。(1頁)**

　　校：王事見《世説新語·任誕》，云："王子猷居山陰，夜大雪，……忽憶戴安道。時戴在剡，即便夜乘小船就之。經宿方至，造門不前而返。人問其故，王曰：'吾本乘興而行，興盡而返，何必見戴？'""青雲"二字與子猷無涉，應作"雪舟"。蓋初時

308

因形近誤成"雲青",校者因其不可通,又妄爲鈎轉。

**關漢卿【雙調喬牌兒】套【碧玉簫】昏晚相催,日月走東西。(3頁)**

校:"昏晚"應作"昏曉"。10頁【雙調新水令】套【豆葉黃】:"昏曉相催,斷送了愁人多多少少。"可證。

**馬致遠【般涉調哨遍】套【耍孩兒三】本不愛争名利。嫌貧污耳,與鳥忘機。(4頁)**

校:這一套曲爲歸隱之詞,無嫌貧之理,"貧"與"賓"字形聲俱近,應作"賓"字。皇甫謐《高士傳》:"堯讓天下於許由,……許由曰:'子治天下,天下既已治矣,而我猶代子,吾將爲名乎?名者,實之賓也,吾將爲賓乎?'……堯又召爲九州長,由不欲聞之,洗耳於穎川濱。""子治天下"諸語本見《莊子·逍遥遊》。"嫌賓"之"賓"即"吾將爲賓乎"之"賓",洗耳即惡其污耳。

**關漢卿【二十換頭雙調新水令】套【大拜門】忙加玉鞭,急催駿騕,恨不乘到俺那佳人家門前。(8頁)**

隋校:"乘"原作"聖",兹從《正音譜》。

校:"聖"字不誤。"聖"又作"勝",有神速之義。張相《詩詞曲語辭匯釋》卷六引《劉知遠傳》十一:"洪義怒,呼哨一聲,洪信和兩個婦人以(已)聖至。"云:"言仿佛如神通般,立刻即至也。"又引關漢卿此曲,云:"言恨不能如神通般立刻到佳人處也。"《古本董解元西厢記》卷一【仙呂調繡帶兒·尾】:"氣扑扑走得掇肩兒喘,勝到鶯鶯前面,把一天好事都驚散。"卷二【正宮·尾】曲:"那裏到一個時辰外,垮垮騰騰地塵頭閉日色,半萬賊兵聖到來。"卷五【雙調御街行】:"驀一人走至,猛推開不覺勝來根底,舒開刺繡

彈箏手,扯住張君瑞。""勝到"和"勝來"義與"聖至"同,"聖"與
"勝"是同音借用,其語源爲逞,此不具論。

　　王修甫【越調鬥鵪鶉】套【金蕉葉】沒緣受似水如魚,有分受
些枕冷衾寒。地獄海誓山盟,肺腑對何人告訴。(15頁)
　　校:"地獄"二字應上屬爲句,喻苦境。"獄"字押韻。

　　張彥文【南呂一枝花】套:粧湴粧呆,一笑千金舍。(17頁)
　　校:"湴"字應作"淋"。"林"字草書作"",與"井"字形近,所
以"淋"誤作"湴"。元曲中有"俫""啉""嘍""侺""唔",都與"呆"
同義,詳見王季思《西廂記》第三本第四折注一二、一八。喬夢符
《天香引》小令:"妝呆,妝俫、妝聾、妝唔。""粧淋"即"粧俫"。

　　闕名【雙調夜行船】套【尾聲】今世裏離散實休多,歡娛的到
頭少。(21頁)

　　隋校:"買",《雍熙樂府》作"實"。

　　校:"買"字是"罷"字殘缺而誤,"實"字則又因"買"字而誤。
罷休謂中道而止,不到頭。

　　闕名【雙調風入松】套【攪箏琶】除紙筆,帶喉舌。(24頁)
　　校:"帶"字應作"代"。《西廂記》第四本第四折《鴛鴦煞》曲:
"除紙筆,代喉舌,千種相思對誰説?"

　　又【離亭宴煞】坐不穩自敝自焦,睡不着不寧不帖。(24頁)
　　校:"敝"字應作"懱"。朱居易《元劇方言俗語例釋》"懱懆"
解爲生氣,發怒。《古本董解元西廂記》卷八【黃鍾宮黃鶯兒】曲:

"懶惀，懶惀，似此活得也惹人耻笑!"《劉知遠諸宮調》第一："兩個妯娌唆送，致令李洪義、洪信懲惀。""憋"同"懶"。又第二："使着後說東道西，暢懶氣。""自懶自焦"就是自己焦懶。

**王伯成【般涉調哨遍】套贈長春宮雪庵學士【么】出凡籠再不爭攬**。(26頁)

校："凡"應作"樊"。

**侯正卿【黄鍾醉花陰】套【掛金索】第一才郎，淹行失信行。第二佳人，自古多薄倖。**(37頁)

隋校："淹行"《雍熙樂府》作"先與俺"，據此"淹行"應作"俺行"。

校：隋校是。"俺行"的"行"即"最苦夢魂，今宵不到伊行"(周邦彦《風流子》詞)的"行"，"俺行"就是我這邊。又：據文義，隋氏斷句未妥，應爲"第一，才郎俺行失信行。第二，佳人自古多薄倖"。

**關名【水仙子】娘心裏煩惱恁兒知，伏不是床前忙跪膝。**(47頁)

隋校："是"疑應作"定"。

校：隋校誤。"伏"即"伏罪"之"伏"，"伏不是"即認不是，認錯。

# 卷　中

**盧疎齋【折桂令】夷門懷古：想鄒枚千古才名。覺苑文辭，氣壓西京。**(51頁)

校："覺苑"，《樂府羣珠》同，誤。"覺"字應作"兔"，係形近之誤。章樵注《古文苑·枚乘〈梁王菟園賦〉》云：“孝王築東苑，方三百里。爲復道，自宮連屬於平臺，三十餘里。菟園，苑名。”菟苑就是菟園，鄒陽、枚乘，都是遊於菟園的辭賦家。

又鄴下懷古：笑征衣伏櫪悲吟。才鼎足功成，銅爵春深。軟動歌殘，無愁夢斷，明月西沉。（51頁）

校：“征衣”《樂府羣珠》作“征西”，是對的；“軟動”《羣珠》同，則誤。“征西”句講曹操，“伏櫪悲吟”即用其詩“老驥伏櫪，志在千里”。《三國志·魏書·武帝紀》建安十五年裴松之注引《魏武故事》載操十二月己亥令：“意遂更欲爲國家討賊立功，欲望封侯，爲征西將軍，然後題墓道言：漢故征西將軍曹侯之墓。此其志也。”所以這裏說“征西”。“軟動”是“敕勒”形近之誤。“敕勒”、“無愁”用北齊神武帝高歡和後主高緯的事。《北齊書·神武帝紀》：“時西魏言神武中弩。神武聞之，乃勉坐見諸貴，使斛律金作敕勒歌。神武自和之，哀感流涕。”又《後主紀》：“遂自以策無遺算，乃益驕縱。盛爲無愁之曲，帝自彈胡琵琶而唱之，侍和之者以百數，人間謂之無愁天子。”這三個人的事都是鄴中故事。

陳草庵【山坡裏羊】伏低伏弱，裝呆裝落，是非猶自來着莫。（64頁）

校：“裝落”應作“裝佸”，見前【南呂一枝花】套“粧洴粧呆”條校。

闕名【慶宣和】七十歲光陰五旬過，着甚不，快活。（75頁）

校：按文義“着甚不快活？”五字應作一句讀，謂招致甚麼不快活也。

# 卷　下

**闕名【四換頭】負心天識，酪子裏輸了身起。**（87頁）

校："身起"應作"身己"。45頁【水仙子】："好覷當身己。"47頁【水仙子】："我今日悔懊遲，先輸了花朵般身己。"又："擔閣了少年身己。"98頁【寨兒令】："好因緣不肯成合，業身己合受偸閣。"都可證。但《劉知遠諸宮調》二【般涉調沁園春】曲："播番身起，權時歇待。"則"起"爲"己"的通借字。

**闕名【沽美酒過太平令】休休休説甚的，罷罷罷再休題。心坎上如同刀刃刺。尋思起就裏，泪珠兒似爬推。**（92頁）

校："爬"字誤。張鷟《朝野僉載》卷四，記武后時濫官謡："補闕連車載，拾遺平斗量。把推侍御史，腕（碗）脱校書郎。"《隋書・五行志》："鄴中又有童謡曰：'金作掃帚玉作把，净掃殿屋迎西家。'""把"就是"杷"，"杷推"，言其多。此曲的"爬推"也應是"把推"或"杷推"。

**闕名【迎仙客】十二月：剖甘瓜，點嫩茶。**（122頁）

隋校："點"《樂府羣珠》作"烹"。

校：自宋以後，茶有"烹點"和"點茶"之説。蔡襄《茶録》上篇有"點茶"條，其説曰："茶少湯多，則云脚散；湯少茶多，則粥面聚（建人謂之云脚粥面）。鈔茶一錢匕，先注湯調令極匀，又添注入；環迴擊拂，湯上盞可四分則止，眡其面色鮮白著盞無水痕爲絶佳。"又如吳自牧《夢粱録》卷十五"夜市"條有"有帶三朵花點茶婆婆"。卷十六"茶肆"條説："巷陌街坊，自有提茶瓶沿門點茶。"可見此曲作"點茶"不誤。

# 辭書三議

## ——爲撰寫《漢語大詞典》貢末議

　　1953 年 11 月號《中國語文》刊登一篇具名仲穎的《介紹〈詩詞曲語辭匯釋〉》的文章,有云:"目前我們還不能編一部窮本溯源、歷敍演變的大辭典,但是那樣的大辭典有種種方面的需要,在不久的將來總得編。"隔了二十多年,《漢語大詞典》發軔編寫了。這位作者的期望,應該由此一舉而得到實現。經始之際,提出一些較爲具體的希望,或者可以供編寫的參考。

　　"還不能編一部窮本溯源、歷敍演變的大辭典",説明我們過去還沒有這樣的辭典。鑒往而後瞻來,我們過去的辭書是怎樣的呢? 過去比較大型辭書的最高水平,似乎可以《辭海》、《辭源》爲代表。這兩部辭書的面貌又是怎樣的呢? 粗略地説,一個字頭,一個詞條,分別若干義項,然後引例以證明之;有關的條目,如"致知"與"格物致知",則用"參見"的辦法以示其繫聯。這樣的做法當然是必要的;但是仔細研討,也就存在着令人不能滿意之處:一所謂"參見"與"繫聯"往往只是表面上看得到的聯繫,而很少能抉示語詞與語詞之間的内在聯繫,跟"窮本溯源、歷敍演變"還有很大的距離。二、取材欠廣,見於載籍中的詞條、詞條的義項未盡蒐羅,遺略甚多。三、因仍舊説,缺乏斷制,以致一些爲早經論定或其實正確的説法摒而不採,或退處於"一説"的地位,一筆帶過;對過去和近今語言文字研究的成果似乎視而未見,對一些通俗詞源學的誤解或亦聽之任之。如果我們希望有

314

一部能比較正確完備地反映漢語面目的大型辭書，停留在這個水平上當然是辦不到的。因此三缺，敢陳三議，一曰會通，二曰逸義，三曰辨證。因爲近年從事《辭海》修訂工作，這裏較多的例子取於《辭海》(未定稿)，只是貪圖省便，不另蒐尋，以明管見而已，請讀者鑒諒。

一

何謂會通？就是找出事物之間的内部聯繫。文字、詞義之間也存在着内部聯繫。找到這種聯繫，則胡越成一家；看不見這種聯繫，則對面隔山河。我們試看《辭海》(未定稿)中的"景③"和"幜"：

【景】③明。引申爲一種透明罩衣的名稱。《儀禮·士昏禮》："姆加景。"鄭玄注："景之制蓋如明衣，加之以爲行道禦塵，令衣鮮明也。"

【幜】同"景③"。古代貴族婦女行時所穿的一種罩衣。《隋書·禮儀志四》："[皇太子]妃升輅，乘以幾，姆加幜。"

這裏説出了"幜"和"景③"相同，這是一種聯繫。但這還不能説是内部聯繫，因爲"景"和"幜"的部分形體相同，而且《儀禮》和《隋書》的文字也一模一樣："姆加景(幜)"，材料在前，一看就知道。其實這個"景"和"幜"就是《詩·衛風·碩人》的"褧"和《禮記·中庸》的"絅"。《碩人》説："碩人其頎，衣錦褧衣。"《中庸》説："《詩》云：'衣錦尚絅。'惡其文之著也。"孔穎達的《禮記疏》道："莊姜初嫁在塗(途)，衣著錦衣，爲其文之大(太)著，尚著褝絅，加於錦衣之上。絅，褝也，以單縠爲衣。尚，以覆錦衣也。案《詩》文本云'衣錦褧衣'，此云'尚褧'者，斷絶《詩》文也。"陳奐《詩毛氏傳疏》説"錦衣裳，褧衣裳，錦在中，褧在外……錦衣爲中衣,加褧襜爲上衣,夫人嫁時之服。……《士昏禮》:'女次,純衣纁袡,立於房中南面。……婦乘以幾,姆加景。'景亦褧之假借字,加景與加褧是一事。諸侯夫人中衣用錦,與士妻中衣用純不同;而其上衣用褧用景不異也。"張爾岐《儀禮鄭注句讀》也説:"景與絅、褧,音相近,義正同。"《士昏禮》的"景",今文作"憬",《隋書》改作"幪"字。《辭海》(未定稿)只説明"景"同"幪",可謂見其近不見其遠,見其表不見其裏了。並且,解"景"爲透明罩衣,也是錯的。

又如"作語助"的"馨",見於《辭海》(未定稿)"馨③",道:作語助,猶言"樣"。見"寧馨"。"寧馨"下則云

> 晉宋時俗語,"這樣"的意思。王若虛《滹南遺老集·謬誤雜辨》引城陽居士《桑榆雜錄》:"寧,猶如此;馨,語助也。"劉禹錫《贈日本僧智藏》詩:"爲問中華學道者,幾人雄猛得寧馨!"參見"寧馨兒"。

其説止於如此。其實,"馨"的本義是馨香,何以作爲語助?這是因有它的老祖宗"甹"。《説文·只部》:"甹,聲也。从只,甹聲。讀若馨。"段玉裁注:"謂語聲也。晉宋人多用馨字,若'冷如鬼手馨,强來捉人臂'、'何物老嫗,生此寧馨兒!'是也,馨行而甹廢矣。隋唐後則又無馨語,此古今之變也。"段氏以爲"甹"與"馨"是古今之變,可謂一語破的;但是説"隋唐後又無馨語",則又調查不夠周到。無論劉禹錫的詩見於《辭海》(未定稿)所引,直到宋人沿用未絶,還有若干例子可證隋唐後仍有馨語。如張文成《遊仙窟》:"婀娜腰支細細許,䁔睒眼子長長馨。"陸暢《雲安公主出降雜詠·坐障》詩:"白玉爲竿丁字成,黃金繡帶短長輕。""輕"字《全唐詩》注道:"一作馨。""輕"字無義,作"馨"爲是。這都是唐人用"馨"來作爲助聲之詞。六朝時又用一個聲音相近的"形"

字來代替"馨"。案《殷芸小説》(余嘉錫輯本)："晉成帝……嘗在后前,乃曰:'阿舅何爲云人作賊,輒殺之?人忽(或)言阿舅作賊,當復云何?'庾后以牙尺打帝頭云:'兒何以作爾形語!'""爾形"即"爾馨"、"如馨"、"如許"。不過隋唐時雖仍有馨語,却已漸漸由"生"起而代之,如"太憨生"、"太瘦生"、"作麽生"之類,宋人則如王安石《次韻吳季野題岳上人澄心亭》詩:"空庭五月尚寒生。"楊萬里《夏至雨霽與陳履常暮行溪上》詩:"夕凉恰恰好溪行,暮色催人底急生!"下至宋元話本和口語中,還有"好生"、"偏生"等説法,則"生"字不但配雙字,也與單字配合了。從這些材料,我們可給"馨"理出個"古今之變"的譜系來:

$$\text{甈} \longrightarrow \genfrac{}{}{0pt}{}{\text{馨}}{(\text{形})} \longrightarrow \text{生}$$

這豈不是有溯源沿流之樂嗎?令人感到闋然的是,《辭海》(未定稿)裏的"馨"和"生"是各自分立的。至於"甈",則已經絶迹了。

再如,在我們的語言裏,有一個"貌"和一個"描",一個是狀貌,是名詞,一個是描繪,是動詞,這兩者似乎是不相干涉的。實則描繪的"描"的語源出於狀貌的"貌",這就是章太炎先生引用過的印度"實德業三不相離"的理論的表現,"貌"爲實而"描"爲業,也就是有物體然後有運動。這已見於拙撰《敦煌變文字義通釋·釋事爲·遞》這一條,不再贅説。現在想補充一點,即唐人有"寫貌"一詞,如《太平廣記》卷二一二"吳道玄條"引《唐畫斷》(朱景元撰):"玄宗天寶中,忽思蜀中嘉陵江山水,遂假吳生驛遞,令往寫貌。"這個"寫貌",不正跟我們現在講的"描寫"一樣嗎?

所謂會通,基本上是一種綜合,即綜合語詞和語詞、字和字之間內容(意義)和形式上的本質特點。就內容來説是詞義和一定語言環境中的表達功能,就形式來説主要是作爲語詞的"物質外壳"的語音,從語詞中抽出這兩方面的相同或相牽聯的質素來加以綜合，我們就能够看到語義的内容聯繫。不過，綜合和分析常常是分不開的，要綜合，尤其在材料紛繁的時候，需要有所分析。例如大概最早見於《史記·酷吏列傳》的"乾没"一詞，注家已經説法分歧，以後的文籍裏也常常見到。朱起鳳《辭通》裏收採了不少，不過朱先生僅採集了許多用例和舊解，自己也加上一兩句解釋，似乎尚未能大"通"，但是豐富的材料却可以供我們綜合。就我分析綜合的結果，以爲"乾没"基本上有三個意義：①貪求。《北史·甄琛傳》："疾世俗貪競，乾没榮利。"《梁書·止足傳序》："古人之進也，以康世濟務也，以弘道屬俗也。然其進也，光寵夷易，故愚夫之所乾没；其退也，苦節艱貞，故庸曹之所忌憚。"《梁書》以"乾没"對"忌憚"，意義尤爲明顯。②徼幸。表示這個意義的，有三種説法："乾没"、"射乾没"、"徼乾没"。説"乾没"的，如《晉書·張駿傳》："霸王不以喜怒興師，不以乾没取勝。"又《盧循傳》："[徐道覆]素有膽决，知劉裕已還，欲乾没一戰。"案：盧循起事嶺南，道覆勸説他道："若平齊之後，劉公自率衆過豫章，遣鋭師過嶺，雖復君之神武，必不能當也。"徐是十分忌憚劉裕的，這裏説的是他想趁劉裕剛才回來，軍隊未經整頓鞏固，作孤注之一擲，其云"乾没"，明顯地是徼幸的意思。説"射乾没"的，見晉袁宏《後漢紀·孝靈紀中》："烏丸校尉夏育上言：鮮卑仍犯塞，……請發幽州諸郡兵出塞討之。議郎蔡邕議曰：'……育欲以齊民易醜虜，射乾没以要功。'"傅玄《鼙舞歌·明君》篇："昧死射乾没，覺露則滅族。"説"徼乾没"的，見《三國志·吳書·傅嘏傳》："嘏議以爲淮海非賊輕行之路。昔孫權遣兵入海，漂浪沈溺，略無孑遺。[諸葛]恪豈敢傾根竭本，寄命洪流，以徼乾没乎？"這是説諸葛恪不敢冒漂沈之險以圖徼幸。"射"和"徼"意義相同，射就是商人射利之"射"。③吞没人家的財物。《新五代史·李崧傳》："嶼僕葛延遇爲嶼商賈，乾没其貨。"翟灝

《通俗編》説：“按諸所云，大抵皆徼幸取利之義，而世俗又以掩人財物爲乾没，其言則自唐以後始。”這話略欠清晰，基本上是正確的。上述三義，貪求是最初義，徼幸是貪求義的引申，至於吞没財物，則是古義湮没以後的後起義。我們把前人提供（當然也可以並應該自己收集）的材料分析歸類，就可以理出這個詞的意義演變的綫索來。這一個詞，除後起的第三義，我以爲“乾”是應讀爲“乾坤”的乾音的，説來話長，這裏就從省了。但是還有一些問題，試舉一條。《辭通》把《三國志·吴書·華覈傳》的“大水沈没”和《隋書·盧思道傳》中盧所作的《勞生論》“甚耻窮居，深畏乾没”列爲同一條，這樣就好像“乾没”與“沈没”同義，而引申爲沉淪、埋没之義。那末和上述三義又有什麼關係呢？怎麼會這樣懸殊呢？具體情況要具體分析，試檢《隋書》所載《勞生論》原文，却是：“余則違時薄宦，屏息窮居，甚耻馳驅，深畏乾没。”“馳驅”就是奔競，“乾没”仍是貪求榮利，才知道，朱氏抄錯了書，把自己引入歧路。可見參考舊有的工具書，要謹慎從事，不能掉以輕心。

二

“詞彙反映着語言發展的狀態，詞彙越豐富，越紛繁，那末語言也就越豐富，越發展”。（斯大林語）漢語是歷史悠久的極其發展的語言，它的詞彙當然是極其紛繁的。撰寫一部大型的能夠反映漢語面貌的辭書，就不能不要求收詞的豐富，包括古代的和現代的，曾在漢語史上出現過的和新出的大批大批的詞。同時也要求把詞的豐富的表現能力給予充分的描繪。我們講過《辭海》、《辭源》中常常把一個詞分成很多義項，就是適應這一要求。但是，作爲描繪詞彙豐富、紛繁的漢語來説，這兩部辭書還是令人缺望的。這裏不預備説收詞，且就義項來説，就有不少逸義流浪於辭書之外，略舉數條以明之。

例如，"玉筯"這一條，《辭海》(未定稿)列有三義：①玉做的筷子。②書體名。③指眼淚。我們不談釋義是否十分妥帖，大致上是正確的。但是少了一項頗爲常見的義，即和尚死時掛下來的鼻涕。我曾經參與修改這一條，頗知此義之應補，也頗知陶宗儀《輟耕録》中有這一義的材料，但目力既窮，沒有找到，也就算了。現在總算是檢到了，《輟耕録》卷二十三"嗓"條："王(王和卿)忽坐逝，而鼻垂雙涕尺餘，人皆嘆駭。關(關漢卿)來弔唁，詢其由。或對云：'此釋家所謂坐化也。'復問：'鼻懸何物？'又對云：'此玉筯也。'"

又如，"下流"這一條，《辭海》(未定稿)分爲兩個義項：①猶下游，指河流接近出口的部分，引申爲衆惡所歸的地位。②沒有教養；卑鄙齷齪。第一項能够指出引申義，也算相當周到了。但還漏收了雖不常見而非孤例的一個義項，即：父母對兒女的愛念，即慈愛之情猶水澤之潤下的意思，據我所知，有下面的用例：

> 《三國志·魏書·文昭甄皇后傳》"文帝納后於鄴"裴松之注引《魏書》(王沈撰)："二十一年十月，太祖東征，武宣皇后、文帝及明帝、東鄉公主皆從。時后以疾留鄴。二十二年九月，大軍還。武宣皇后左右侍御見后顏色豐盈，怪問之曰：'后與二子別久，下流之情，不可爲念；而反顏色更盛，何也？'后笑答之曰：'叡(即叡字，史臣避明帝諱而闕不書)等自隨夫人，我當何憂？'"

二子，指明帝和東鄉公主；夫人，指卞后，曹操之妻，甄后的婆婆。

> 《三國志·魏書·張恭傳》(附見《閻温傳》)："河右擾亂，隔絶不通。燉煌太守馬艾卒官，府又無丞，功曹張恭素有學行，郡人推行長史事，恩信甚著，乃遣子就東詣太祖，請太

守。時酒泉黃華、張掖張進各據其郡，欲與恭、艾並勢。就
至酒泉，爲華所拘執，劫以白刃，就終不回。私與恭疏曰：
'……今大軍垂至，但當促兵以掎之耳，願不以下流之愛使
就有恨於黃壤也。'"

這是張就要求父親不要顧恤自己的生命，果斷地促兵前進，與曹
操軍爲掎角。

  錢易《南部新書・戊》："開元初，鄭瑤慈澗題詩云（阮閱
《詩話總龜前集》第一六引作"經慈恩寺題云"）：岸與恩同廣，波將慈
共深。涓涓勞日夜，長似下流心。"

  案：慈恩寺是唐高宗李治爲母長孫皇后而建，這裏的"下
流"也就是慈恩。

  再看一個"舉"字。《辭海》(未定稿)凡列十三義，可謂多矣。但
以我所知，還少下列兩個意義：

  ①藏。"舉"字有藏義，是"弆"的假借字，而其初文是"去"。
古書中不乏其例，如：

  《周禮・夏官・服不氏》："賓客之事則抗皮。"鄭衆注：
"賓客來朝聘布皮幣者，服不氏主舉藏之。"

"舉"和"藏"同義連文。

  後秦龜茲三藏鳩摩羅什譯《大莊嚴論經》卷十五："有
人見已，而相約勒，酥乳肉等，極好覆蓋；鷄雛高舉，莫使
猫食。"

"高舉"就是安放在很高的地方，掩藏起來，不是飛舉。

  唐三藏法師義淨譯《根本説一切有部毗奈耶雜事》卷十

一："如新種子，不被風日之所損壞，堅實無穴，藏舉合宜，下於良田。"又卷三十三："若不收舉，所有財貨悉皆損壞。"

②借貸，借入或貸出。例如：

一九六九年新疆吐魯番阿塔那北區唐墓中所出的麟德二年卜老師借錢契說："寧昌鄉人卜老師，於高參軍家人未豐邊舉取錢拾文。"具名是"舉人卜老師"。

《太平廣記》卷三百八十一"皇甫恂"條引《廣異記》（戴君孚撰）："選受同州司士，既至，舉官錢百千，建幢設齋。"

《三國志·魏書·高柔傳》："軍營士竇禮近出不還營，以爲亡，表言逐捕，没其妻盈及男女爲官奴婢。盈……乃詣廷尉。柔問曰：'……汝夫不與人交錢財乎？'對曰：'嘗出錢與同營士焦子文，求未得。'時子文適坐小事繫獄。柔乃見子文，問所坐，言次曰：'汝頗曾舉人錢不？'子文曰：'自以單貧，初不敢舉人錢物也。'柔察子文色動，遂曰：'汝昔舉竇禮錢，何言不耶？'子文怪知事露，應對不次。柔曰：'汝已殺禮，便宜早服。子文於是叩頭具首殺禮本末，埋藏處所。"

以上是借入的例。

《唐律疏議》卷四，名例四："問曰：'假有盜得他人財物，即將興易及出舉，別有息利，得同蕃息以否？'……答曰：'律注云生產蕃息，本據應產之類而有蕃息。（生產，謂贓婢產子；蕃息，謂馬生駒之類——筆者注。）若是興生出舉而得利潤，皆用後人之功，本無財主之力。既非孳生之物，不同蕃息之限，所得利物，合入後人。'"

出舉，就是放債取息。

　　唐無名氏《玉泉子》："鄭縣令崔鶖，有民告舉放絁絹
價，刺史韓建令計以爲贓。"又"聞公舉放將數萬矣"。

"舉放"與"出舉"同義。

　　以上是貸出的例，可以看到，借貸義見於《三國志》，至遲晉
代已有這個講法了。

　　又如"爾曹"一般可以解釋爲"你們這批人"，含有輕視的意
味，杜甫《戲爲六絶句》"爾曹身與名俱滅，不廢江河萬古流！"可
以爲例。《辭海》(未定稿)大概認爲易解，干脆不收。其實還有另外
的講法，《三國志·魏書·明帝紀》"太和元年，諸葛亮圍陳倉"裴
松之注引《魏略》(魚豢撰)："及〔郝昭〕還，帝引見，慰勞之，顧謂中
書令孫資曰：'卿鄉里乃有爾曹快人，爲將灼如此，朕復何憂
乎！'"則應解爲"這樣一種"，而含有嘉許之意。由此可見，即使
一個似乎尋常的詞，有時也有值得注意之處。

　　僅就上面所述的三四條來看，可見遺文逸義，爲過去的辭書
所漏略的確屬不少。原因之一，似乎是憑借已有的工具書如《佩
文韻府》、《駢字類編》、《康熙字典》之類而缺少廣泛的搜索。顧
炎武曾有一段話議論他那時代的人所寫的書說："嘗謂今人纂
輯之書，正如今人之鑄錢。古人採銅於山，今人則買舊錢，名之
曰廢銅，以充鑄而已。"要編寫一部質量數量都比較可觀的辭書，
我想是應以此言爲鑒的。


# 三

　　十年前，我十六歲的兒子的同學振振有詞地詰問他："你説
西泠印社的'泠'讀 líng，有什麼道理！"兒子無辭以對，回來向老
子討救兵。我告訴他："你們去看看印社圓洞門上'西泠印社'
這四個大字，是'泠'不是'冷'。"是"泠"不是"冷"，是辨；看看四

個大字，是證。不辨不清楚，不證不相信。不少上海上杭州來的游客問過：“到西泠（lǎng）印社去那亨走？”辭書之需要有辨證，於此也就可見一斑。大抵辭書需要辨證，一因紛錯曖昧，不易分清；二因習非勝是，視爲固然。以前的辭書，並非全無辨證，有時還有較好的辨證，如《辭海》（未定稿）中的“蕡”（見後）；但有時則辨而不證，如《辭海》（未定稿）中的“狼狽”：“困頓窘迫貌。……案：舊説，狼、狽二獸名。狽前脚絶短，每行必駕兩狼，失狼則不能動。見段成式《酉陽雜俎·廣動植》。望文生訓，實不可信。”而以誤傳誤，不加辨明的，却往往而是，這就是應該引起我們的注意了。

辨證的目的在於分明是非正誤，也就是去誤。所要去的誤大約可分三類：訓義之誤，引據之誤，注音之誤。各舉數例如次。

### 甲、訓義之誤

《楚辭·離騷》：“蕡菉葹以盈室兮，判獨離而不服。”東漢王逸注前面一句，以蕡、菉、葹爲三種惡草，比喻壞人。就我手邊的一些解釋《楚辭》的書來看，有的不涉及這一條，涉及這一條的，如洪興祖的《楚辭補注》、吳仁傑的《離騷草木疏》、蔣驥的《山帶閣注楚辭》、戴震的《屈原賦注》，都同王説。這些人中有不少有名的學者，很容易得到人們的信從。其實照這五位的説法，這前一句中缺少了謂語動詞，不能成句。我手邊的一些書中，只有高亨等的《楚辭選》注道：“蕡讀做積，堆積之意。”而《辭海》（未定稿）則説：

　　①草多貌。《離騷》：“蕡菉葹以盈室兮。”王逸注：“蕡，蒺藜也。”段玉裁《説文解字注·艸部》：“據許君説，正謂多積菉葹盈室，蕡非草名。”

段注還有幾句説：“禾部曰：‘積，積禾也。’音義同。”有了段、高等人之説，豈不是文從字順，義愜理當嗎？我説的《辭海》（未定稿）有較好的辨證，此爲一例；如若把段氏的另幾句加上去，就毫無遺憾了。

現在來舉些不足的例子。

《辭海》（未定稿）"景㊀"（注音 yǐng）説：

> "影"的本字。……《詩·邶風·二子乘舟》："汎汎其景。"孔穎達疏："觀之汎汎然，見其影之去。"

王引之《經義述聞》説："景讀如憬。《魯頌·泮水》篇：'憬彼淮夷。'毛傳曰：'憬，遠行貌。'下章言'汎汎其逝'，正與此同意也。《士昏禮》：'姆加景。'今文景作憬。是憬、景古字通。"這段考釋，可謂精確之至。我們前面説過，"褧"、"景"、"絅"音近義同，"汎汎其景"，實際上就是"汎汎其迥"罷了。"迥"和"絅"是同從"冋"得聲的。《辭海》（未定稿）採用了孔穎達的誤説，不加論辨，無非是他的説法雖非而近是，不暇詳細抉擇而已。

再如《辭海》（未定稿）裏的"肦肦"：

> 【肦肦】笑聲。戴表元《八月十六張園玩月》詩："洗杯問勞苦，天女笑肦肦。"

案：以"肦肦"爲笑聲，見於《辭通》，也引戴詩，此外不知所出。檢戴氏的詩，有"徘徊林端月，爲我中夜出。洗杯問勞苦，天女笑肦肦"之句，天女自然指天上的嫦娥，嫦娥而有笑聲可聞，這真是活見鬼了。我曾對此條加以修改，以爲"肦肦"是動作不安貌，詩中的"問"是慰問之問；"洗杯問勞苦"，是作者月下飲酒，自我慰藉晝間人事之勞，暫得閑適之趣。而明月在林，又使作者意識到嫦娥在笑他這個"凡人"的爲煩擾所纏縛。根據是：原本《玉篇零卷·分部》："肦，羲秩反。《孟子》：'使民肦肦然。'劉熙曰：'胗胗，猶聲聲，動作不安也。'……《説文》爲胗字，在十部。"
符定一《聯縣字典》："胗胗，勤苦不休息貌。《孟子·滕文公》：
'使民胗胗然。'趙注：'勤苦不休息之貌。'丁度作'胗'。阮元校
勘記以爲，趙注不取恨視，是趙本作'胗'。"阮元又説："胗、畛古
通用，胗胗猶屑屑，《方言》曰：'屑屑，不安也。'"這幾個説法完
全一致，用來解戴氏的詩意，是切合的。一九七四年對《辭海》
(未定稿)這條作了修訂，分爲兩個義項。第一項用我提供的《玉篇
零卷》解爲動作不安貌，第二項仍用戴詩解爲笑聲。這是我至今
期期以爲不可的。

### 乙、援引之誤

要證明詞義，就要有所援引。但是古書傳本紛錯，時有謬
誤，引用時不加甄別，大則引致釋義錯誤，小則顯得文詞不順，難
於閲讀，也就不能不有所考辨了。

試看《辭海》(未定稿)"如許"一條：

> 【如許】①如此，這樣。范成大《盤龍驛》詩："行路如許
> 難，誰能不華髮。"②這些；這麼多。李義府《咏烏》詩："上
> 林如許樹，不借一枝棲。"

案："如許"是如此，這樣，這是對的。但怎麽能表示數量概
念呢？第二個義項顯然是從李義府的詩推衍出來的。殊不知李
詩本來是"上林多許樹"，見唐劉餗《隋唐嘉話·中》。"多許"就是
很多很多，《世説新語》就有"少許勝人多多許"的話，直到現在的
吳方言裏還有"多多許許"(許音hǒ)的説法。一字之誤，引起望
文生義，若是有所選擇，加上一句説明所據的話，豈不是更能顯
正袪疑嗎？

一九七四年修正《辭海》(未定稿)時，加進了一條詞目"懸怒"，

釋義大體是這樣講：忍住憤怒不發出來。引《韓非子·難四》爲證："明君不懸怒。懸怒則臣罪輕舉以行計，則人主危。"這個用例怎麼也看不懂。及至推究一下《韓非子》的版本，則明趙用賢本"臣"字下有"懼"字，據趙本，"懸怒"句應讀作兩句："懸怒則臣懼罪，輕舉以行計。"聯繫韓非下面的文章"故靈臺之飲，衛侯怒而不誅，故褚師作難；食黿之羹，鄭君怒而不誅，故子公殺君。……今昭公見惡(見，表現出來；惡，憎惡——筆者注)稽罪而不誅，使渠彌含憎(記住昭公對他們憎惡——筆者注)懼死以徼幸，故[昭公]不免於殺。"可以明顯地看到，"懸怒"是發了怒而對所怒之臣不加誅戮。正是這樣，"則臣懼罪"——就是下面說的"懼死"，"輕舉以行計"——就是下面說的"徼幸"，不是明明白白了嗎？如若收了這樣的條目而不加辨證，又怎樣能解決問題呢？

再如《辭海》(未定稿)的"風采④"：

> 猶風俗。《文選·左思〈魏都賦〉》："極風采之異觀。"李善注："《淮南子》曰：'采俗者所以一羣生之短修，明九夷之風采。'高誘注曰：'風，俗；采，事也。'"

我最近建議將"李善注"以後的文字改成：

> 李善注"《淮南子》曰：'《采(齊)俗》者，所以一羣生之短修，明九夷之風采。'高誘注曰：'風，俗；采，事也。'"案：李善所引《淮南子》是《要略》篇文，"采俗"爲"齊俗"之誤，"齊俗"是《淮南子》篇名。

何以要增改，看文章自明。李善注這一條，查胡克家和孫志祖兩家的《文選考異》都未校出，若不校正，讀起來是有礙了解的。

## 丙、注音之誤

我們只舉一例。《辭海》(未定稿)的"曬"道：

> 【曬】㊀(shài)同"晒"。杜安世《玉樓春》詞："不奈風吹兼日曬，國貌天香無物賽。"
>
> ㊁(shà 沙去)同"煞"。表示程度之深。歐陽修《漁家傲》詞："今朝斗覺凋零曬。"

這裏第二項的注音是不對的，至少是不全對的。表示程度之深"曬"，唐宋元都讀同"晒"，如敦煌變文《醜女緣起》："大王夫人歡喜曬("晒"的繁體字)。"可見"曬"與"晒"同而也音 shài，其餘見拙撰《敦煌變文字義通釋》(三版本 162 頁)。即以歐陽修的《漁家傲》詞而論，其原詞云："妾本錢塘蘇小妹(-ei)，芙蓉花共門相對(-ui〈uei〉)。昨日爲逢青傘蓋(-ai)，慵不採(-ai)，今朝斗覺凋零曬(-?)。秋倚畫樓無計奈(-ai)，亂紅飄過秋塘外(-ai)，料得明年秋色在(-ai)，香可愛(-ai)，其如鏡裏花顏改(-ai)！"全首每句用韻，韻腹和韻尾作 ai 者七，作 ei 者二，開首二句作 ei，比作 ai 的稍窄，剩下一個"曬"，其應該讀 shài 不是皎然明白嗎？所以"曬"的表示程度之深這一義項的注音至少應加上"舊也音 shài"才行。

上述三事，搜求逸義一項必須做到；又因爲我們過去的辭書裏還存在不少一部分糾紛錯雜和習非勝是的東西，不辨不明，不證不信，也未可忽視。至於會通，比較起來是最困難的，但在有條件的情況下，我們還是應該以此爲方向的。漢語有十分悠久的歷史，過去和現在有不少研究成果，我們應該很好地學習、選擇，並加以發展，來豐富和提高我們的辭書。請賦《詩》以終篇：

> 高山仰止，景行行止。
> 雖不能至，心向往之！

# 辭書不宜言"本字"説

在《辭海》(未定稿)及以後的修訂稿中,有"甲,'乙'的本字"這樣的説法。如語詞分册第三分册修訂稿最近一次校樣中,有如下幾條:

(1)坐　"生"的本字。《集韻》十二庚:"生,古作'坐'。"

(2)冒　"帽"的本字。《漢書·隽不疑傳》:"著黄冒。"

(3)暴　"暴"的本字。

(4)綺　"袴"的本字。

(5)歐⊖　"嘔"的本字。

(6)瓶　"旐"的本字。參見"旐"。

(7)賚　"贖"的本字。

(8)㕦　"嗄"的本字。《玉篇·口部》:"㕦,犬吐。亦作呭。"

(9)櫲　"蘗"的本字。

(10)戳　"截"的本字。

(11)紊　"祊"的本字。

(12)栔　"鍥"的本字。刻。

(13)樴　"楂"⊖的本字。

(14)寿　"前"的本字。

我是不贊成辭書中講"甲,'乙'的本字"的。理由很簡單:"本字"是對"假借字"(嚴格説是"通借字")而説的,没有這樣的相對待的關係,即不與通借字相對待,就無所謂"本字";而辭書中的本字,是用"通'某'"的形式表現的,這個"某"就是本字,而在"某"作爲字頭時,就不再説它是哪個通借字的本字。例如"臧"

329

在《説文》裏説是"善也"，古文字學者以爲是"臧獲"的"臧"，即奴隸，而這個字在古書裏有時作"藏"字用，在辭書裏就説："臧，通'藏'。"而在"藏"這個字頭下不再説它是"臧"的本字。這樣處理法是有原因的，因爲如果説"藏，'臧'的本字"，那末《詩經》裏的"於何不臧！"和《莊子》裏的"問臧奚事？"豈不是該説成"哪裏不收藏？""問：收藏起來幹什麼？"了嗎？如果説"藏，'好惡喜怒哀樂臧焉'的'臧'的本字"，那豈不是太囉嗦了嗎？既然本字已經消納在"通'某'"中間了，這個"某"下面就不用再提"本字"，這就是我所持的理由，更没有别的理由了。但恐怕還不足以解議者之疑，不免再贅述幾句。

本字是對通借字而説的，是否確是如此？

我想抄一些章太炎、黄季剛兩先生的話作爲回答。章先生的《小敩答問》序言説："近代言小學者衆矣。經典相承，多用通叚（即通借），治雅訓者徒以聲誼比類相從，不悉明其本字。《説文》之學，段、桂、嚴、王爲上第，晚近有朱氏。三家惟校理形體説解，段君由通叚以得本字，猶未宣究。"這是明説由通借來推究本字。又如《答問》第二條："問曰：《説文》：'祝，祭主贊詞者。'《春秋公羊傳》言'天祝予'，《穀梁傳》：言'祝髮'，以'祝'爲斷，其本字當云何？答曰：字當作殊，殊者，斷也，絶也。……是祝亦可讀朱，是故借'祝'爲'殊'。"這裏明白説明，"祝"當用於"天祝予"，"祝髮"時是"殊"的通借字，而"殊"是其本字。又一條："問曰：《説文》：'油，水出武陵屖陵西，東南入江。'今以'油'爲膏，本字云何？黄侃答曰：以雙聲借爲'腴'。《説文》：'腴，腹下肥也。'古謂膏爲'肥'，《説文》：'膏，肥也。''肥'可稱膏，故亦可稱腴。"這也是説，"油"當用爲膏油義時是"腴"的通借字，而"腴"是其本字。黄先生寫的《求本字捷術》，論述如何從字音求本字，事涉專門，無從抄引，但是他説："此言雖簡，實爲據借字以求本字之不易定法。”也説明没有通借字就無所謂“本字”。這樣的説法並非章、黄兩先生的杜撰，唐人李賢注《後漢書》就已有了。《後漢書·光武帝紀上》“乃北徇薊”注道：“縣名，屬涿郡，今幽州縣也。本字從契從邑，見《説文》。”這就是説縣名之“薊”（本義爲植物名）是“鄃”的通借字，而“鄃”是其本字；兩者相互對待的關係極其明顯。

然則上面所抄的十四條《辭海》修訂稿校樣所説的“本字”又是什麽意思呢？

這要由寫稿者來説明。不過玩索起來，可能是這樣：

（1）（2）（3）三條，其字有些古貌，因而説爲本字。其實“㞢”不過是離篆文形體較近，“生”離篆文形體較遠而已。要是照這個辦法來確定哪一個是本字，那末爲什麽不説“黄”是“黄”的本字，“其”是“其”的本字，“足”是“足”的本字呢？又爲什麽不説“曳”是“史”的本字呢？（修訂稿：“曳，古史字。”）“冒”和“帽”，還有一個在修訂稿校樣裏解爲“‘帽’古字”的“冃”，在文字學者説來“冃”是初文，“冒”、“帽”是它的纍增字，意即加上一個“目”，再加上一個“巾”而字義字音並無變化，總起來是一個字，不過字形逐漸增繁而已。以“冒”爲“本字”。即使以“古”爲準來定本字，也是使人不解的，爲什麽不説“冃”是本字呢？“暴”字説爲“暴”的本字，其例與“㞢”同，而更有可議者，“暴”一方面有曝曬、暴露義，這因爲它是“暴”的形變，而另一方面又有暴疾、暴虐義，這却是“暴”的形變。説“暴”是“暴”的本字，難道它又是“暴”的本字嗎？

（4）（5）（6）（7）四條，其字爲《説文》所有，而與之相對的字爲《説文》所無，就以《説文》所有的爲本字。要知道，“字者，言孳乳而寖多也。”新事物一出現，就有新字來記録，新字而不見於《説文》者不知有多少，如一個“氯”字，難道可以用《説文》所有的“緑”來作它的“本字”嗎？這一段話有些扯開去，没有針對上舉四條而言，但爲了防止專替新字找"本字"，不妨推廣而言之。現在再就這四條來説，"綺"與"袴"、"歐⊖"與"嘔"、"瓶"與"瓶"、"賣"與"贘"，是文字學者所謂"一字之異形"，即所謂或體字，也就是現在説的異體字，不是什麼"本字"與非"本字"的關係。試看《集韻》十一暮："綺：《説文》：'綺，脛衣也。'或从衣。"《廣韻》四十五厚："歐，吐也。或作嘔。"就可知道。這裏要稍加説明的是，《廣雅·釋訓》："嘔嘔喻喻，喜也。"《廣韻》十九侯："嘔，嘔呪，小兒語也。"這兩處所説的"嘔"乃是聯綿字"嘔嘔"、"嘔呪"中間的一個記音符號，獨立不能成義。"歐⊖"與"嘔"仍是一對一的關係，也就是説它們仍是異體字。"瓶"字從瓦從瓜，是不合六書條例的字，古人名之曰"無以下筆"，實在是"瓶"的俗字，但不能説不是俗字的"瓶"就是本字了。"飞"是個"象飛形"的字，是合乎"六書之條"的，簡體字"飞"就不合了，難道"飛"又是"飞"的本字嗎？須知簡體與繁體，像"飛"與"飞"、"壽"與"寿"、"風"與"风"之類，也不過是異體字之一種而已。

　　(8)這一條，其字見於古字書，而與之相對的字不見於古字書，就以古字書所有者爲本字。按"㕦"字從口，心聲；"嗒"字從口，侵省聲，都是音義皆同的形聲字。《新華字典》於字頭"㕦"後加圓括號列入"㕦、嗒"，即以"嗒"爲異體字。

　　(9)(10)兩條，説甲爲乙的本字，蓋據《康熙字典》。《字典》説："按《説文》，櫱本字，古文，櫱(蘖)、栓重文。""截，《説文》截本字。"今按《説文》有"截"無"截"，《廣韻》十六屑："截，或作截。"明係或體。"櫱"字一條，《字典》説尤爲謬誤。《説文》："櫱，伐木餘也。櫱，或从木。不，古文櫱，从木無頭。栓，亦古文櫱。"其中"不"是指事字，"櫱"、"櫱"、"栓"都是形旁相同而聲旁不同的同音同義的異體字(*"栓"字的聲旁，我另有説，這裏從略*)，況且《説文》明言"櫱"是"櫱"的或體，哪裏還有"本字"的位置？

(11)這一條，就毫無可以解釋的了。《説文》明明在“鬃”字後頭列出“祊”字，説：“或从方。”還有什麽本字不本字呢？

(12)(13)(14)三條，其中的確存在着本字與通借字的關係。但通借字不止一義，如“鍥”的本義《説文》爲鎌(鐮)，“契”的本義《説文》爲契約，引申則有契合義；要講“本字”，就得説：栔，“鍥而不舍”的“鍥”的本字；“契臂”、“爰契我龜”的“契”的本字。“樝”的通借字“楂”也一樣，本義據《廣韻》九麻是水上浮木，在《辭海》裏好在有個“楂㊁”，這個㊁代表了“果名”，可以免去説“‘楂黎’的‘楂’的本字”之煩。但何不在“樝”下説“果名”，在“楂㊁”下説“通‘樝’”呢？至於“歬”字，與前面兩個字又略有不同。“歬”是現在講的“前進、前後”的“前”的本字，“前”的篆文作，從刀，歬聲，是現在的“剪”字；説“歬”是“前”的本字，從文字學的觀點來説當然是説不通的(“前”是剪裁)，必須説“歬”是“前進”、“前後”的“前”的本字；不過古書上已没有“前”當作“剪裁”字的用例，則説“歬”是“前”的本字也還勉强可通；但何不解爲“前進”(《説文》：“不行而進謂之前。”案：止，古足字；舟，古履字，“履”及履的古文“頟”都從舟。古人在室則去履，行進則著履，故歬爲行進)，以表明其最初義呢？前進、前後的“前”，放在“前，通‘歬’”下面去解釋好了。“樝”、“歬”二例，情況特殊，或可寫出“本字”字樣，但這是極爲罕見的情況，就整部辭書的體統來説，是不宜有這個字樣的。尤其是從(1)至(11)各例，照有通借字纔有本字的提法，講“本字”根本是没有依據的。

# 説"通"

　　本字是與通借字相對的名稱,辭書中的本字大多用"甲通
'乙'"的形式來表現,其中的甲是通借字,乙是本字。這樣的表
述大概没有多大錯誤。

　　所謂通借字,大概説來,其字音與本字相同或相近,在某些
文章的語句中用來替代或代表本字;按辭書的體例,一經説
"通",如通借字與本字音不全同,則從本字的字音而注明之,往
時用反切,現代用漢語拼音。然則辭書中的"通"有什麼問題呢?
主要是:本來是通的不注明"通";本來不是通的注之以"通",即
掌握"通"與非"通"的寬嚴問題。

　　《辭海》(未定稿)【朕】③説:"通'身'。《爾雅·釋詁》:'朕,身
也。'郭璞注:'今人亦自呼爲身。'……"這個説法是頗可商討
的。"朕"和"身"這兩個字聲韻都不相同,而先秦這兩個字都已存
在,而其時文籍作我講的都用"朕",如《離騷》中屈原自述"朕皇
考曰伯庸",但那時並未見到用"身"字來作我講。《爾雅》用"身"
釋"朕",乃是釋其意,謂"朕"的意思作自身講,並非通其字(詞)。
《釋詁》説:"朕、余、躬,身也。"難道可以説"余"通"身"、"躬"通
"身"嗎?以"身"爲第一人稱代詞,這是三國以後纔有的事,跟
先秦並無承續的關係。這一條,在後來的修訂本和最近出版的
合訂本裏都改過了。

　　再如《辭通》卷十六,把【將送】與【裝送】列歸一條,引《後漢
書·循吏·劉寵傳》:"母疾,棄官去。百姓將送塞道,車不得進;
乃輕服遁歸。"並加上按語道:"裝字從壯,將字從爿,形聲並近。"照

此説法,寫到辭書裏去,應是"【將】通'裝'。《後漢書·循吏·劉寵傳》:……"其實這個"將"字就是《詩·召南·鵲巢》"之子於歸,百兩將之"的"將",《毛傳》説:"將,送也。""將送"是用兩個意義相同的詞素合成的聯合式複詞,朱丹九先生比傅形聲,似乎穿鑿了。

　　不同的書裏寫相同的事,用的是相同的句子,而其中有一個字不相同,這叫做"異文"。異文可以作爲推究通借關係的參考。例如《漢語大詞典》寸部初稿【専】①説:"通'摶'(tuán)。聚集。見'専精'③。……"【専精】③説:"凝聚精氣。《呂氏春秋·論威》:'並氣専精,心無有慮,目無有視,一諸武而已矣。'《太平御覽》卷二七一引作'摶精'。《淮南子·天文訓》:'陰陽之専精爲四時,四時之散精爲萬物。'"這就是用《太平御覽》的異文來確定"専"通"摶"的,可謂確當。但根據異文的方法並不是完全可靠的。例如《淮南子·覽冥訓》:"浮游不知所求,魍魎不知所往。"劉文典《集解》説:"《北堂書鈔》十五引作'浮游不知所來,罔兩不知所往。'來往對文,於義爲長。"劉先生的説法是錯誤的,這裏不去評論。但是有一點,即不論劉先生或不同意劉先生者有一個共同的觀點,即"求"和"來"這兩個字中必有一個是錯誤的,不能説"求"通"來"或"來"通"求"。可是由於不加揀別而誤用異文來説通借,這種情況在辭書中也發現過。例如《辭海》(修訂本)【嫚】(一)注音yuān(冤),説:"通'嬽'。見'嫚嫚'。"【嫚嫚】注音yuānyuān,説:"亦作'嬽嬽'。柔美貌。《文選·司馬相如〈上林賦〉》:'柔橈嫚嫚。'李善注引郭璞曰:'柔橈、嫚嫚,皆體柔弱長艷貌也。'《史記·司馬相如列傳》作'嬽嬽'。"嫚是個屬於明紐的字,無論如何也不能讀爲yuān聲,怎麽能相通呢?修訂本這一條只引《文選》和《史記》,而把《漢書》丢開。《漢書·司馬相如傳上》所載的《上林賦》是"柔橈嬽嬽。"《説文》:"嬽,好也。"段玉裁

注："今《文選》譌作嫚嫚，《漢書》不誤，《史記》作嬛嬛，則是別本。"段氏以《文選》作"嫚嫚"是誤文，這完全是對的。這一條，到合訂本裏也改過了。由此可見，用異文來肯定通借關係，特須謹慎，不可掉以輕心。

根據舊注推究通借關係，也要謹慎從事。不能因爲舊注說"甲，乙也"就肯定甲是專爲表示乙義而制的本字。例如《辭海》【贍】㊀注 dàn 音，說："通'澹'。安定。《史記·司馬相如列傳》：'決江疏河，漉沈贍災。'《漢書·司馬相如傳下》'贍'作'澹'，顏師古注：'澹，安也。言分散其深水以安定其災也。'"未定稿、修訂本、合訂本都這樣說。其實，據《說文》，澹是"水搖也"，並無安定之義，而顏注說"澹，安也"卻又是對的。《漢書》的"澹"也是通借字，其本字當爲"憺"。《說文》："憺，安也。"《楚辭·九歌·東君》："觀者憺兮忘歸。"王逸注："憺，安也。"可以證明。這樣，就應該說"贍"通"憺"，而說"贍"通"澹"卻錯了。倒是像《漢書·食貨志上》的"竭天下之資財以奉其政，猶未足以澹其欲也"（顏師古注："澹，古贍字也。贍，給也。"）和同書《食貨志下》的"財賂衰耗而不澹"（顏注："澹，足也。"）這類的"澹"字應說爲通"贍"，但這應當注 shàn 音了。

《漢書·東方朔傳》所載的《非有先生論》說："或有說於目，順於耳，快於心，而毀於行者。"顏師古注："說，讀曰悦。"依訓詁通例，被"讀"之字是假借字，"讀曰"後面的字是本字。那末是否可以講"說"通"悦"呢？《辭海》合訂本【說】㊂正是說"通'悦'"。但是有異議。王了一先生主編的《古代漢語》裏的古漢語通論（六）"古今字，異體字，繁簡字"一節中說：

　　一般人常常以後世所習用的文字去衡量古書中的字，以爲上面兩組中的第二個字才是"正字"或"本字"。譬如説,人們總以爲先有個"悦"字作爲本字,只是經常寫一個"説"字來代替它。這是一種誤解。既然是先有一個本字"悦",爲什麽在上古的經書中不用,倒反寫成"説"字呢？合理的解釋只能是：上古没有"悦"字。

照這段話來推論,那就是説,本字必須先出現,凡上古經書中没有的字不能算本字;因而"説,讀曰悦"、"説通悦"的説法是不能成立的。作爲《古代漢語》執筆者所説的"人們"以外的我,對此有不同的想法,那就是我是這樣給本字下定義的：專爲表現某一意義而制的字,就是表現這個意義的本字。例如"贍"這個形聲字,從貝,詹聲,意義是財富充足,就是富足、滿足的意思,這就是表示富足、滿足的意思的本字。不爲表現這個意義而爲表現另一意義而制的字,由於音同或音近而被借用來表現這個意義就是表現這個意義的字的假借字。例如"澹"字並不爲表現富足、滿足而制,却用來當富足、滿足講,這就是"贍"的假借字：所以説"澹"通"贍"。本字是本職、實缺,假借是兼職、署理、代表。專門表示喜悦的字上古没有制造,於是經書上用表示談説意義的"説"字代替它,這只能説是兼職、署理。後來爲了要求文字表達的精密,才製了個從心兑聲的"悦"字來專門表現喜悦的意義,這就來了個"專職"、"實缺",有什麽理由不歡迎它,而必須剝奪它的"本字"的稱號呢？就如《古代漢語》這一節裏所舉的"厭"、"饜"兩個字,當然是後一字產生的時間在後;但當要表示"飽;滿足"這一意義的時候,就不能不説後者是本字,前者是通借字。"厭"是"壓"的古字,没有飽足的意思。《辭海》【厭】②説："通'饜'。飽;滿足。杜甫《醉時歌》：'甲第紛紛厭粱肉,廣文先生飯不足。'……"這是不錯的。其實,《古代漢語》只舉這兩個字作爲一對古今字是不完全的;在這兩個字之前還有個見於《説文》的從甘從肰、表示吃狗肉吃得很香的會意字"猒"，只是古書上没有用，而後人又造出個餍字來表示同一意思罷了。用公式來表示，就是：猒＝餍；也就是："厭"通"猒"，"厭"通"餍"。也就是説，"猒"和"餍"都是"厭粱肉"的厭的本字，不過"猒"字雖前出而被捨棄，"餍"字爲後出而通行罷了。由此説來，"悦"字和"餍"字應當視爲後出本字，或曰後出專字，而不能不承認其爲本字。

後出本字往往得到流行，但有些後出本字却没有流行而若有若無。例如經書裹"在"字有當視察講的，《書·舜典》的"在璇璣玉衡以齊七政"就是這樣。"在"字本無視察的意義，用來代表表示視察的那個語詞，這就是假借。後來造出了"翦"、"瞡"這兩個形聲字，其前者見於《廣雅·釋詁》一下，是"視也"；後者見於《玉》篇，注明同"翦"。俞樾著《廣雅釋詁疏證拾遺》，疑"瞡"字"即'在璇璣玉衡'之'在'"，是完全正確的，不過這兩個後出本字只保留於字書而不見行用罷了。又如"施"字本來是旌旗招展之貌，而《孟子·離婁下》的乞墦者"施施從外來，驕其妻妾"，趙歧解"施施"爲喜悦之貌；柳宗元《始得西山宴遊記》説"施施而行，漫漫而游"，都有慢慢走、坦然自得的意思。《玉篇·彳部》有個"他"字，是"他可切，安行。"這也是《孟子》和柳文中"施施"的後出本字（"施"古音近陀，與他可切音正相近），但是也不見行用。像這樣的後出本字，在現代辭書中是否要收録，這是個可以研究的問題。

以上所講的各種情況，都是從掌握通借從嚴的角度上説的。是否可以放寬呢？我們是主張不寬不嚴，寬嚴得中的。但是就現在辭書裹的一種傾向——我稱之爲持重——來説，我又是主張"從寬"一些的。譬如説，我的那篇《辭書不宜言"本字"説》裹提到的章太炎先生説"祝髮"、"天祝予"的"祝"字的本字是"殊"字，黄季剛先生説膏油、油膩的"油"的本字是"腴"字，這在現代

辭書中是不出現的。又如"旝"字《説文》有二義,一是旗,爲杜預
注《左傳》所用;一是本於賈逵注《左傳》的説法:"建大木,置石
其上,發以機,以追(挋)敵也。"《辭海》修訂本只取前義,理由是賈
逵説已被孔穎達疏所駁,不應採取以混淆視聽。其實,不收賈説
則於《晉書・卞壼傳》的"身當矢旝,再對賊鋒"就無法解釋。我
既肯定"旝"字賈説應當收入,又以爲"旝"和"厥"古韵都在泰
部,發音都屬牙音,"旝"是"厥"的假借,《説文》:"厥,發石也。"
浙江《漢語大詞典》編寫單位試寫【旝】條,對"旝"是"厥"的假借
一説,遲疑不即肯定,直到我拿出章氏《文始》也有此説來縒算,
現在的《辭海》合訂本裏則已把我的意見反映進去了,説實在的,
以"厥"字爲當作發石義的"旝"的本字,乍一説出來是的確難於
得到認可的。這不禁又使我想起我那篇《懸斷與徵實》中的那些
想法,什麽時候我們的"訓詁學思想"能够再解放一些呢!

　　此文曾刊載於《辭書研究》,1980年第1期。近日校點亡
友任銘善《禮記目録後案》,他在《昏義目録後案》中説:"陸
德明曰:'婚禮用昏,故經典多止作昏字。'按'婚'字後起,
然是正字,'昏'乃叚借字也。"這和我在上文中所説的真是
一鼻孔出氣,不過任云"後起",我云"後出",任云"正字",
我云"本字",字面有些不同而已。不辭朋黨之誚,附記於
末。一九八一年十一月二十八日

# 懸斷與徵實

　　近年長沙馬王堆二號漢墓出土的《戰國策》帛書，成了考核古代文獻的瑰寶；尤其爲人們艷稱的，是選進《古文觀止》和現今的許多古代文學作品選中的趙策"觸詟（讋）説趙太后"章中的"左師觸詟（讋）願見"的"詟（讋）"字在帛書中是"龍言"兩個字，説者以爲根據帛書可以校正向來傳本之誤，而各種選本所擬的題目應該是"觸龍説趙太后"。其實，清代的王念孫早已在其所著的《讀書雜志》中議論及此，他説：

　　　　太后明謂左右：'有復言令長安君爲質者，老婦必唾其面。'左師觸讋願見太后，太后盛氣而揖之。"吳（師道）曰："觸讋：姚（宏）云：'一本無言字，《史》亦作龍。'案：《説苑（敬順篇）》：魯哀公問孔子，夏桀之臣有左師觸龍者，諂諛不正。人名或有同者，此當從讋以別之。"念孫案：吳説非也。此策及《趙世家》，皆作"左師觸龍言願見太后"，今本龍言二字誤合爲讋耳。太后聞觸龍願見之言，故盛氣而待之；若無言字，則文義不明。據姚云：一本無言字，則姚本有言字明矣；而今刻姚本亦無言字，則後人依鮑（彪）本改之也。《漢書·古今人表》正作"左師觸龍"，又《荀子·議兵》篇注曰："《戰國策》趙有左師觸龍"，《太平御覽》人事部引此策曰："左師觸龍言願見。"皆其明證矣（禮鴻案：蘇軾《賀楊龍圖啓》："左師觸龍，語饘粥而及長安之質。"見《東坡集》卷二十八，也可證明宋本《戰國策》"龍言"二字尚未誤合爲一）。又《荀子·臣道》篇曰："若曹觸龍之於紂者，可謂國賊矣。"《史記·高惠功臣侯者表》有臨轅夷侯戚觸龍,《惠景間侯者表》有山都敬侯王觸龍,是古人多以觸龍爲名,未有名觸讋者。——下面有辨"揖"字應作"胥"字的話,不錄。

王氏的説法,經歷了一百四五十年,由於帛書的出土而得到"證實",然而談帛書者,津津樂道其優點,於王氏之説則似乎若有若無,這未免是"曲突徙薪無恩澤,焦頭爛額爲上客"了。

用直接材料證明一種設想、看法、説法,可以稱之爲"徵實",如馬王堆漢墓帛書《戰國策》證明"讋"是"龍言"二字誤合爲一字;用間接材料或推理來説明一種設想、説法,可以稱之爲"懸斷",如王念孫引用《漢書·古今人表》、《荀子·議兵》楊倞注、《太平御覽》等書,是間接材料,説"太后聞觸龍願見之言,故盛氣而待之;若無言字,則文義不明",以及古人多以觸龍爲名,是推理。一種設想、説法之確立,有時可用直接材料加以證實;有時卻不可能有直接材料來肯定它,如地球的生成和變化,地質學家不可能生到若干萬萬年以前去親眼目睹,而地質學仍不失其爲科學;有時眼前没有直接材料,到將來卻可以爲直接材料所證實,如化學家預言將有某種元素出現而後來得到證實。包括語言文字的探證考辨在内,懸斷常常是確立一種新的説法的先河,或者簡直可以算作確立一種新的説法的本身。試問:没有馬王堆漢墓帛書《戰國策》的出土,難道王念孫的"懸斷"就是錯誤的嗎?

在語言文字的考辨中,這類應該認爲正確的懸斷是不少的。試再以王念孫的《讀書雜志》中的《淮南子雜志》爲例。《康熙字典》手部:"搲。楊慎《字説》:'同愔。於金切。'《淮南子·兵略訓》:'推其搲搲,擠其揭揭,此謂因勢。'"王氏則説:

"因其勞倦怠亂，飢渴凍喝。推其撍撍，擠其揭揭。"高注曰："撍撍，欲臥也。揭揭，欲拔也。"念孫案：《説文》、《玉篇》、《廣韻》皆無撍字，撍字當爲撍，字之誤也（注同）。撍古搖字也，（《考工記·矢人》："夾而搖之。"《釋文》："搖，本文作撍。"《漢書·天文志》："元光中，天星盡撍"）注内"欲臥"，當做"欲仆"，亦字之誤也。搖搖者，動而欲仆也；因其欲仆而推之，故曰"推其搖搖。"武王《户銘》曰："若風將至，必先搖搖。"意與此相近也。《太平御覽》兵部二引此，正作"推其搖搖"。隸書撍字或作搖（《漢書·司馬相如傳》："消搖乎襄羊。"）因誤而爲撍。《管子·白心》篇："未不能自搖者，夫或撍之。"撍亦撍字之誤。蓋世人少見撍撍二字，故傳寫多差。而楊慎《古音餘》乃於侵韻收入撍字，引《淮南子》"推其撍撍，擠其揭揭"，不知其字，而以意爲之，斯爲謬矣。

不難看出，王氏根據《考工記》釋文、《漢書·天文志》、《漢書·司馬相如傳》這些字形方面的材料和《太平御覽》的引文這樣一些間接材料，顯然比楊慎以後的舊解正確得多；但《淮南子》作"撍"之本是没有的，難道應該把王説擺在一旁不予承認嗎？

我曾校讀《淮南子》，遇到一些詞語爲前人所没有注意，或看到而未作解釋的，試舉三條如下：

一、《天文》："至秋三月，……青女乃出，以降霜雪。"高誘注："青女，天神青霄玉女，主霜雪也。"

近人編選唐詩，注李商隱"青女素娥俱耐冷"句，就説"青女"是青霄玉女，就是承用上面所引的我有想法的高誘注。案：高注的"青霄"宋本《淮南子》（《四部叢刊》影印本）作"青妖"，"妖"就是"妖"字，與"霄"字不同，我因此以爲"青霄"應作"青霄"，即青腰，"霄""妖"是同音通用，而《靈飛經》裏有"青要玉女"，也就是

"青霄玉女"。這個説法看來僅僅是"懸揣"而已——有些影子，咬不實！然而可以更進一步。王安石《讀〈眉山集〉，次韵雪詩》："神女青腰寶髻鴉。"宋人李壁《王荆文公詩集箋注》説："《淮南子》：'至秋三月，青女乃出，降以霜雪。'青女，天神青腰玉女也。主霜雪。"宋陳元靚《歲時廣記》卷三："《淮南子》：'秋三月，……青女乃出，以降霜雪。'注云：'青女乃天神青腰玉女，主霜雪也。'"宋胡仔《苕溪漁隱叢話》後集卷二十五引《復齋漫録》："《淮南子》云：'青女乃天神青腰玉女，主天霜雪。'"根據這些材料，可以斷言，管"青女"解釋爲"青霄玉女"是錯誤的。

二、《覽冥》："夫陽燧取火於日，方諸取露於月，天地之間，手徵忽怳，不能覽其光。然以掌握之中，引類於太極之上，而水火可立致者，陰陽同氣相動也。"高誘注："言手雖覽得微物，不能得其光。一説，天道廣大，手雖能徵其忽怳無形者，不能覽得日月之光也。"

我於一九四八年讀此文及注，加案語道：

> 注二説皆晦曲難解。惟據前説，則"手徵"徵字，《淮南子》本作微。蓋作"微"者是也。"手徵"二字當爲"玄微"之誤。玄字隸書作𢆉，與"手"形近，因誤爲"手"。"覽其光"者，覽即"覽冥"之覽，謂觀覽也。"光"當爲"兆"或"𠦛"之形誤。篆文光作𠈋，與兆、𠦛皆相近。《説文》朕字从舟𠦛聲，𠦛即朕之省形存聲字也。"玄微忽怳，不能覽其兆（朕）"者，即上文所云"物類之相應，玄妙深微，知不能論，辯不能解"也。

因爲高誘注有"微物"的字面，又《淮南子》上文有"玄妙深微"的話，而説正文"手徵"是"玄微"之誤，議者殆未有不以爲"根據不足"者，我自揣也只好"心存其意，以備一解"罷了。可是二十八年之後（一九七六年）我讀《太平廣記》卷一百六十一所引的

《感應經》，其書引《淮南子》云："陽燧之取火於日，方諸之取露於月，天地之間，玄微忽恍，巧曆所不能推其數。然以掌握之中引類於太極之上，而水火可立致者，陰陽相感動然之也。"這就有力地證明了"手徵"是"玄微"之誤。惜直接作"玄微"的《淮南子》這部書的本子至今未見。

三、《兵略》："深哉瞤瞤，遠哉悠悠。"

《説文》、《玉篇》、《廣韻》等字書裏都沒有"瞤"字，只有《康熙字典》引《字彙補》説："知丑切，音帚。深也。"引《淮南子》云云。《字彙補》這部書謬誤最多，它説"瞤"字音知丑切，是從這個字從周得聲推出來的，解作深，又是從"深哉"望文而生的義，都是杜撰之説。我在拙稿《義府續貂》中説：

> 《淮南》上文云："與飄飄往，與忽忽來，莫知其所之；與儵出，與間入，莫知其所集。"顧廣圻曰："飄飄、忽忽，疑皆不當重。儵疑當作倏，間疑當作闇。飄、忽、倏、闇皆同義。《荀子‧議兵》篇：'善用兵者，感忽悠闇，莫知其所從出。'《新序》作'奄忽'。倏，即忽也；闇，即奄也。（楊倞注："感忽悠闇，皆謂倏忽之間也。"是矣。又云："悠闇，遠視不分辨之貌。"則非。）'飄往、忽來'，與'倏出、闇入'對文。"案：顧引《荀子‧議兵》以校此文，是也。而所校所説則未盡愜。蓋《荀子》之"感忽"（《新序‧雜事三》作"奄忽"，"感忽"即"奄忽"。"奄忽"有疾速義，有須臾之義，見《辭通》卷二十二，二義相成），與《淮南》"飄往、忽來"之"飄"、"忽"相當，此以兵之疾速不可繫捕言之也。《荀子》之"悠闇"，與《淮南》"儵出"、"間入"之"儵"、"間"相當，"儵"即悠字之誤，"間"即闇字之誤——悠者，邃遠；闇者，幽昧；此以兵之玄遠不可測度言之也。然則"瞤瞤"之瞤即爲闇字一體誤析而成，本無此字，其云"闇闇"、"悠悠"，即上文之"悠

出”、“闇入”矣。“悠”故言遠，“闇”故言深，其義自相貫也。

顧氏和我的説法甚至没有間接引用的材料，只用同類性質的《荀子·議兵》作爲旁證而加以推想，是否有當，就要大家指教了。

再如《康熙字典》“彌”字下面説：“《啓顔録》：‘陳人聘隋，問馬價貴賤。答云：彌尾燥蹄，絶無伎倆，一錢不直。’注：‘彌，卜結反。’”只有引例和切音，没有講意義。案：這裏的引文和切音見《太平廣記》卷二百五十三所引，稍有詳略之異；唐人張鷟《朝野僉載》卷四也記載這件事。這個“彌”字，是“弼”的誤字，而“弼”又是“弼”的俗字。《廣韻》入聲十六屑韻：“弼，弓戾，或作弩。方結切。”中古音重唇輕唇不大分明，方結切就是卜結切。戾的意思就是彆扭，扭曲，弓戾引申就是尾戾。《廣韻》屑韻從“肖”的字有十七個，十二個作“肖”，“弼”就是其中之一，而十二字中“彆躃”的“躃”也作“躃”，可以證明“肖”是“肖”的俗寫，而“弼”也是“弼”的俗寫。由“弼”而誤，就變成“彌”了。《玉篇》弓部：“弼，卑結、卑計二切，弓戾也。弩，同上。”《集韻》入聲十六屑韻：“弼，必結切。弓戾謂之弼。或作彆、弩、弼。”又足以證明“弼”和“弼”是同一個字。這樣，可以得出結論：“彌”是“弼”的誤字，它的意義是彆扭，扭曲。這裏也没有本子提供直接證據，也没有間接稱引的材料，而是根據《玉篇》、《廣韻》、《集韻》等書的字形、反切來曲暢旁推，但結論是完全可信的。

現在想提出這樣的問題：在辭書裏可否收進像“手徵”、“彌”這樣的條目，而釋爲：“手徵：‘玄微’二字形近之誤。《淮南子·覽冥訓》：‘手徵忽怳，不能覽其光。’《太平廣記》卷一百六十一載《感應經》引《淮南子》作‘玄微忽怳’。”“彌：弼字之誤，弼又爲弼的俗寫。彆扭，扭曲。《太平廣記》卷二百五十三引《啓顔録》：‘馬有數等，若彌尾燥蹄，絶無伎倆，傍卧放氣，一錢不直。’”

注：'彌，音卜結反。'《廣韻》屑韻：'弼，弓戾。或作彆。方結切。'《玉篇·弓部》：'弼，卑結、卑計二切。弓戾也。彆，同上。"《集韻》屑韻："弼，必結切。弓戾謂之弼。或作彆、彆、獢。'"

　　過去的舊辭書，對於辨字釋詞，似乎抱有持重的態度。認爲凡是書本上寫了的就是合法的，過去已爲大衆承認的成説就是不可侵犯的權威——既是群衆批准了的，你怎麼能反對呢？假若有人對於成説有所異議，提出自己的見解，那就是妄生異説，淆亂視聽；而且，群衆既已承認了成説，還能接受你的不見經傳的見解嗎？總而言之，多一事不如少一事，不動爲宜。不動，是有根據的，有錯誤也由前人負責；動而得咎，自己就不得辭其責了。而且，這樣做又多麼省事！我們是否應該贊同這樣的態度呢？對於某些不同於成説或成説所無的見解、説法，誠然應該持重，妄生異説是不可以的；但是多少有些根據、有些道理的見解，即使今天未被群衆批准，安知不能經過討論，經過材料的逐漸獲得和推理的逐漸精密完整而爲明天的群衆所批准呢？舊學商量加邃密，新知培養轉深沉，多少有些根據、有些道理的見解，如果能在辭書的茂林中得一枝棲，以備群衆的參考、討論、採擇，這是沒有什麼壞處的。混淆視聽固然應該防止，閉目塞聽則未免走到又一極端了。應該相信群衆雪亮的眼睛；讀者有眼睛，有耳朵，擺了事實，講了道理，他們是能辨色聽聲的。

　　某一時代的辭書應該反映這一時代的文化學術水平，包括語言文字研究的水平。我們的新辭書應該與舊辭書有所不同，其中的一項要求，就是反映語言文字研究水平。《漢語大詞典》組轉發的《〈漢語大字典〉編寫方案(試行草案)》有云："要堅持厚今薄古，推陳出新，反對厚古薄今，因循守舊，照搬照抄。"《漢語大詞典》的《關於編寫釋文會議討論的幾個問題》說："必須廣泛吸收古今研究成果，充分利用現有資料。"《〈漢語大詞典〉第三次編寫工作會議紀要》也説："盡可能廣泛收録古今漢語文獻中的詞語,吸收已有的語言文字方面的研究成果。"山東博物館吉常宏同志在《漢語大詞典》第三次編寫工作會議上的發言談到廣積釋義資料時指出,考訂性資料很有用,因其可以糾正舊説和舊辭書。可見我們是主張推陳出新,吸收語言文字研究的新成果來改進和發展我們的辭書,而和舊辭書的一成不變的傾向是異趨的。問題是如何才算研究成果? 是需要完全得到徵實,需要大家公認或權威點頭呢,還是多少能持之有故、言之成理的見解和説法也可以當作成果或"初步成果"予以吸收,以待進一步的研究或徵實呢? 我是主張後者的,這樣做是符合毛主席的"百花齊放,百家爭鳴"的發展科學藝術的方針的。没有討論,不讓大家研究,怎麼能有發展呢? 或者要問,萬一吸收了一些錯誤的東西,怎麼辦呢? 這很容易,長江後浪推前浪,否定一批,再發展一批。再否定,再發展,任何事物都是在這樣的矛盾情況中發展下去的,辭書也何獨不然!

編寫新時代的辭書,有許多事要做,"廣泛吸收古今研究成果"是不可少的,除了"充分利用現有的材料",還須奪取更新的研究成果。辭書的苑囿應該開放,庶幾乎能够迎來百花齊放的絢爛的春天!

# 論辭書的書證及體現詞彙源流的問題

辭書之有書證，當係託始於《說文解字》，原本《玉篇》用之甚廣，到現代的《辭源》和《辭海》的語詞部分，幾乎無書證則不行了。《說文》之用書證，有的用來證明字的本義，如："鎛，……一曰：田器。《詩》曰：'庤乃錢鎛。'"有的用來證明字的假借義；如："莫，火不明也。從茻，從火，茻亦聲。《周書》曰：'布重莫席。'莫席，纖蒻席也。"今《書·顧命》作"蔑席"，謂"莫"與"蔑"相通借。有的用來證明字形，如："夐，營求也。從夐人在穴。《商書》曰：'高宗夢得說，使百工夐求，得之傅岩。'岩，穴也。"有的用來譬況字音，如："鑒，金聲也。從金，輕聲。讀若《春秋傳》'鑒而乘它車'。"然而《說文》並非每一篆都用書證，如："竹，冬生艸也。""口，人所以言食也。""卜，灼剝龜也。象灸龜之形。一曰：象龜兆之縱衡也。"這類解釋中不引書證的例子簡直指不勝屈。至於近代、現代的辭書，則如《辭海》兼用書證和"自造例"，用"如"的形式出之，如【企】踮起腳後跟。如：延頸企踵。《漢書·高帝紀上》：'日夜企而望歸。'"《現代漢語詞典》則有用例而不引某書某文，如："【何】①疑問代詞：~人|~物|~事|~時|~處|~故|~往|從~而來？""【何必】用反問的語氣表示不必：既然不會下雨，~帶傘？"根據這些情況，可知：①像"口，所以言食也"，義界既明，無煩引例引證；"口不能言，請對以肛"，"待汝一口吸盡西江水却與汝說"這樣的書證是可有可無的。②一些普通的名物詞如"鴛鴦"之類根本不需引例引證，除非作匹偶義時才要引些什麼，而《辭海》合訂本也沒有引。③"自造例"比找書證方便得多，但這些

348

"自造例"往往是符合語言實際的（因爲是從衆多的"言語"裏提煉出來的）；如"既然不會下雨，何必帶傘？"和書證"有民人焉，有社稷，何必讀書，然後爲學？"字句雖有不同，意義用法並無不同。④書證未必是辭書中每一個詞目的必要組成部分。

　　書證的主要作用在於證明詞語的意義或用法，然而不少辭書編寫者以爲可以體現詞彙的源流。在《漢詞大詞典》編寫過程中就出現了這樣的論點。譬如説，某詞最早出現在某書，又出現在後一段時間的某書，又出現在後一段時間的某書，……又出現在當代人的文章中，把這許多書證收進來，這就體現了"源流"了。像【年穀】這一條，議者以爲《莊子·逍遥遊》的"藐姑射之山，有神人居焉，肌膚若冰雪，綽約若處子，……其神凝，使物不疵癘而年穀熟"要收，蘇軾咏白芍藥的《玉盤盂》詩"從此定知年穀熟，姑山親見雪肌膚"也要收；【齊烟九點】這一條，既要收清人詩句的例，今人劉海粟先生用了"齊烟九點"的《滿庭芳》詞句也是難得的書證；等等。吕叔湘先生在《漢語大詞典》第二次編委會上的講話中説："大詞典呢，除了求解之外，它還有一個作用，就是把一種語言裏所有的詞——理論上是'所有的詞'——把它們的生命史做出一個記録，從它誕生到它死亡，或者它到現在還在用，這一段生命史或者是一百年，或者是三百年，或者是二千年，要把它們源源本本地交待出來。"有了這番話，上述的論點好像更加得到了有力的理論根據。鄙末之見，竊以爲不盡然，請粗陳如次：

　　祖國歷史悠久，文獻資料浩如烟海，號爲正史的就有二十四部，一代之中又有若干帝，假如寫一條【人】，單按時排列從正史中取出的書證，至少也要有二十四條，多則不知其紀極，再要加上現代的書證，人人相因，還是那個"由類人猿進化而成的能製造和使用工具進行勞動、並能運用語言進行思維的動物"（《辭海》），究竟要這二十五個以上的書證來干什麼呢？既曰“源流”，既曰“生命史”，“源”和“流”，“生命”，總不是一成不變的吧？或衆源而匯爲一流，或一源而派生衆流，或源小而流大，或源大而流細，其中經流較遠的，中間還有迂迴曲折，或渟潴成湖，或激躍成湍；所謂源流，恐應如此。“狀變而實無別而爲異者謂之化；有化而無別，謂之一實。”（《荀子·正名》）所謂生命，恐也應如此。將不同時期的包含同一詞語的許多書證羅列起來而以爲即此就是體現源流，就是寫出這個詞語的生命史，恐怕源流和生命不是這樣簡單吧？吕先生所說的詞的生命史恐怕也未必就是這個意思吧？辭書裏有兩個處理對象的類目，一曰成語，一曰典故。成語是在語言裏具有悠久的生命力的，口口相傳，曠好幾個世代而不絕；典故則不過是語言的江海中的浪花，旋生旋滅，作家以筆鋒驅遣，則應時泛起而已。是否能認爲“齊烟九點”還是現代漢語詞彙中所保留的東西呢？恕我形而上學，我翻《現代漢語詞典》翻不到這一條，恐怕劉海粟先生的詞裏這四個字只是古語的複製品而已。至於蘇軾的那兩句詩，我也極賞其用典的超逸有味，但用典畢竟是用典，他那個“年穀”直抄《莊子》，其作用不能踰越《莊子》原文之外，《漢語大詞典》不是文藝欣賞詞典，重複一次，實屬疣贅。

然則辭書如何體現詞彙的源流呢？

就現在辭書的體段而言，並非没有體現源流的地方，舉其易知者，如：①分列義項，本義在前，引申義次之，比喻、借代義又次之。②外來語説明其由來。如【菩薩】説明其爲梵文的音譯，意譯爲“覺有情”或“發大心的人”；【因明】説明其爲古代印度“五明”之一，“因”指原因、根據、理由；“明”含有學術的意義；因明實際是關於邏輯推理的學説。③成語、典故，可能時舉出其根源，有時舉出其變體，曰“一作”、“亦作”。④説明通借。如【澹】

説"通'贍'","澹"是水搖(《説文》),"贍"是充足,二者之間没有意義的聯繫,即没有源流關係,説"通",僅説明古書中有假借作贍足義的"澹"字。但陸游《老學庵筆記》卷八説:"東坡《牡丹》詩云:'一朵妖紅翠欲流。'初不曉'翠欲流'爲何語。及遊成都,過木行街,有大署市肆曰:'郭家鮮翠紅紫鋪。'問土人,乃知蜀語'鮮翠'猶言鮮明也。東坡蓋用鄉語云。"錢大昕《十駕齋養新録》卷十九引陸説,云:"案:《説文》:'㵾,新也。'七罪反。與'翠'同音,故言鮮新爲鮮翠。"則"翠"爲"㵾"的通借字。這却可以説明蘇軾時的蜀語"翠"在東漢許慎時早已存在,豈不是把它的遠源給交代出來了嗎? 至於湯顯祖《牡丹亭·驚夢》的"翠生生出落的裙衫兒茜",則又是蘇軾以後的"流",而修訂本《辭海》不列此義,則未免漏略了。

就現在辭書中所不具或不甚顯明而有待發展的而言,則有:①段玉裁所説的古今字,這是表示因時有古今而出現的同實異名或同詞異字的詞或字。古經注中早有"古曰某,今曰某"的説法,如《儀禮·聘禮》"不及百名書於方"鄭玄注:"名,書文也;今謂之字。"《周禮·春官·外史》"掌達書名於四方"鄭玄注:"古曰名,今曰字。"這就是説,有個東西先秦叫做"名",到漢代這個名稱已經死亡,而由"字"這個名稱來代替它:這是同實異名的嬗變。又如《説文》裏有個"𩏑",是"聲也。从只,㪡聲。讀若馨。"段玉裁指出,此即六朝時的"冷如鬼手馨"、"寧馨"、"如馨"的"馨",這是完全正確的。六朝時還有寫作"形"的,總之是一個詞尾或語尾:這是同詞異字的遞變。到隋唐以後則又被"太憨生"、"太瘦生"的"生"所代替,聲音既有小異,又可以當作新詞代替舊詞了(見拙撰《辭書三議》,《杭州大學學報》一九七七年第二期)。②推溯語源,説明詞族。如《水滸全傳》最多出現"刺斜"一詞,四十六回:"只見一彪軍馬從刺斜裏殺將來。"六十一回:"刺斜裏一個人大叫道：‘好漢没遮攔穆弘在此!’”而《説文》有“迚，側行也。”《廣韻》去聲寘韻：“庛，偏庛舍也。”這三個詞同有偏斜的基本意義而各有其具體意義，是屬於一個詞族的。又如《詩經》“溯迴從之”的“溯”是逆流，“薄言往訴”的“訴”是辯解，《楚辭·九章·橘頌》的“蘇世獨立”的“蘇”是違逆，《荀子·議兵》的“蘇刃則死”的“蘇”是抵拒，唐宋人所説的“訴酒”、“訴醵罰錢”的“訴”是推辭，基本意義相同，具體意義、書寫形式不盡相同，也是一個詞源嬗變而成的詞族。如能搜抉出來加以繫聯，豈不是很好地體現源流嗎？③方言證古和古義證方言。古書中不少語詞往往存在於現代方言之中，而現代方言中有音有義而不知其字的語詞又有可以從書本中找到其來由的，這就是章太炎先生《新方言》之所由作，論“源流”者蓋未容忽視。如“畐”見於《説文》，是“滿也。……讀若伏。”這字僅見於字書，而無書證可引。按“畐”音轉如“逼”，今浙江嘉興謂滿爲“實畐畐”，武義説“畐實”，都讀如逼音，可以説明其爲古語的遠流。又如杭州謂手段厲害爲“殺zào”，zào即普通話zhào的音變，普通話的“着數”，按《現代漢語詞典》是：“比喻手段、計策。也作招數。”則知“殺zào”即“殺着”，“着”的意義爲下棋的着子，引申爲手段，“殺着”本爲下棋時致敵死命的着子，所以“殺着”有厲害之義。這是以有文字記載的材料證現代方言的例子。若謂下棋的“着子”是源，“殺zào”是流，誰曰不宜？

要把以上這些情况寫到辭書裏去，這是現有辭書傳統所未有的，做起來不免驚世駭俗，可能還要蒙受“不倫不類”的譏評。但“發展”一詞，本來是説從無到有，從少到多，《辭源》、《辭海》之類辭書的體段，不也是《説文》、《玉篇》之類的書所未具嗎？困難固在於意中，但也不是不可致力的。

從上所説，以列舉不同時代文獻中的同一詞語爲書證爲能體現詞彙的源流，至少是取徑太狹，是用不敢苟同，僭議如上。
至於成語典故的溯源，似須另行置議，請俟異日。

一九八一年七月三日

# 錢劍夫先生《中國古代字典辭典概論》序

  常德錢劍夫先生撰《中國古代字典辭典概論》，於《説文》、《爾雅》、《廣韻》諸系之書咸所論列，明其體制，究厥由緒，衡彼得失，其規模宏遠而論斷精審，足爲字典辭書之學導夫先路，洵盛事哉！余得受讀卒業，承命弁言，既不克辭，乃塵其簡曰：

  蓋語言之質，在乎義理，而聲音是寄，欲其行遠，伊文字是賴，於是有訓詁、音韻、文字之書。究其業者，爲訓詁、音韻、文字之學，三不相離而各有偏重，斯語言文字之學之大較也。先生是書，以明用適今爲歸，故於收字收詞則欲其該洽而無遺漏，於解義則取其詳確而不繁蕪，於檢尋則課其便易而無梗澀。斯爲通識，夫豈間然？惟是先生注意所在，於古人著書之意或未暇致詳。如以部首分類檢字法爲《説文》之創造性發明，此蓋以後世之《字彙》、《康熙字典》檢字之法發凡於許書言之也。愚竊謂許書分部五百四十，各以建首統其部，曰“凡某之屬皆從某”者，其意在發明字例之條。是以王筠友作《説文釋例》，有分別文、累增字、一字展轉相從卒歸本字、同部重文、異部重文諸説，胥由許書分部析字之術而推論之；章太炎述《文始》，拈初文、准初文以爲鍵，皆五百四十部首中之獨體若半合體之文，夫豈偶然哉？其爲建立部首分類檢字法所託始者，蓋其緒餘爾。又如《爾雅》一書，以義類爲部伍，而《釋名》編制，若與一轍；然而《爾雅》止乎釋義，《釋名》則欲探立名之所以，其以聲爲訓，從多牽傅，爲後賢所噬，而爲詞源之學啓乎來轍，則成國之書所以爲貴，未可與《爾雅》一概相量也。又如先生論《廣韻》之失，以爲分韻繁多，尋檢尤不便於《説文》，釋義繁亂，複繩抵牾。竊謂《廣韻》體制，紹乎《切韻》，本辨音之書，法言自序云："欲廣文路，自可清濁皆通；若賞知音，即須輕重有異。"其諸分韻，自有科律，本不以便尋檢爲事。迨唐世以辭賦取士，乃有附益故實異聞之屬，備文士之漁獵，末流乃有《詩韻集成》、《詩韻合璧》之類，其實已與書抄同科，無事以字典辭典衡之，尤不能以韻書視之也。

　　至如《康熙字典》，先生許爲中國字典之基本完成，近時王了一先生主編《古代漢語》通論之部亦致推挹。蓋《字典》之爲書，爲近代字典辭典若《中華大字典》、《辭源》、《辭海》所依仿，信乎字典體制於是乎定，然其疏舛亦復孔多，先生論之，凡十有四，可謂詳哉其言之矣。抑余謂《字典》之失，要在鑒裁不精，濫於甄採而已。如手部增"捨"字，引楊慎《字説》："同愔，於今切。"證以《淮南子·兵略訓》："推其捨捨，擠其揭揭，此謂因勢。"王石臞於《讀書雜志·淮南内篇第十五》論之曰："捨當爲搖，字之誤也。搖，古搖字也。……而楊慎《古音餘》，乃於侵韻收入捨字，引《淮南子》'推其捨捨，擠其揭揭'，不知其字，而以意爲之，斯爲謬矣。"又《字彙補》一書，羅列雜字，最多謬誤，《字典》採録，曾無別白，姑舉囗部二例，足以明之。"圖"字云："籀文日字，陽之精也。"案：今世所見籀文者，石鼓文猶未易必其是否出於《史》篇，《説文》出二百許字耳，吳清卿、强夢漁之倫補《説文》古籀，不能別白孰者爲古，孰者爲籀，且其書皆無"圖"字。此特流俗以日中有三足烏乃造爲此形，安在其爲籀文哉？"圙"字云："古文罪字。"此特"罪"字楷書上半兩旁直垂至下又誤加一橫耳，安得爲古文？《字典》乃欲括囊衆制，搴其蕭稂，存其精英，以垂典範，據其若斯，豈不甚難矣哉？

　　余惟先生之書，恢卓精審，款啓如余，何足以贊？上來粗陳數事，冀以廣先生所未言，其爲當否，不敢自信。倘先生與諸同志有以教之，余則幸矣。

　　　　　　　　　一九八一年五月二十六日，蔣禮鴻敬志。

# 後　記

　　《懷任齋文集》是我所寫的關於辨析詞義、考訂箋釋古籍和討論有關辭書問題的文章的結集。我因老病，不能再寫文章，因而把過去所寫的編訂起來，供同行參考並希望指示其中的錯誤，這是很自然的事。"懷任"是我的齋名，表示懷念我的好友任銘善（見《中國當代社會科學家》第三輯中的傳略）。

　　辨析詞義、考訂箋釋古籍和討論有關辭書問題，不外憑藉文字、音韻、訓詁和校勘等專業知識，特別集中在訓詁學方面，所以拙撰這本書，謂之訓詁學著作也可。

　　例如我在《校勘略説》中提到今本《淮南子·泰族》"故民知書而德衰，知數而厚衰，知券契而信衰，知機械而實衰也"和注"實，質也"中的兩個"實"字，宋本都作"空"，是"實"對還是"空"對，必須作出回答，這是校勘問題；我引《莊子·人間世》"且德厚信矼，未達人氣"及梁簡文帝注"矼，愨實貌"證明《淮南子》應從宋本作"空"，《淮南子》的"空"就是《莊子》的"矼"，把"空"解成愨實，這就是訓詁了。

　　又如我在《大鶴山人校本〈清真詞〉箋記》提到《黃鸝繞碧樹》詞中"爭如盛飲流霞，醉偎瓊樹"兩句的問題：陳元龍注本如此，而汲古閣本作"爭如剩引榴花，醉偎瓊樹"。我以爲"剩"是多，"引"是引滿，"榴花"是酒名，因此是汲古本對而陳注本誤改。這是箋釋的問題，也是校勘的問題，而到頭來還是説明"剩"、"引"、"榴花"的意義，仍然是訓詁問題。

　　書中也有探求語源的地方，如《〈廣雅疏證〉補義》對《廣雅疏證》引《孔叢子・執節》解釋古代名犬韓盧、宋鵲的解釋："申叔問曰：'犬馬之名，皆因其形色而名焉。唯韓盧、宋鵲獨否，何也？'子順答曰：'盧，黑色；鵲，白黑色。'"我的補義道："鵲之爲言道也。《説文》：'道，這道也。'字通作'錯'。《禹貢》：'厥賦惟上上錯。'某氏傳：'錯，雜。'孔疏：'交錯爲間雜之義，故錯爲雜也。'白黑二色間雜，故爲鵲也。"這也是訓詁的問題，辭書中像《釋名》要闡明的就是這樣的問題，不過有得有失，《釋名》則失多於得罷了。

如若要我來談對從事這類工作的體會，那么有兩點可以談一談。

一、整理古籍，要還其原來的面貌，不能因爲書上文從字順就滿足。今本《淮南子・泰族》的"實"和陳元龍注本周邦彦詞的"盛飲流霞"，看來都是文從字順的，然而却是錯的。探索古籍的原來面貌，也是漢語發展史所要求的。

二、校訂、解釋古籍要有確當的根據，不能隨便立説。如引《莊子》來解釋《淮南子・泰族》的"空"字，引白居易的詩來證明"榴花"是酒，這就增加了論證的説服力。即如説"宋鵲"的"鵲"爲黑白二色間雜，據"韓盧"的"盧"爲黑色，也就可信了。另外，博覽群書也很重要；如若不看白居易的集子，就不能説明"榴花"爲酒。

我除了寫過一部《商君書錐指》，是解釋整部《商君書》的以外，其他所寫的校釋古籍的文章只是校釋那部書中的若干條，這是採取"知之爲知之，不知爲不知"的態度，也就是説所説必須有確切的根據，這是我願與同行共勉的，——當然，"不知"仍然要求"知"，但不能以非"真知"來代替"知"。

# 整理後記

　　浙江大學出版社編纂出版《蔣禮鴻全集》,《懷任齋文集》(下簡稱《文集》)作爲其中一的種出版。此前,《文集》曾先後出過單行本(上海古籍出版社,1986,下簡稱上古本)、《蔣禮鴻集》(第四卷)本(浙江教育出版社,2001,下簡稱浙教本)兩種版本,此次在《蔣禮鴻全集》裏出版的《文集》係第三次排印本。

　　《文集》凡收入蔣先生的單篇論文21篇,多年前就印象深刻,以爲可以作爲蔣先生校釋古籍的代表作。近日看校樣時重讀一遍,這一印象愈發加深,覺得篇篇精彩,字字珠璣,令人嘆服。試舉例說明之。

　　《〈廣雅疏證〉補義》"憨……極也"條下,蔣先生舉《戰國策‧齊策三》:"兔極於前,犬廢於後。犬兔俱罷(通疲),各死其處。"(4頁)當爲"極"有疲義的最早用例。

　　《〈敦煌資料〉(第一輯)詞釋》"十一　漏併、偏併"條云:"'漏併'是'偏併'之誤。'偏併'就是偏私、偏向。"(48頁)執此釋去讀《吐魯番出土文書》諸多"偏併(並)"用例,就容易理解了;而若干"漏併"則爲"偏併(並)"形近之誤,有先生的校釋意見,也就煥然冰釋了。

　　《文集》涉及上古、中古和近代漢語典籍的校釋,難僻字較多,排校時容易產生錯誤。這一版次的《文集》本,由浙江大學出版社約請江西農業大學人文與公共管理學院孫尊章老師和他的學生,對《文集》作了一次認真的檢核,發現了不少錯誤,多數爲原來兩種版本即有的疏誤;我在看校樣的過程中,也發現了一些錯誤,茲酌舉如次:

《漢書•哀帝紀》云："博士弟子父母死,予寧三年。"（15頁）按：予,《文集》清樣、上古本（16頁）、浙教本（18頁）均作"子",誤。"予寧三年"下顏師古注："寧謂處家持喪服。"予,給予;寧,本謂探望、省視父母。《詩•周南•葛覃》："歸寧父母。"朱熹集傳："寧,安也;謂問安也。"《左傳•莊公二十七年》："冬,杞伯姬來,歸寧也。"杜預注："寧,問父母安否。"《漢書》此例則指回家爲父母守喪。句意謂如果博士弟子的父母死了,准予給博士弟子三年的守喪期。作"子"無義。

杜甫《劍門》詩："一夫怒臨關,百萬未可傍。"（66頁）未,《文集》清樣、浙教本（71頁）均作"示",誤。上古本（65頁）作"未",是。未、示形近易誤。詩句謂劍門關地勢險要,一夫當關,萬夫莫開。"未可傍",無法靠近;傍,近也。作"示"則不知所云。

杜甫《示獠奴阿段》詩："山木蒼蒼落日曛,竹竿裊裊細泉分。"（68頁）山木,《文集》清樣、上古本（67頁）、浙教本（73頁）均作"山上",誤。

《商君书•赏刑篇》："博聞辯慧信廉禮樂修行任譽請謁（今本誤作清濁）不可以富貴。"（171頁）按：此例引文,《文集》清樣、上古本（174頁）、浙教本（179頁）均同,標點、文字均有誤。應改爲："博聞、辯慧、信廉、禮樂、修行、群黨（二字原脫）、任譽、請謁（今本誤作清濁）,不可以富貴。"

《（賈子•）服疑篇》："近則冀幸,疑則比争。"（182頁）按：此例"近則冀幸"句,《文集》清樣、上古本（183頁）、浙教本（188頁）均作"近則幾幸",文字有誤。幾"應作"冀",希冀、指望之謂,作"幾"則不知所云了。

案《新序•雜事》篇云："後宮多幽女者,下民多曠夫。"（187頁）按："下民多曠夫",《文集》清樣、上古本（187頁）、浙教本（192頁）均作"下民多曠",少一"夫"字。應作"下民多曠夫"。"幽女"與"曠夫"相對,猶如"怨女""曠夫"相對,是載籍習語。

　　另外還有一些文字,看似明顯的錯誤,實際當屬先生的校改。如:《讀〈同源字論〉後記》引沈括《夢溪筆談》卷十四提到的王聖美的"右文説":"所謂右文者,如戔,小也;水之小者曰淺,金之小者曰錢,歹而小者曰殘,貝之小者曰賤。如此之類,皆以戔爲義也。"(90頁)"歹而小者曰殘"一句,《文集》引作"餐之小者曰殘",上古本(88頁)、浙教本(94頁)均同,與原文有異。從該條"金之小者曰錢"下蔣先生的脚注看:"錢是'錢鎛'的錢,是農具,錢貨的錢應受義於'泉',王氏在這裏弄錯了。"顯然,這裏是蔣先生有意爲之,改"歹而"爲"餐之",故應仍其舊,不宜輕改。

　　《文集》距單行本首次出版已逾三十多年,蔣先生逝世也有二十多年了,時光飛快,逝者如斯,令人感慨不已。寫下上面這些文字,聊作校看過《蔣禮鴻全集》之《文集》後的一點記録。

　　《文集》的責編,原爲畢業於我校古典文獻專業的張小苹博士;小苹調走後,由蔡帆編輯接任,兩位都很認真負責,要謝謝他們。還要感謝浙大出版社,重新整理出版蔣先生的全部論著,編纂先生全集;也要感謝友生孫尊章博士,在繁重的教學科研之餘,帶領江西農業大學的本科生校讀《文集》排印稿,訂正了原稿的許多疏誤。

方一新

2019 年 6 月 30 日